国家自然科学基金项目"补偿到期后贫困地区退耕农户行为追踪、驱动因素与成果巩固长效机制研究"（71873017）

退耕补贴到期：农户生计、影响评估与成果巩固研究

王立群　等著

中国林业出版社
Ⅲ·CF·PH·ⅢⅢ　China Forestry Publishing House

图书在版编目（CIP）数据

退耕补贴到期：农户生计、影响评估与成果巩固研究/王立群等著. —北京：中国林业出版社，2023. 6

ISBN 978-7-5219-2550-0

Ⅰ. ①退⋯　Ⅱ. ①王⋯　Ⅲ. ①退耕还林−补偿−经济机制−研究−中国　Ⅳ. ①F326. 2

中国国家版本馆 CIP 数据核字（2024）第 018702 号

责任编辑：何　鹏　李丽菁

出版发行　中国林业出版社
　　　　　（100009，北京市西城区刘海胡同 7 号，电话 83143543）
电子邮箱　cfphzbs@ 163. com
网　　址　http：//www. forestry. gov. cn/lycb. html
印　　刷　北京中科印刷有限公司
版　　次　2023 年 6 月第 1 版
印　　次　2023 年 6 月第 1 次印刷
开　　本　710mm×1000mm　1/16
印　　张　14. 25
字　　数　270 千字
定　　价　80. 00 元

前　言

　　为遏制水土流失改善生态环境，推动社会经济与人口资源环境协调发展，我国于 1999 年试点、2002 年启动实施了首轮退耕还林工程，并于 2014 年重新启动了新一轮退耕还林工程。作为一项投资额巨大、覆盖范围较广、持续时间较长、农户参与度较高的生态恢复项目，工程实施 20 余年来，对我国生态环境改善和保护起到了重要作用，对农民增收脱贫、调整农业产业结构也起到了积极作用。其中，首轮退耕还林工程涉及全国 25 个省(自治区、直辖市)、3200 万农户和 1.24 亿农民。中央政府已累计投入 4424.8 亿元，共实施退耕还林还草 1.39 亿亩、配套荒山荒地造林和封山育林 3.08 亿亩。

　　退耕还林补贴(补偿)既是工程顺利实施的重要保证，也是退耕成果巩固的必要条件。按照现行政策，长达 16 年的首轮退耕还生态林补贴自 2015 年起陆续到期，并于 2021 年全部到期。在失去退耕还林补贴收入后，农户作为巩固退耕还林成果的核心主体，其收入变动情况如何？有否收入调整行为(生计调整)？进一步地，补贴到期是否会引致其退耕地利用决策的变化？对其生产生活还将产生什么样的影响？另外，与 20 年前相比，退耕还林区和全国的社会经济环境都发生了很大变化，如何在兼顾退耕还林成果巩固及高质量发展与农户根本利益的前提下制定和完善后续政策是社会各界非常关注的问题。

　　退耕还林工程既是一项重大林业生态恢复项目，也是一项民生工程，环境改善和农民增收是其主要的政策目标。退耕补贴是参与农户长期稳定的收入来源，对于曾经的贫困地区而言更是如此。因此，关注并跟踪补贴到期后农户收入变化和退耕地利用状况，并在此基础上评估补贴到期对其是否产生影响十分必要。此外，在后脱贫时代、推进实施乡村振兴和实现共同富裕目标的背景下，进一步评估补贴到期对农户消费、主观贫困和多维相对贫困、福利水平以及农户内部收入不平等的影响，为推动民生改善、乡村振兴和共同富裕目标实现提供决策依据具有重要现实意义。退耕还林工程是我国生态恢复和生态文明战略的具体实践，也是世界上重要的生态补偿项目之一，深入挖掘补贴到期后农户退耕地利用的决定因素，探究农户可能的集体性不复耕或复耕行为的动因，有助于通过完善后续政策促进退耕成果巩固和退耕还林工程高质量发展，总结和推广我国生态恢复和生态补偿的实践经验。同时，研究成果也将丰富生态工程绩效评估理论和方法、生态补偿理论和实践，为我国开展各类生态环境恢复和保护项目提供经验和方法借鉴。

研究团队受国家自然科学基金资助，以原贫困地区参与首轮退耕还林农户为研究对象，基于退耕还林工程的政策目标和时代发展的要求，通过实地调查和理论分析，研究补贴（补偿）到期后的农户收入变化和农户收入调整行为，在此基础上，从收入减少效应和收入分配效应两个角度实证分析补贴到期对农户收入变化以及生计调整的影响。据此，进一步深入分析和探究补贴到期后农户退耕地利用决策行为、差异，以及补贴到期的影响，探究农户可能的集体性不复耕或复耕行为的动因，同时评估补贴到期是否对农户消费、主观贫困和多维相对贫困、福利水平以及农户内部收入不平等产生影响，在此基础上提出建立和完善巩固退耕还林成果长效机制的建议。

本书是研究团队完成的国家自然科学基金资助项目"补偿到期后贫困地区退耕农户行为追踪、驱动因素与成果巩固长效机制研究"的阶段性成果。主要内容包括：①首轮退耕还林工程基本情况及相关研究进展；②补贴到期后农户收入变化、收入调整行为特点；③补贴到期对农户收入的影响和影响机制；④补贴到期对农户非农就业的影响；⑤补贴到期对农户消费、主观贫困和多维相对贫困、福利水平以及农户内部收入不平等的影响；⑥补贴到期后农户退耕地利用决策行为、差异和补贴到期的影响；⑦提出建立和完善巩固退耕还林成果长效机制以及改善提高退耕农户生产生活水平的其他相关政策的建议。本书的其他主要参著者：陈琛、石颜露、黄杰龙、赵娅娅、刘天婕、刘婧一、李妍玫、张婧怡、杜温鑫、邱珊珊；其他参与实地问卷调查人员和对研究成果有贡献的人员有：王旭、邓桢柱、幸绣程、张子涵、李强、陈文汇、崔海兴、谷振宾等。

衷心感谢国家自然科学基金对本研究的大力支持！另外，研究团队在完成调查研究的过程中，特别是在实地调查阶段，得到了书中列出的所有调研省、市、区县、乡镇、村委会、林业工作站相关负责人和工作人员的大力支持，同时，实地问卷调查过程中，研究团队也得到了受访农户的鼎力相助，在此一并向他们致以最诚挚的谢意！

最后，研究团队也十分感谢研究中所引文献的各位作者！也希望和相关领域的专家学者一起，共同继续关注退耕还林的成果巩固、保护和合理利用问题，探索退耕还生态林的生态价值实现路径，不断总结这一重要生态补偿实践中存在的问题和经验，为我国生态恢复、生态文明建设及可持续发展提供依据和参考。

著 者
2023 年 5 月

目　录

第1章

绪　论

1.1　研究背景

　　退耕还林工程是我国生态建设的伟大实践，对我国生态修复、生态安全和生态文明建设具有非常重要的价值。工程实施的重点区域大多与国家级贫困地区和生态环境脆弱区重合，直接关系到我国的生态安全、农民生存和农村发展。其中，首轮退耕还林工程自 1999 年试点、2002 年全面实施以来，中央财政累计投入 4424.8 亿元，共实施退耕地还林还草 1.39 亿亩、宜林荒山荒地造林 2.62 亿亩、封山育林 0.46 亿亩，造林总面积 4.47 亿亩，工程区森林覆盖率平均提高 3%[①]，在水土保持、防风固沙、防治洪涝灾害等方面取得了显著的生态效益，显著改善了退耕地区的生态环境。此外，工程直接惠及参与退耕的 1.24 亿农户，对增加农民收入，提高农民的生活质量起到了重要的作用。在西部地区、高寒地区、民族地区和贫困等退耕还林区，退耕补贴成为农民稳定的收入来源，在一定程度上改善了退耕农户生计状况，缓解了农民的贫困问题。据统计，退耕还林补贴总体上约占退耕农户人均纯收入的 10%，西部地区 400 多个县高于 20%，宁夏、云南等个别县达到 45% 以上（中国国际经济交流中心课题组等，2014）。

　　农户是退耕还林工程的利益相关者与终端执行者，广大退耕农户的参与和配合为退耕还林工程效益的稳定发挥起到了至关重要的作用（刘璨和张巍，2007；谢晨等，2014）。其中，退耕还林补贴政策既是工程顺利实施的重要保

---

　　① 资料来源：《中国退耕还林还草二十年（1999—2019）》http：// www. forestry. gov. cn/main/216/ 20201001/114936702969433. htm；《我国首次发布全国退耕还林还草生态、经济、社会三大效益综合评估报告》http：// www. forestry. gov. cn/main/446/20220727/152450611364749. html；人民网：http：// pol-itics. people. com. cn/n/2015/0808/c70731-27429925. html。

证，也是退耕成果巩固的必要条件。按照现行政策，长达 16 年的首轮退耕还生态林补贴自 2015 年起陆续到期，并于 2021 年全部到期。农户作为巩固退耕还林成果的核心主体，其在补贴（偿）到期后的收入变化及收入调整行为选择直接关系到退耕还林成果的巩固，这使得首轮退耕还生态林的可持续性与高质量发展备受关注。并且由于工程实施的重点区域大多与原国家级贫困地区重合，而这些贫困地区多为生态脆弱区，退耕补贴又是原贫困地区农户稳定和重要的收入来源，退耕还林成果巩固既具重要性又具艰巨性。为此，关注并追踪补贴政策到期后已经享满 16 年补贴收入的贫困地区退耕农户的生计状况，具体的，农户收入会发生什么变化，为应对补贴停止造成的收入损失，农户对其生计采取了什么样的调整行为；进一步地，农户对退耕还林地采取了什么样的利用决策行为，这些决策行为受到什么因素驱动，补贴到期是否会引致其退耕地利用决策的变化？此外，补贴到期对其生产生活还将产生什么样的影响？这些问题都是退耕还林的成果巩固长效机制建立和高质量发展所需面对和解决的重要问题。

由于问题的重要性，补贴到期后的农户实际土地利用决策行为和成果巩固长效机制的建立在政界、学界和社会领域引起了广泛关注。2018 年全国两会期间，有全国政协委员指出，"国家停止政策补助后，退耕农户家庭收入下降将是必然，尤其是宁夏、陕西、甘肃、新疆等西北省份，难免出现退耕区农民因收入降低致贫、影响精准脱贫进程，同时也因生计问题而毁林复耕"（中国绿色时报，2018）。无独有偶，《光明日报》记者在采访中有官员表示，"16 年的补偿期，对于生态林而言太短。按照'谁退耕、谁种植、谁受益'的政策，没有国家的补贴，农民势必将砍树复耕"。此外，与不断增加的种粮补贴和上扬的粮价相比，退耕还林补贴停止必然导致种树与种粮的效益差距越拉越大，一定程度上会增加林中有地、地中有林，甚至毁林复耕的可能性。这会使退耕还林成果的巩固和后续退耕还林工作的开展面临多重挑战。为此，国家陆续出台了巩固退耕还林成果的相关政策。2018 年《中共中央 国务院关于实施乡村振兴战略的意见》提出"扩大退耕还林还草、退牧还草，建立成果巩固长效机制"。2022 年 11 月，经国务院同意，自然资源部等五部门联合发布的《关于进一步完善政策措施 巩固退耕还林还草成果的通知》明确要求："扎实做好退耕还林还草任务落实和成果巩固工作，对已有成果实行精准管理、严格管护、合理利用、提质增效。"2023 年中央一号文件①再次强调"巩固

---

① 资料来源：中国政府网 http：//www.gov.cn/zhengce/2023-02/13/content_ 5741370.htm。

退耕还林还草成果，落实相关补助政策"，充分体现了建立巩固退耕还林成果长效机制、推动退耕还林工程可持续运行已然成为后退耕时代亟待解决的重要问题。

学界目前关于退耕还林土地利用决策行为和成果巩固机制的研究多基于临近补偿政策到期前农户复耕意愿及其影响因素研究。谢晨等（2015）发现在城镇化和农业直补政策的推动下，退耕区土地利用产生剧烈变化，复耕现象略有扩大，应从国家长期生态战略需求和农户变化了的土地收益期望出发，发挥好政府和市场两方面的作用，加快建立新退耕还林长效机制；陈儒等（2016）发现退耕区复耕可能性具有明显的区域差异，退耕补贴依然是影响该地区农户复耕决策的重要因素。任林静和黎洁（2017）认为农户对土地生产的需求会构成其复耕或不愿退耕的重要原因，保障退耕还林成果的可持续性重点在于提升农户农林生产效率。虽然目前学界已经对补偿到期后农户复耕意愿和退耕还林成果巩固机制的建立取得了一定的研究成果，但是随着社会经济环境的不断发展变化，农户的复耕意愿与目前补偿到期后的退耕农户实际应对行为可能存在较大差异，那么，随着首轮退耕还生态林补偿自 2015—2021 年陆续到期，农户收入特别是原贫困地区的农户收入到底发生了什么变化，以及农户究竟对退耕林地采取了什么样的利用行为？关注并探讨这些问题直接关系到退耕成果巩固及长效机制的建立。

由上可见，对补贴到期后农户收入变化的深入考察，对农户生计策略调整行为的及时监测，对农户实际退耕地利用决策行为及其驱动因素的充分认识和把握，都是建立退耕还林成果巩固长效机制的前提。但是目前学界尚缺乏对这些问题的系统研究。

此外，退耕还林在新时代还被赋予生态扶贫和乡村振兴的重大任务。在贫困地区，农户相对更加依赖于退耕还林补贴，虽然我国已于 2020 年实现现行标准下的农村人口全面脱贫，但防范返贫风险和解决相对贫困，提升农民生活满意度仍是脱贫攻坚成果巩固拓展与乡村振兴有效衔接的重要内容，退耕还林补贴到期后对原贫困地区农户主观贫困和相对贫困的影响非常值得关注。而农户消费和福利的改善，以及缩小农户内部收入差距都是乡村振兴战略和实现共同富裕目标的题中之义。因此，对于退耕还林这样一项具有动态性和多目标性特征的公共政策，有必要结合时代发展的需要和要求，在后脱贫时代及实现共同富裕目标的双重背景下，进一步评估补贴到期对农户主观贫困和相对贫困、消费、福利和农户内部收入不平等是否产生影响，以及产生何种影响，为完善后续退耕还林政策和促进乡村振兴战略与共同富裕目标的实现提供重要的决策参考。

因此，本研究认为，补贴到期后，要建立长效机制巩固退耕还林成果、确保退耕还林工程可持续运行，尚需要在以下方面展开研究：

第一，补贴到期后农户收入变化及其收入调整行为特点。补贴到期后的农户收入发生了什么变化？补贴到期后的农户补贴收入减少是否引致农户生计策略调整行为发生了变化，具有什么特点，农户是积极主动地调整，还是消极被动地面对？

第二，补贴到期对农户收入和生计策略调整行为的影响。补贴停止对农户收入是否造成影响以及产生何种影响？对农户生计策略调整有何影响？

第三，补贴到期对农户主观贫困和相对贫困、农户消费、农户福利和农户内部收入不平等的影响。退耕还林区多是相对贫困地区和生态脆弱区，农户相对更加依赖于退耕还林补贴收入，补贴到期是否会对农户主观贫困和相对贫困产生影响？补贴到期是否引起农户消费、农户福利和农户内部收入不平等发生了变化？

第四，补贴到期后的农户退耕地利用决策行为特点、差异及驱动因素。补贴到期后的农户实际对退耕地采取了什么样的利用决策？农户的退耕地利用决策行为具有什么特点，存在什么差异？集中复耕或者未复耕的利用行为是如何演变为群体行为的？补贴到期后，选择了复耕行为的农户是出于什么方面的权衡思考，影响其采取复耕行为的主要因素是什么？农户在补贴到期后没有进行复耕，原因又是什么？没有采取复耕行为的农户其复耕意愿如何？其复耕意愿受到哪些方面的影响？农户退耕还林成果保持的主要驱动因素有哪些？

第五，退耕还林成果巩固长效机制的完善与建立。补贴到期后，如何保障退耕还林成果不遭受破坏？如何保持和改善退耕还林区农户生计水平并在生态扶贫和乡村振兴方面提供助力？如何激励农户在补贴到期后，继续从事森林保护、森林抚育和森林多功能开发与利用？如何实现有效巩固退耕成果与保障农户利益的双赢？

1.2　研究意义

本研究旨在关注和跟踪补贴到期后农户的收入变化及收入调整行为，并重点从多视角考察补贴到期所产生的影响，具有重要的理论意义和现实意义。

（1）理论意义。第一，目前学界已有研究主要是对补贴政策临近到期前退耕农户复耕意愿的研究，既缺乏对退耕补贴到期后农户退耕成果保持（未复耕）意愿的研究，也鲜见对农户实际应对行为的系统研究，因此，跟踪研究世界上最大的退耕还林工程在补贴政策到期后农户的实际应对行为及其驱动因素，将丰富这一领域的理论和方法。第二，退耕还林及补贴政策对农户收入和脱贫的影响是自退耕还林实施以来的热点研究问题，相关学者已经做了大量的研究，但是退耕还林补贴到期后，原贫困地区农户收入、消费及其内部收入不平等，以及农户生计策略调整、贫困状态和农户福利会发生什么样的变化，补贴到期产生了何种影响，目前学界尚缺乏系统性的理论分析和实证验证。

（2）现实意义。第一，政策价值。通过较大样本的实地调研，系统研究补贴到期后原贫困地区农户收入发生的变化、并从多视角进一步评估补贴到期的影响，以及农户的实际土地利用决策行为及驱动因素，不仅为完善后续补偿政策、建立退耕还林成果巩固的长效机制和有效激励农户积极参与新一轮退耕还林，确保退耕还林生态恢复成果的持续性、提高公共投资的利用效率提供参考依据；也将对生态扶贫相关政策的制定，促进乡村振兴战略目标和共同富裕目标的实现提供借鉴参考。第二，经验价值。随着生态环境问题日益突出，我国加大了生态环境保护和恢复的力度，各种类型的生态保护和恢复项目日益增多，而本研究通过理论和实证分析退耕还林补贴到期后农户的行为响应以及从多视角评估补贴到期的影响，为总结我国 20 多年来退耕还林工程实施的经验，以及为新一轮退耕还林还草项目的实施和其他各类型的生态恢复及保护项目提供实证依据和经验借鉴。

1.3 研究目标与内容

1.3.1 研究目标

本研究旨在理论分析的基础上，利用实地调研数据，掌握补贴到期后农户收入变化及其收入调整行为特点，实证检验首轮退耕补贴到期对农户收入、收入调整行为、消费、贫困状态、福利及农户内部收入不平等的影响，探究补贴到期后农户退耕地利用决策行为及驱动因素，为后续退耕还林政策的制定和完善以及推进乡村振兴战略提供参考依据。具体研究目标如下：

(1)掌握补贴到期后农户收入变化和收入调整行为特点，为后续实证分析奠定基础。

(2)重点考察补贴到期对农户收入的影响、影响的差异性及作用机制，以及补贴到期对农户收入调整行为的影响，为进一步实证检验补贴到期可能产生的其他方面的影响奠定基础，为完善和建立退耕还林工程成果巩固长效机制提供实证参考依据。

(3)评估补贴到期对农户消费、贫困状态、农户内部收入不平等及福利的影响，为脱贫攻坚转向全面推进乡村振兴以及促进共同富裕目标的实现提供参考借鉴。

(4)发现补贴到期后农户退耕地利用决策行为及其差异，探究补贴到期后农户退耕地利用决策行为的驱动因素，重点考察退耕补贴到期的影响，探讨农户集体性退耕地利用行为的动因，为总结我国20多年来退耕还林的实践经验，退耕成果巩固长效机制的建立提供重要参考。

(5)在上述研究基础上，提出完善和建立补贴到期后退耕还林工程成果巩固长效机制和改善提高退耕农户生产生活水平相关政策的建议。

1.3.2 研究内容

根据上述研究目标，具体研究内容如下：

1.3.2.1 补贴到期后农户收入变化和收入调整行为的特点

以往大量研究表明，退耕补贴是农户最重要的收入来源之一，对于西部地区、高寒地区、民族地区和生态脆弱的贫困地区更是如此。关注和分析补贴到期后原贫困地区退耕农户收入变动和收入调整行为，既是完善和建立退耕还林工程成果巩固长效机制需要综合考虑的一个因素，也可为实现农户增收以及促进共同富裕提供决策参考。为此，本部分利用实地调查数据和描述统计分析重点探讨以下内容：

(1)补贴到期前后，农户收入及收入结构的变化情况；

(2)补贴到期前后，农户收入调整行为(非农就业、农地利用)及其特点；

(3)农户是积极主动地调整，还是消极地面对：补贴依赖的视角。

1.3.2.2 补贴到期对农户收入和农户收入调整行为的影响

退耕还林工程实施20多年来，不仅有效改善了生态环境，也对农户收入产生了重要影响。首轮退耕还林补贴到期对于退耕农户而言，一方面，会对其收入造成直接损失，但损失程度会随农户退耕参与情况而存在差异；另一方面，为维持其家庭原有的生活水平，退耕农户可能会通过生计策略的调整以应对补贴到期的冲击，但生计选择及其带来的收入变化也会因农户禀赋等情况而有所不同。可见，补贴到期后退耕农户的收入变化表现出不确定性。为此，基于第一个研究内容，本部分将进一步探究首轮退耕还林补贴到期对农户收入水平、收入结构的影响，并从理论和实证研究层面进行异质性影响分析、作用机制分析；同时分析补贴到期对农户非农就业、农户农地利用的影响，具体研究内容如下：

（1）与还享受补贴的退耕农户相比，停止补偿对农户收入及收入结构造成的影响，以及影响的异质性和影响机制；

（2）补贴到期对农户非农就业的影响；

（3）补贴到期对农户农地利用的影响。

1.3.2.3 补贴到期对农户消费、贫困状态、农户内部收入不平等及福利的影响

首轮退耕还林补贴政策涉及 812 个原贫困县，占国家原扶贫开发工作重点县总数的 97.6%，退耕农户失去长达 16 年且以现金方式发放的首轮退耕还生态林补贴，势必会对农户生产、生活造成一定程度的影响。在后脱贫时代及实现共同富裕目标的双重背景下，进一步关注并从实证上揭示补贴到期这一政策变化对农户贫困状态、消费、福利水平和农户内部收入不平等是否产生影响，以及产生何种影响，有助于为退耕还林成果的巩固、脱贫攻坚成果巩固拓展与乡村振兴的有效衔接提供理论和实证依据。

需要说明的是，由于我国已于 2020 年实现现行标准下的农村人口全面脱贫，但防范返贫风险和解决相对贫困，提升农民生活满意度仍是脱贫攻坚成果巩固拓展与乡村振兴有效衔接的重要内容，因此本部分主要从主观贫困和多维相对贫困两个视角探究补贴到期的影响。

主要研究内容：

（1）评估补贴到期对农户消费的影响，影响的差异性及影响机制；

（2）测度补贴到期时农户的主观贫困和多维相对贫困水平，并评估补贴到期的影响；

（3）评估补贴到期对农户内部收入不平等的影响及影响的差异性；

（4）评估补贴到期对农户福利的影响及影响的差异性。

1.3.2.4 补贴到期后的农户退耕地利用决策行为、差异及影响因素

农户是退耕还林的核心主体，退耕还林成果巩固和效益的稳定发挥离不开广大退耕农户的参与和配合。在现行政策背景下，首轮退耕还林补贴已全

面到期。退耕农户在失去补贴收入后，为维持生计水平，会对生计策略做出调整，进而可能对农户退耕地利用决策行为产生影响。掌握补贴到期后的农户退耕地利用决策行为、差异及动因，探究退耕补贴到期对农户退耕地利用行为及意愿的影响及作用机制，为退耕成果巩固长效机制建立巩固退耕还林成果、推动退耕还林高质量发展提供决策参考。具体研究内容如下：

(1) 补贴到期后退耕农户的实际土地利用决策行为意愿、差异性及驱动因素；

(2) 补贴到期对退耕农户退耕地利用行为及意愿的影响；

(3) 补贴到期后可能存在"都不复耕"或"大范围复耕"现象的主要决定因素；

(4) 补贴到期后农户退耕还林成果保持的驱动因素。

1.3.2.5 提出建立退耕还林成果巩固长效机制和其他相关政策的建议

基于上述研究结论，提出完善和建立退耕还林成果巩固长效机制及改善提高退耕农户生产生活水平相关政策的建议。

1.4 研究方法

基于上述研究目标和研究内容，本研究采取的研究方法主要包括文献分析法、规范分析法、实地问卷调查法、实证分析法。

1.4.1 文献分析法

通过文献分析，对有关农户行为、退耕还林等方面的已有文献成果进行收集、梳理与归纳，在此基础上，了解退耕还林工程相关政策，掌握相关研究现状与进展，明确研究目标和内容，为后续开展理论分析、研究设计和完成实证研究奠定基础。

1.4.2 规范分析法

退耕补贴是贫困地区农户长期稳定的一个收入来源，但按现行政策退耕补贴已于2021年全面到期。本研究的目的旨在了解补贴到期后农户的收入变化情况，掌握农户在失去补贴收入后是否进行了生计策略调整，实际退耕地利用状况和决策是否出现变化，实证检验补贴到期与农户收入变化、生计策略调整和退耕地利用决策是否存在因果关系；并在此基础上，结合退耕还林政策目标和时代发展要求，进一步评估补贴到期对农户贫困状态、消费、农户内部收入不平等及福利的影响。为使实证研究结果可靠，研究需要以收入消费理论、农户行为选择理论、可行能力理论等作为理论基础，首先采用规范分析法对所研究问题进行理论分析，进而提出研究假说。

1.4.3 实地问卷调查法

基于研究目的，本研究通过对实施退耕还林的原贫困地区进行县区、乡镇、村层面的访谈调查，从整体上了解研究问题的相关情况，在此基础上，通过开展较大样本的农户问卷调查，重点了解补贴到期前后退耕农户的收入、消费情况，家庭基本情况、生产生活相关情况、退耕还林政策了解及认知情况等，以观察退耕农户补贴到期后的应对行为存在什么特点和地域规律，实证检验补贴到期所产生的影响。首先，根据全国 25 个实施首轮退耕还林省区的退耕还林规模及经济发展水平，进行多阶段典型抽样，再根据选中省份的原贫困县名单进行随机抽样，随后开展对农户的随机抽样并进行入户访谈与问卷调查。

1.4.4 实证分析法

根据具体研究内容，本研究将采用以下主要的具体研究方法开展实证研究。

①描述性统计分析。对研究区域内的自然地理状况和社会经济状况、受访农户户主基本情况、家庭基本情况与退耕情况（包括补贴是否到期）等进行简单描述性统计分析，可对样本农户的户主特征、家庭结构、经济状况、健康状况、受教育水平等有基本了解，有助于整体认识所分析的农户状况，并有助于掌握相关结果变量的变化情况，为后续研究奠定基础。

②双重差分模型（DID）。分析补贴到期是否对相关结果变量产生影响是本研究的重要研究内容，基于研究目标，研究中采用双重差分（DID）模型以准确剥离出补贴到期的影响。以结果变量农户收入为例，通过对比实验组和对照组在补贴到期前后的农户收入差异，就可以有效测算出补贴到期对农户收入产生的净影响。应用双重差分法的前提条件是，假设补贴到期退耕农户和补贴未到期退耕农户之间具有相同的长期趋势，即在未加政策干预的情况下，补贴到期退耕农户和补贴未到期退耕农户的收入变动趋势是大致相同的。然而现实中，长期趋势相同的假定不一定成立，为此，本研究拟借鉴随机试验的思想，先对补贴到期退耕农户和补贴未到期退耕农户样本进行倾向得分匹配，借此保证补贴到期退耕农户和补贴未到期退耕农户之间的同质性和长期趋势一致性假定的成立，再使用匹配后的样本进行双重差分。

③再中心化影响函数（RIF）。本研究采用再中心化影响函数（RIF）实证分

析补贴到期对农户内部收入不平等的影响。不同于一般的回归方法，RIF 回归中的被解释变量既可以是传统意义上的收入水平，也可以是基于影响函数获得的分位数以及方差、基尼系数等收入不平等统计量，利用该方法能够建立起不平等指数与其影响因素之间的直接联系，从而可以从分布的角度直接考察退耕补贴到期对农户内部收入不平等的边际影响。此外，与传统的 OLS 估计方法相比，RIF 估计可以有效减轻由于遗漏变量而引起的内生性问题，从而使估计的结果更加可靠。

④断点回归模型（RDD）。这一方法的基本思想是在外生政策冲击下形成一个断点，在断点左右两侧样本接受政策处理概率有所不同，通过测算断点左右两侧的样本差异得出因果效应。退耕还林补贴到期可以视为一项外生冲击，这为应用近似于随机实验的断点回归设计实证检验补贴到期的影响提供了可行的思路。本研究利用该方法识别退耕还林补贴到期与农户非农就业以及多维相对贫困之间的因果关系，以获得解释力度更大的实证结果。

⑤A-F 双界限法。在多维相对贫困的测算方法中，由 Alkire 和 Foster 提出的 A-F 双界限方法应用最为广泛，因此本研究采用 A-F 双界限方法对退耕农户多维相对贫困进行测度，分别从各个维度和整体来刻画退耕农户多维相对贫困的变化，以保证指标测度的客观性，避免因果推论的失真。

⑥逻辑回归模型（Logistic）。由于农户退耕地利用行为多由定性变量（分类变量）表征，本研究中采用 Logistic 回归分析方法实证分析补贴到期对农户退耕地利用行为的影响。Logistic 回归分析根据因变量取值类别不同，又可以分为二元 Logistic 回归分析和多元 Logistic 回归分析，二元 Logistic 回归模型中因变量取值为 1 和 0（虚拟因变量），而多元 Logistic 回归模型中因变量可以取多个值。

⑦分位数回归。由于农户资源禀赋不同，本研究采用分位数回归方法进一步考察补贴到期所产生的异质性影响。分位数回归是估计一组回归变量 X 与被解释变量 Y 的分位数之间线性关系的建模方法。分位数可以更为全面地描述被解释变量条件分布的全貌，而不仅仅是分析被解释变量的条件期望（均值）。分位数回归相对于最小二乘回归来说，估计结果对离群值表现得更为稳健，对误差项无正态分布要求。

⑧中介效应模型。中介效应模型是分析自变量对因变量影响的过程和作用机制的常用方法。其中，若解释变量对被解释变量施加影响可以通过某一变量实现，则该变量可以称为解释变量和被解释变量的中介变量。本研究利用中介效应模型来探索退耕补贴到期这一核心解释变量和结果变量之间的内

在作用机制。

1.5 研究逻辑与技术路线

基于前述分析，本研究的分析框架和技术路线如图 1-1 所示，并基于此，形成本书的章节安排。需要特别说明的是，考虑到调研时间和篇幅限制，将补贴到期对农户农地利用这一生计调整策略的影响，与补贴到期对农户退耕地利用行为的影响合并成一章，即第 10 章"退耕补贴到期对农户土地利用意愿及行为的影响研究"。

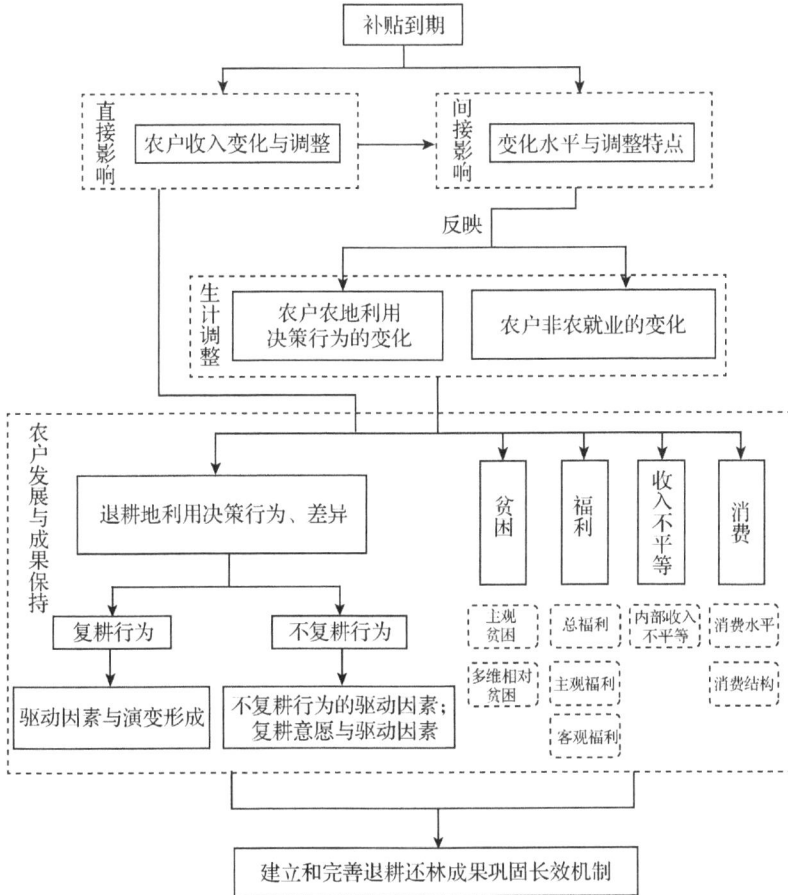

图 1-1 技术路线图

第 2 章

首轮退耕还林工程基本情况
及相关研究进展

2.1 退耕还林工程及退耕补贴(偿)政策

在 1997 年极端干旱引起黄河断流及 1998 年长江流域发生特大洪水后,为了遏制水土流失和改善生态环境,国家相继启动了包括退耕还林、天然林资源保护在内的一系列生态保护与修复工程。其中,退耕还林工程分为 1999 年起试点实施的首轮退耕还林工程和 2014 年重新启动实施的新一轮退耕还林工程。首轮退耕还林工程于 1999 年在甘肃、陕西和四川 3 省进行试点,2000 年试点范围扩大到 13 个省份,2002 年正式全面启动,覆盖全国 25 个省(自治区、直辖市)287 个地市(含地级单位)2422 个县(含县级单位)3200 万农户。工程共实施退耕地还林还草 1.39 亿亩、宜林荒山荒地造林 2.62 亿亩、封山育林 0.46 亿亩,造林总面积 4.47 亿亩,中央政府已累计投入 4424.8 亿元[①]。

各地在首轮退耕还林实践中,一般将坡度在 25°以上不适宜耕种且有损生态的陡坡耕地作为退耕的重点,把生态环境保护作为首要目标,同时也将促进农户脱贫增收目标的实现。《退耕还林条例》等文件明确要求,生态林作为首轮退耕还林的主要树种,其比例以县为单位进行核算,不能低于 80%[②],同时明令禁止农户退耕后自行砍伐树木。为弥补由于退耕还林后放弃耕种会产生相应的机会成本,国家向退耕农户直接发放一定的现金补贴予以补偿。

---

① 资料来源:《中国退耕还林还草二十年(1999—2019)》http://www.forestry.gov.cn/main/216/20201001/114936702969433.htm;《我国首次发布全国退耕还林还草生态、经济、社会三大效益综合评估报告》http://www.forestry.gov.cn/main/446/20220727/152450611364749.html。

② 资料来源:《退耕还林条例》www.forestry.gov.cn/main/434/20200121/110153080244387.html。

根据国家林业和草原局的补贴标准，首轮退耕还林补贴政策分为两个阶段。在退耕还林政策实施之初，还生态林补贴 8 年，还经济林补贴 5 年①。考虑到南北方水热条件和粮食产量存在差异，北方补贴 160 元/（年·亩），南方补贴 230 元/（年·亩）。为解决退耕农户长远生计问题，2007 年国务院发布了《关于完善退耕还林政策的通知》，决定对 2007 年之前参与退耕还林的农户再延长一个补贴周期，即还生态林补贴累计发放 16 年，还经济林补贴累计发放 10 年。此时补贴标准变为：北方补贴 90 元/（年·亩），南方补贴 125 元/（年·亩）。按照现行政策，首轮还生态林补贴自 2015 年起开始到期，截至 2021 年已全部到期。

考虑到生态恢复和农户脱贫增收是退耕还林工程实施的重要目标，因此，在目前推进乡村振兴战略实施和促进实现共同富裕目标的背景下，分析首轮退耕还林补贴到期是否会影响农户长远生计和退耕还林成果巩固问题，系统评估补贴（偿）到期对农户收入、消费、内部收入不平等、生计策略调整、福利水平、主观贫困和多维相对贫困、退耕地利用决策行为的影响具有重要现实意义。

2.2　退耕还林、退耕补贴与农户收入

保障退耕农户收入不仅是退耕还林工程顺利实施的重要目标，更是退耕成果得以巩固、生态环境得以持续改善的先决条件。为此，自首轮退耕还林工程实施以来，退耕还林与农户收入关系问题一直备受政府和学界的高度关注。早期阶段的相关文献中，学者大多采用描述性统计分析方法，利用农户调研数据通过分析比较农户在退耕前后的收入及结构指标差异来反映退耕还林对农户收入的影响（支玲等，2004；王兵等，2007）。随着研究的不断深入，研究者开始利用微观调查数据实证检验退耕还林对农户脱贫和增收的净效应（徐晋涛等，2004；王庶和岳希明，2017；刘浩等，2021；刘浩等，2017）。除了估计退耕还林对农户家庭总收入的影响，研究者也探讨了退耕还林对收入结构（Yao et al.，2010）、不同收入水平的农户收入影响差异问题（李桦等，2013；段伟等，2018；潘丹等，2020）。

既有文献有关退耕还林工程与农户收入关系的研究结论尚不一致。一些

① 资料来源：《国务院关于进一步完善退耕还林政策措施的若干意见》www.gov.cn/gongbao/content/2002/content_ 61463. htm。

学者认为退耕还林增加了农户收入，其中，退耕补贴增加农户转移收入、从事其他产业带来额外收入和从事务工等劳作获取非农收入被认为是退耕农户退耕后收入来源增长的三大源泉（支玲等，2004）。王兵等（2007）认为退耕还林政策的实施对中低收入农户的收入增长有促进作用，成功地改善了绝大多数农户的收入结构，使之趋于合理。赵丽娟和王立群（2011）认为退耕后不少农户收入的主要来源为退耕还林后续产业的发展，这部分收入在退耕后逐渐成为部分农户重要的收入增长来源。但是也有学者持相反观点，徐晋涛等（2004）认为退耕还林工程的实施并没有有效促进农户收入的提高，退耕农户的非农收入增幅也远小于非退耕农户的非农收入增幅。如果不将退耕补贴算入农户收入，则退耕后农户收入损失远比预期要大上不少，因为农户的种植业收入减幅巨大（谢旭轩等，2011），退耕还林政策的补助并不能完全弥补农户的种植业损失（甄静等，2011）。此外，有学者认为退耕还林对不同收入水平农户的收入影响不同，认为退耕还林对高收入者有益，但不利于低收入者（杨小军和徐晋涛，2009；王庶和邓泽林，2016）。

退耕还林补贴作为保证退耕还林顺利实施以及成果巩固的重要政策，其对农户收入的影响同样备受学界关注。一部分学者认为在退耕补贴期限内农户的收入得到显著提高，主要归因于退耕还林补贴（王庶和岳希明，2017）。另一部分学者认为退耕补贴在短期内显著提高农户的收入，但这种影响在长期具有不确定性（谢晨等，2021）。另外，也有学者关注了退耕补贴对农户收入的异质性影响。譬如退耕规模更大的农户能够获得更多的退耕补贴，从而更有利于缓解农户在农业上的劳动力约束，促使农户通过外出就业等方式进一步实现增收（Li et al.，2021）。又如年龄偏大的退耕农户在补贴到期后难以通过生计策略调整弥补其收入损失（陈琛等，2022），可能对其收入水平产生不利影响。此外，也有一些研究在退耕补贴临近到期时，以预测性研究、定性研究方法分析了退耕补贴到期对农户收入的影响（郭轲等，2015；张璇等，2016）。

2.3　退耕还林、退耕补贴与农户非农就业

农户为追求家庭收入风险最小化，会使劳动力转向劳动报酬率更高的市场部门（Stark，1984）。由于还林地多为陡峭、离家较远的坡耕地，本身就不适宜耕种，因此即使还林地为经济林，农户对其的管护时间也明显低于耕地，

进而产生了劳动力剩余(杨小军和徐晋涛，2009)。并且退耕补贴作为退耕农户的收入来源之一，家庭转移性收入增加使得家庭劳动力的流动限制放宽(王征兵等，2012)，剩余劳动力进入报酬较高的非农劳动市场，导致农户非农收入增加(Yao et al.，2010；李武福和杨品红，2006；廖洪乐，2012)。朱明珍和刘晓平(2011)实证验证了农户参与退耕还林亩数与参与时间的增加均能促使劳动力向非农就业转移。另一方面，部分学者基于调查数据的模型分析并未得出退耕还林对劳动力转移存在显著影响(易福金等，2006；Li and Feld-man，2011)，认为一方面农户收入的提升很有可能是农户从事非农劳动的常规性提薪，另一方面劳动力转移主要受农户教育水平、劳动力数量、性别等自身因素和退耕补助政策存在时限、外出打工的实际工资与期望工资差距较大等社会环境因素影响，因此退耕还林与农户劳动力转移二者间并不存在作用关系(彭珂珊和王力，2004；徐晋涛等，2004；王庶和岳希明，2017)。

退耕还林的补贴政策作为生态补偿项目(PES)的中国化实践之一，通常也被认为是影响退耕农户进行劳动力配置的重要外生因素。对此，退耕还林补贴政策对非农就业的影响研究受到国内外学者的广泛关注，但得出的结论存在一定的分歧。一部分学者认为，退耕补贴政策能够促进农户非农就业。Uchida 等(2009)基于 2003 年和 2005 两年的面板数据，认为退耕补贴放松了退耕农户劳动力流动性的约束，有助于农户进行非农就业。刘越和姚顺波(2016)利用中国 6 个省份 1995—2012 年的面板数据，发现退耕补贴政策的存在为非农就业提供一定的物质保障，可以减轻农户的转移就业成本以及外出务工的失业风险，整体上促进了农户参与非农就业。Li 等(2021)基于中国 6 个省份 1995—2014 年的面板数据，证实首轮退耕补贴政策能显著促进劳动力转移，但在补贴政策调整之后，由于补贴金额减半，削弱了退耕补贴政策对农户非农就业的有效性。

与之相反，也有学者指出，退耕补贴政策对农户非农就业未能产生有效影响，甚至会产生负向影响。Li 等(2019)利用 2008 年黄土高原 225 户农户的微观数据，分析表明退耕补贴政策实施的过程中极易催生农户对补贴收入的依赖，使其劳动积极性不断降低，不利于非农就业。Wang 等(2020)使用 2014 年安徽省 451 户农户的微观数据，指出退耕补贴政策对农户的非农就业的直接影响不显著，如果考虑资本资产(人力、物质等)的中介效应，退耕补贴政策对农户的非农就业将产生负向影响。

2.4　退耕还林、退耕补贴与农户消费

　　退耕还林与农户消费关系问题也是备受关注的一个热点研究问题。早期针对退耕农户消费变动的研究方法主要是描述性分析与简单计量分析，研究内容主要以生活性消费为主。李桦等（2006）利用描述性统计方法对退耕农户生产行为与消费支出行为进行分析，研究发现农户消费由食品为主转向教育、医疗支出为主。凡军义和梁丽媛（2011）利用参与退耕地区农户调查数据分析参与退耕对农户消费意愿是否有影响，结果显示参与退耕对农户生活支出意愿等存在积极作用。刘浩和刘璨（2012）利用长期定点跟踪包络数据，研究退耕对受访农户持久收入的影响，利用联立方程模型分析该工程对样本农户消费影响，结果表明：参与退耕增加了农户持久性收入并增加了农户消费支出，由于参与退耕，农户原本拥有的耕地面积降低造成农户自给性食品有所降低而现金性食品出现增长。王剑波（2013）利用山东、河北、陕西、四川等省共计1921个样本农户的长期跟踪数据将扩展的线性支出系统（ELES）与持久收入假说相结合来分析参与退耕对农户消费结构可能产生的作用，发现实施退耕还林对样本农户的消费结构确实产生了一定的影响，但影响存在区域差异性。朱长宁和王树进（2015）对比分析了参与退耕前后农户家庭支出情况，研究结果表明退耕前后农户家庭支出结构变化不明显，但消费水平存在一定提升，支出较高的是食品和居住支出，但食品支出占比下降。张红霞和余劲（2017）采用描述性分析和计量分析相结合的方法对陕西省商洛市巩固退耕还林政策实施生态移民搬迁项目前后移民户的生活消费支出结构变动情况进行分析，得出移民户消费层次低、消费结构不合理的结论。

　　随着研究的不断深入，研究方法逐渐向计量模型分析转变，如刘璐璐和李锋瑞（2019）运用面板模型来探究退耕农户恩格尔系数的影响因素。刘浩等（2020）利用平衡面板数据分析退耕还林工程对农户消费与结构的影响发现，受访农户基本性消费支出受到的影响较大。此外，刘浩等（2020）基于持久收入假说与心理账户，估计参与退耕对农户收入和消费不平等的影响，实证结果显示退耕还林的实施加剧了受访农户的收入与消费不平等程度。

　　退耕补贴方面，已有研究主要是运用扩展性支出函数或对比分析参与退耕前后消费的变动来探究退耕补贴对农户消费的影响。如刘浩等（2020）研究发现退耕补贴使得样本农户总消费、食品消费和其他消费分别增长了1.71%、

1.91% 和 1.69%，样本农户的自给性粮食消费向购买性粮食消费转化，自给性粮食消费减少了 35.32%，购买性粮食消费增加了 9.69%，同样地，康志强等(2011)发现农户人均生活消费和文娱消费占比分别由补贴前的 46.9% 和53.1%转变成补贴后的 45.9% 和 54.1%，消费结构有了一定改善。

2.5　退耕还林、退耕补贴与农户内部收入不平等

既有文献运用不同方法分析了退耕还林与农户收入不平等之间的影响关系。陈思焜(2015)通过 Shapley 值分解法考察了退耕还林工程对农户收入不平等的影响，发现退耕还林工程的实施加剧了农户收入不平等的程度，且对黄河流域农户的影响更为明显。刘浩等(2017)则发现参与退耕还林对农户收入不平等的影响呈现先上升后下降的趋势。退耕补贴是农户一个重要的收入来源，长期稳定的退耕补贴兼具推动农户增收、优化农户收入结构的作用，逐渐成为影响农户内部收入不平等的重要因素(Wu et al., 2020；Lu et al.,2020；Komarek et al., 2014)。因此，评估退耕补贴政策对农户内部收入不平等的影响具有重要的现实意义，并受到学界的广泛关注。部分学者认为退耕补贴对低收入或者贫困农户的增收效应更明显(王庶和岳希明, 2017；Zhang et al.,2019；潘丹等, 2020)，主要是由于低收入或者贫困农户经济基础较为薄弱，退耕补贴收入所占家庭收入比重更高，补贴带给家庭的边际收入增长效应相对更强，进而明显改善了农户内部的收入分配，使农户内部收入不平等程度减少。也有学者从异质性视角，考虑了农户参与退耕还林工程的可能性和退耕地面积的分布不均，发现退耕补贴改善收入分配的效果并不明显，间接扩大了农户内部收入不平等(朱烈夫等, 2018；康子昊等, 2021)。

2.6　退耕还林、退耕补贴与农户多维相对贫困

自退耕还林工程实施以来，退耕还林对农户增收和减贫的影响受到国内外学者的广泛关注，同时对退耕农户主观感知和满意度的影响也备受关注。一些学者采用描述性统计分析、Ordered Probit 模型、倾向得分匹配法、双重差分等方法研究发现，农户从退耕还林工程实施中受益，使他们的生活满意度得到提高(张连刚等, 2019；杨均华, 2020)，并且退耕后农户的增收减贫效果明显(刘东生等, 2011；王庶和岳希明, 2017)，主要应归因于退耕还林

补贴。与其他财政补贴相比，退耕补贴的边际减贫效应达到 2.69%，显著高于五保户补贴(0.53%)和特困户补贴(0.26%)的减贫效应(卢洪友和杜亦譞，2019)。随着研究的深入，相关研究也从收入贫困的测量延伸到多维度贫困的评估。刘璞和姚顺波(2015)从 5 个可行能力维度对退耕农户的能力贫困做出评价，结果显示退耕前有 96.7%的农户存在能力贫困，但退耕后整体能力贫困水平有小幅下降，基本生活与就业维度下降了 6.62%。张旭锐和高建中(2021)利用陕南退耕还林区实际调研数据，采用模糊综合评价法和倾向得分匹配法探讨了退耕还林对农户的福利效应，其中，用收入满意度、家庭关系满意度等指标表征主观福利，结果表明退耕还林工程使得农户的主观福利提高了 0.7%~0.8%。谢晨等(2021)利用农户退耕前和退耕后的监测数据通过面板随机 Logit 模型证实，退耕后农户收入贫困和多维贫困发生率均显著下降，退耕还林补贴在减缓农户贫困方面发挥了重要作用。另外，有研究探讨了退耕还林补贴对不同农户群体的影响，从不同贫困程度的农户来看，相对于非贫困家庭，退耕补贴占贫困家庭总收入比重更高，对其具有更大的边际增长效应(潘丹等，2020)。从不同退耕规模农户来看，退耕地规模越大，退耕补贴对缓解流动性约束效应越强，越有益于退耕农户通过外出务工等非农就业方式扩大其收入来源，促进农户脱贫增收(Uchida et al.，2009；Lu and Yin，2020)。

更具体地，从收入维度来看，与中高收入农户相比，退耕还林补贴对低收入农户的减贫效应更明显(Liu and Lan，2015)。但也有研究认为退耕还林补贴并没有很好地惠及不同收入层次的农户，扩大了农户之间的收入不平等，导致长期扶贫效果不明显(李国平和石涵宇，2017；朱烈夫等，2018)。从就业维度来看，部分学者认为退耕还林补贴政策能够放松农户的劳动力流动性约束、减轻转移就业成本和外出务工的失业风险，进而促进其增收减贫(Uchida et al.，2009)。但也有学者认为由于农户对退耕补贴的依赖性等因素影响，使其外出务工的动力不足，不利于实现农户减贫(Li et al.，2019)。从生活水平维度来看，中国国际经济交流中心课题组的实地调研发现，得益于退耕补贴和林业发展，退耕农户的生产生活条件、卫生条件、村容寨貌得到较大改观(中国国际经济交流中心课题组等，2014)。基于 10 年 100 个退耕还林县的监测结果也表明，退耕还林工程使退耕农户生活整体得到改善，提高了农户福利水平(刘东生等，2011)。从多维贫困来看，基于退耕还林工程社会经济效益监测数据的研究发现，2008—2015 年退耕农户的多维贫困发生率总体上降低 40%左右(谢晨等，2021)。还有一些不同的观点认为贫困地区的大多数退耕农户仍存在不同程度的多维贫困状态(Ren et al.，2018)，有 84.80%、59.84%和 56.53%的退耕农户陷入生活质量、医疗和教育维度的贫困，且退耕农户年龄越大，越容易在多维贫困各个维度表现出脆弱性(史恒通等，2019)。

2.7　退耕还林、退耕补贴与农户福利

退耕还林工程实施以来，国内外学者从多个维度较为系统地分析了农户福利水平的变动情况(Li et al.，2021)。在农户总福利方面，黎洁和妥宏武(2012)基于 Sen 的可行能力理论，通过构建指标体系并采用模糊评价法测度农户总福利水平，以此来探究退耕农户的福利状况，结果表明：尽管山区农户福利状况整体偏低，但与非退耕农户相比，退耕农户福利水平在退耕补贴期内相对较高。杨莉等(2010)采用多指标评估法对 1999—2009 年样本农户的福祉变化进行分析，结果显示补贴期内农民福祉的指数从 31.5 增加至 48.6。刘秀丽等(2014)采用参与式农村评估的方法对退耕农户福祉进行研究，发现尽管农户福利仍处于较低水平，但退耕后农户总福利有了明显增加。丁屹红和姚顺波(2017)通过双重差分模型，对比分析黄河流域与长江流域的退耕农户的福祉变化，发现退耕农户的福利水平均有所提升，且收入与物质需求、社会关系方面的福利水平提升显著，其中黄河流域农户福利水平的提升幅度大于长江流域农户福利水平的提升幅度。

在农户主客观福利方面，张旭锐和高建中(2021)综合考虑农户的主观福利和客观福利，利用倾向匹配得分法，探究新一轮退耕还林中退耕农户的福利效应，结果表明退耕还林工程使得退耕农户的主观福利与客观福利均有显著提升，且客观福利的提升幅度远大于主观福利。杨均华(2020)通过 Ordered Probit 模型实证检验了退耕还林农户生活满意度主观福利效应，结果表明退耕还林工程能够提高农户生活满意度，又通过 PSM-DID 模型和中介效应探讨了退耕还林工程对退耕农户收入的影响，结果显示退耕农户的客观福利有所提升。

然而，也有部分学者所持观点与之相反。Li 等(2019)通过分析退耕补贴、参与非农就业与农户福利三者之间的关系，发现退耕补贴会影响农户是否参与非农工作，且对参与和不参与非农就业的农户福利产生异质性影响，退耕

补贴对参与非农就业的农户福利水平有显著负向影响。刘思远（2018）从全国抽取 93 个退耕县，共计 2115 户退耕农户，采用层次分析法赋权并测算农户总福利水平，最终通过实证分析得到农户总福利水平处于相对滞后状态的结论。李国平和石涵予（2017）采用倾向匹配得分法和二步聚类法探究退耕前后农户客观经济福利的变化，发现退耕农户的客观经济福利仍处于较低水平。

首轮退耕还生态林补贴到期后，杜温鑫（2020）通过 Ordered Probit 模型研究分析了退耕补贴到期对退耕农户生活满意度的影响，结果表明，退耕补贴到期使得补贴到期农户与未到期农户相比生活满意度显著下降。现阶段，有关退耕补贴到期与农户福利变化的研究还不充分，仍需进一步探索和进行研究。

2.8　退耕还林、退耕补贴与农户土地利用行为及意愿

基于研究目的，本部分重点对农户退耕地与农地的利用行为的相关文献进行梳理。具体的，在农户退耕地利用行为及意愿方面，由于退耕还林的实施改变了农户的土地利用方式，所以现有研究重点关注了农户的退耕地复耕行为及意愿，以及管护行为及意愿（任林静和黎洁，2017；杨娜等，2018；张朝辉，2020），并通过研究发现农户的退耕地复耕意愿受到多种因素的共同影响，主要的影响因素包括：第一，家庭禀赋。户主的年龄等个人特征以及劳动力数量等家庭特征（Feng and Xu，2015；陈儒等，2016）都影响着农户的退耕地复耕意愿；第二，退耕地特征及农户认知。部分学者研究发现退耕林种、退耕地收益、退耕农户对政策的了解程度、退耕农户对该工程的满意度等（廖沛玲等，2019；周银花等，2021）也会对农户的退耕地复耕意愿产生一定影响。廖沛玲等（2019）发现家庭特征及退耕地特征会在一定程度上影响着农户的退耕地管护意愿，从而影响对退耕地的投入。

由于受到退耕补贴到期的时间限制，已有研究多以补贴期内预测农户对于补贴到期后退耕地利用意愿为主，主要涉及农户退耕地复耕意愿、流转意愿和管护意愿等方面，而对补贴到期对农户退耕地的利用行为以及农地的利用行为和意愿的研究较为缺乏。

在退耕地复耕意愿方面，一些研究通过理论和定性分析认为，如果补贴取消，退耕农户会恢复到之前的土地利用方式，退耕还林工程的可持续性会令人担忧（张鸿文，2007；庞淼，2012）。郭正模（2002）对山区退耕地利用的

影响研究表明，退耕还林的土地属于农用地，退耕还林工程通过政策引导使其转换为林地，但是退耕补贴到期后，农户可能迫于生存需要，重新开垦已被退耕的林草地为农耕地。徐勇等(2006)对黄土高原的退耕农户进行问卷调查，发现贫困农户受到退耕补贴影响较大，在补贴到期后贫困农户更倾向于将退耕地复耕。除了主观分析外，一些学者还对退耕农户退耕地复耕意愿做了预测性调查研究(Cao et al.，2009；周银花等，2021)。一方面，部分学者调查发现，如果退耕补贴到期，农户无法从退耕地获得经济收益，如果面对利益的驱动，对退耕地进行复耕的意愿较为强烈(郭轲等，2015)。任林静和黎洁(2013)对陕西省的退耕农户进行调查，发现在退耕补贴到期后，如果政府对退耕地不出台强制的法律规定，超过25%的退耕户会选择将其复耕种粮；陈儒等(2016)对全国17个省中参与首轮退耕还林工程的农户进行调查，发现近33%的退耕农户目前存在强烈的复耕意愿，且退耕补贴到期是促使其产生复耕意愿及行为的主要因素。另一方面，也有部分学者认为，退耕地所带来的价值不仅仅有实体价值，还存在生态价值，随着农户生态环保意识的提高和退耕还林期间生计策略的改变，补贴到期后农户也可能并不会对退耕地复耕(吴乐等，2020)。

在退耕地流转意愿方面，退耕还林工程在一定程度上改变了农户的生产经营方式，减弱了农户对于土地的依赖性，在退耕补贴到期后，对土地依赖性较弱的农户会通过退耕地复耕外的其他方式来增加家庭整体收入，杨永艳等(2018)通过研究认为在退耕补贴到期后，退耕农户通过退耕地流转，可以获取租金及经营分红，从而增加农户收入。同样，杜温鑫(2020)研究表明补贴到期农户的退耕地流转意愿相比于补贴未到期农户增加24.46%，这也进一步说明退耕补贴到期可能会对农户的退耕地流转意愿产生显著影响。

在退耕地管护意愿方面，周常国(2019)认为退耕补贴到期后，由于农户无法利用退耕地取得一定的收益，那么对于退耕地的保护会更多地依赖于政府部分，比如：增加护林员等，对退耕还林后的树木进行粗放式管理，致使退耕地整体质量下降。同时退耕补贴到期后，退耕地所能够带来的经济效益减弱，那么农户对退耕地的管护意愿可能也会随之减弱(李秀彬等，2014；郭轲等，2015)。但是周银花等(2020)对中西部16个省的退耕县农户进行调查发现，71.01%的退耕农户表示知道自己对退耕地的管护负有责任，并有68.95%的退耕农户表示如果补贴到期也会继续管护退耕林地。杜温鑫(2020)研究发现相比于补贴未到期农户，补贴到期后农户的退耕地管护意愿会减少 21.19%。

综上所述，学者们普遍认为退耕补贴到期会对退耕农户的退耕地利用意愿产生影响，但影响方向不确定。同时，杨娜等（2018）研究发现农户退耕还林成果的维护意愿与维护行为之间存在较大的差异。因此有必要进一步探究补贴到期对退耕农户退耕地利用行为及意愿的影响。

因为退耕还林主要是将农户的部分农地退耕为林地，改变了农户对该部分土地的使用方式，也在一定程度上减小了农户农地面积，所以学者认为退耕还林相关政策对于农户农地利用行为的选择会有一定的影响（Hendricks and Er，2018；郗静等，2009；折小龙，2012），主要体现在农地流转行为及意愿、农地投入方面。

部分学者从农户角度出发运用定量分析的方法从农地利用方式、技术选择、投入状况等角度分析了退耕还林政策对农户生计策略进而对农地使用行为的影响（魏学肖，2018），折小龙（2012）采用 DID 模型，控制其他因素对农地流转的影响，得出退耕还林政策对农户土地流转规模的净效应为正，影响系数为 0.338 的结论，进而认为退耕还林政策会使得农户进行土地流转的比例和规模上升。同时在农户参加退耕还林期间，国家通过发放退耕补贴，给予农户收入性补偿，促使农户更愿意流往城市，从事非农工作，减少对于农地的种植（于伟咏和漆雁斌，2018）。

在农地投入方面，部分学者认为退耕还林在不同程度上降低了农户农地种植概率，并通过影响农户生计策略选择从而影响农地投入活动（和月月等，2021；卢志强等，2021）。王庶和岳希明（2017）研究发现退耕还林政策使得农户从种植业上释放了劳动力，并将资本和劳动力转移到非农行业，促进了农户生计多样化。然而黄杰龙等（2021）研究发现，退耕补贴直接提高了农户的转移性收入，使得农户可以在剩余的农地上投入更多的精力与资本，进一步改变了农户低效种植的生产习惯，提高了土地利用效率。

2.9 退耕还林成果巩固对策研究

退耕还林工程是一个实施范围广、投入巨大、涉及众多农户的生态恢复项目，确保工程的成果能够得到巩固和生态效益得到可持续性发挥，是一个备受学界关注的问题。从目前研究成果来看，差异化管理模式、改善利益相关者的利益、完善补偿措施和制度安排、建立监管机制、建立动态效果评测机制、落实奖惩措施和制度设计、探索退耕还林生态产品价值实现等在巩固退耕成果方面的建议受到较多关注(谢晨等,2014;任林静和黎洁,2017;王庶和岳希明,2017)。尤其是,建立退耕成果巩固长效机制被认为是保障退耕成果得到有效巩固的重要措施。有学者认为要建立对农户具有客观、公正、有效的激励作用,对政府具有监督作用的成果巩固长效机制必须对农户生态补偿意愿和生态财产权给予高度重视(杨萍,2015;李国平和石涵予,2017)。工程成果巩固长效机制的建立必须以农户为核心,对农户最关心的补偿方式、补偿标准、补偿保障体系等方面进行完善(王曙光和王丹莉,2015),相关制度措施的安排还需考虑多元化、长效化、制度化、法律化和市场化(林乐芬和金媛,2012;徐丽媛和郑克强,2012);陈展图等(2017)认为政府的生态治理工程如果直接牵涉农户利益,那么与之相关的成果巩固机制必须考虑农户补助标准及补助方式、农户行为的响应与协调、制度受众群体的诊断与识别、制度的时空优化、区域差异化模式设计和制度成果的监测评估。

2.10　美国土地休耕项目相关研究

全球范围内,许多国家都实施了生态恢复和保护项目。其中,美国土地休耕项目(The Conservation Reserve Program, CRP)开创了以土地休耕的方式进行生态修复的先河,是一项具有较大国际影响力的生态修复工程。CRP 项目于 1986—1995 年,将大约 148 万 hm^2 的耕地转换为草地、林地和其他保护用地。CRP 项目实施后,美国政府、研究机构和学者对该项目的政策调整过程、实施标准的演化、相关利益者的反映、项目实施所产生的社会经济影响都给予了较多的关注(Michael et al. , 1988;Roy et al. , 1992;Jerry et al. , 2001;Larry et al. , 2015;Philip et al. , 2016)。由于项目实施的根本目标是生态环境的改善,因此,对项目实施产生的生态环境影响,以及如果项目停止可能会带来的影响尤其给予了高度关注,并进行了长期跟踪研究。

由于最初美国土地休耕项目(CRP)的环境目标是减少土壤侵蚀,所以在项目实施之初的几年里,研究者重点关注土壤侵蚀的治理效果,并进行评估。随后,该项目的生态环境目标扩展,除土壤侵蚀外,还包括湿地栖息地、保护实践等。针对这种情况,研究者开始研究建立 CRP 生态影响评价指标体系,认为采用这些指标体系有助于土地休耕计划提高和扩大项目除土壤侵蚀之外的环境效益,满足其他环境需求(Marc et al. , 2001)。随着时间的推移,该项目实施产生的生态环境影响日益显现，一些研究便开始利用地理信息系统和实地调查数据，分析讨论 CRP 对土壤、土壤有机质和水质、野生动物栖息地(数量)和生物多样性、空气质量(Evan et al., 1995；Stephen L Egbert et al, 2002)的潜在影响，控制农业面源水污染的作用(Christopher L Lant, 1991)，以及固碳效果等(Peter and Ian, 1995；Andrew and Wu, 2003)。随着研究的不断深入和项目实施时间的增加，研究者开始逐渐关注项目实施所产生的生态环境收益，一些研究利用计量经济模型、非市场评价技术数量化土地休耕计划产生的生态环境影响，并在此基础上进行成本效益分析(Peter Feather et al, 1999；Ronald, 2004；LeRoy, 2007；Roger et al., 2008；Caldas et al., 2016)。研究和评估结果表明，CRP 项目对改善生态环境发挥了重要作用。

由于 CRP 项目参与农户与政府签订的补贴合同期限是 10~15 年，因此如果项目停止可能会带来的影响也是研究者关注的另一个重要问题。一些研究利用 Tobit 模型、Logit model、QCM(qualitative choicc model)模型对农户参与土地休耕计划的决策、土地休耕计划结束后的土地利用决策及影响因素进行了数量化分析(Skaggs et al., 1994；Phillip et al., 1997；Peter and James, 1997)。也有学者研究发现受经济因素影响，该项目减少水蚀和风蚀的效益有所抵消(JunJie Wu, 2000)。近些年来，随着对生物质燃料需求的不断增加，一些研究开始关注 CRP 项目下还草地转变为生产生物燃料而引起的碳债务问题(Ilya et al., 2011)。2007—2010 年，大约 2800 万英亩的土地休耕项目合同到期，对于到期合同的处理方法是，土地位于国家优先保护区域内的，按照环境效益指数评分分 5 级进行延长合同期或重新签订合同，延长的合同年限视评分不同分 2 年、3 年和 5 年；重新签订合同的年限视评分不同分 10 和 15 年两档(Tadlock, 2010)。

2.11　研究评述

自退耕还林工程实施以来，聚焦退耕还林的影响，产生了大量研究成果。既有相关研究的视角、方法和成果为本研究奠定了坚实的理论和方法论基础。退耕农户收入、消费、内部收入不平等、生计策略调整及贫困状况的相关研究为本研究分析和评估补贴到期的影响提供了重要研究依据和方法支持；农户土地利用行为的相关研究为本研究在分析退耕补贴到期后原贫困地区农户实际退耕地和农地利用决策行为及影响因素方面提供了重要线索，有助于避免变量选择偏差问题的出现，另外关于内生性问题的解决办法也引起了本研究的重视；退耕还林成果巩固方面的研究成果为本研究提出退耕还林成果巩固长效机制建议提供了重要的参考借鉴。

退耕成果的有效巩固问题自退耕还林实施以来就一直是政府和学术界最为关心的问题。受时间因素制约，现有研究基本上是在补贴期内对补贴政策到期后农户的复耕意愿研究，但随着社会经济环境的变化，也受意愿调查时间的限制，补贴未真正到期时农户的复耕意愿与其到期后的现实选择必然会存在差距。1999 年试点、2002 年全面实施的首轮退耕还林工程中，长达 16 年的退耕还生态林补贴自 2015—2021 年陆续到期，补贴到期后退耕农户对退耕地利用到底做出了什么样的行为选择？从这个视角看，目前尚缺乏这方面的研究。

退耕还林补贴在维护农户利益方面发挥了重要作用。已有文献非常重视退耕还林及补贴政策对农户收入和贫困的影响研究。但是，当补贴到期后，农户特别是原贫困地区农户失去了稳定的补偿收入，这势必会对农户生计产生影响，并促使农户对其收入进行调整，进而可能对退耕林地和农地的利用决策行为产生影响。但是遗憾的是，目前对退耕还林补贴到期后原贫困地区农户的收入变化及收入调整情况，以及退耕补贴到期对农户收入、生计策略调整行为、贫困状态、消费、农户福利、农户内部收入不平等和退耕地利用决策行为的影响尚缺乏系统的研究。此外，当退耕农户退耕地利用行为选择具有集体性时，既有研究缺乏对农户退耕地利用决策行为的演化作出解释。另外，补贴到期后首轮退耕还生态林应该采取怎样的成果巩固长效机制来保持其持续性和合理利用的研究也较为欠缺。

基于此，在按现行政策首轮退耕还林补贴全面到期背景下，本研究以原贫困地区退耕农户为研究对象，在理论分析基础上，通过实地调查，较为全面系统地分析补贴到期后农户收入变化和收入调整行为特点，据此实证检验补贴到期对农户收入和收入调整行为的影响；在此基础上，进一步评估补贴到期对农户主观贫困和多维相对贫困、消费、福利及其农户内部收入不平等的影响；深入研究补贴到期后农户的实际退耕地利用决策行为及其驱动因素；并据此提出完善和建立退耕还林成果巩固的长效机制和改善提高退耕农户生产生活水平相关政策的建议。

第3章

退耕补贴到期对农户收入及结构的影响研究

保障退耕农户收入不仅是退耕还林工程顺利实施的重要目标，更是退耕成果得以巩固、生态环境得以持续改善的先决条件。以现金方式发放的退耕补贴是农户稳定的一个收入来源，但既有政策背景下，首轮退耕还经济林补贴已全部到期，长达16年的退耕还生态林补贴也从2015—2021年陆续到期。鉴于此，基于2019年四川省和河北省8个原贫困县（区）831份农户的实地调查数据，运用PSM-DID模型估计退耕补贴到期对退耕农户收入及结构的净影响并进一步进行异质性分析，通过中介效应模型对其影响机制进行检验，从而丰富了退耕还林对农户收入影响的研究内容，同时为建立退耕成果巩固长效机制以及制定防止返贫发生的相关政策提供参考依据，以巩固退耕成果，实现农户增收、优化农户收入结构、巩固拓展脱贫成果。

3.1 理论分析与研究假设

理论上，退耕补贴到期对农户收入可以通过直接效应和间接效应两条路径产生影响。在直接效应方面，退耕补贴到期使农户失去了一项稳定的转移性收入，并使退耕地的机会成本难以得到有效弥补，农户退耕地的边际收益受损（刘天婕等，2022）。因此，从直接效应来看，补贴到期会对农户转移性收入产生负向影响。

在间接效应方面，退耕补贴到期可能会促使农户生计策略转变。出于维持原有生计水平的考虑，追求利益最大化的农户会在农业土地经营和非农就业之间进行家庭生产要素的再配置。由于退耕还林已经使退耕农户耕地面积减少，补贴到期又使退耕地机会成本升高，加之从事农业土地经营的比较收益偏低，在这种情况下，停止发放补贴间接降低了农户参与非农就业的机会成本。因此，经历退耕补贴到期的冲击后，农户更倾向于参与非农就业（陈琛等，2022）。在资本不足和土地要素受限的现实条件下，家庭劳动力可能更多地被配置到边际收益更高的非农部门，进而提升其非农收入，实现增收。此外，补贴到期后，农户还有可能选择将退耕地进行流转，不仅能够获得流转金以及经营分红等财产性收入，还能分配出更多的时间和精力进行生计策略和非农就业的调整，以进一步增加自身收益（陈琛等，2022）。因此，从间接效应来看，补贴到期对农户生产经营性收入产生负向影响，对农户工资性收入和财产性收入产生正向影响，导致退耕补贴到期对农户总收入的影响方向难以从理论上作出预期推断，有待进一步实证检验。

据此提出以下假设：退耕补贴到期将对农户总收入水平产生显著影响。

3.2　研究设计

3.2.1　研究区域概况

选择河北省和四川省作为分析首轮退耕补贴到期对农户收入影响的研究区域。其理由如下：第一，河北省和四川省作为首轮退耕还林工程实施的重点省份，首轮退耕面积分别位居全国第 4 和第 3（Li et al.，2021）；第二，调研期间，河北省和四川省国家级贫困县（区）数量较多，分别位居全国第 5 和第 6，仍面临较为艰巨的防止返贫任务。

3.2.2　数据来源

研究所用数据来自 2019 年 9~11 月在河北省和四川省进行的实地调查。具体调查过程如下：首先，在 2 省中确定退耕面积较大的贫困县（区），在其中随机选取 3~5 个县（区）。其次，再从每个县（区）随机选取 2~5 个乡镇。再次，从每个乡镇随机选取 2~3 个村庄。最后，从每个村庄随机选取 15~20户左右的退耕农户进行问卷调查。选取的 8 个样本县（区）为河北省的围场县、沽源县和涞源县；四川省广元市的朝天区、利州区、昭化区，巴中市的恩阳区和南江县。发放问卷 840 份，剔除无效问卷后，最终获得有效问卷 831 份（四川省 358 份，河北省 473 份），问卷有效率为 98.9%。

3.2.3 变量选取

选择农户家庭总收入以及 4 种结构性收入作为被解释变量。4 种结构性收入主要指家庭总收入中包含的生产经营性收入、工资性收入、财产性收入和转移性收入 4 部分。为使数据变得更加平稳并削弱模型的异方差性，对各项收入变量取对数。选取退耕补贴到期政策变量与时期变量的交互项作为核心解释变量，表征退耕补贴到期对样本农户家庭收入的净影响。为了检验退耕补贴到期对农户收入的影响机制，研究选取家庭劳动报酬率和劳动时间作为中介变量。其理由在于：农户在面临退耕补贴到期所造成的收入损失时，出于收益最大化的考虑，可能通过以下 2 条路径调整生产要素的再配置：一是为弥补收入的减少并规避农业生产风险，劳动力向非农就业转移，提高非农收入（陈琛等，2022）。同时，各项扶贫政策也为贫困地区农户提供了更多的就业机会，促进其参与非农就业（Kelly，2013）。二是通过压缩闲暇，增加劳动时间以提高自身收入（蒋欣和田治威，2020）。为了测度退耕补贴到期对样本农户家庭收入的影响效应，借鉴相关研究文献（Li et al.，2021；朱长宁和王树进，2015），并结合实地调查情况，选取户主特征、家庭及生产经营特征和区域特征作为控制变量。各变量定义、取值见表 3-1。

表 3-1　变量设置

变量分类	变量名称	符　号	定义或赋值
被解释变量	家庭总收入(元)	Y_1	家庭各项收入总和
	家庭生产经营性收入(元)	Y_2	种植业、林果业、养殖业等收入
	家庭工资性收入(元)	Y_3	务工收入、公益岗位收入等收入
	家庭财产性收入(元)	Y_4	土地流转底金、房屋出租、存款利息等收入
	家庭转移性收入(元)	Y_5	养老金、低保金、五保金、赡养费等收入
中介变量	家庭农业劳动时间(天)	M_1	每户家庭中全部劳动力从事农业劳动的年投工天数总和
	家庭非农劳动时间(天)	M_2	每户家庭中全部劳动力从事非农劳动的年投工天数总和
	家庭农业劳动报酬率(元/天)	M_3	农业劳动收入÷农业劳动时间
	家庭非农劳动报酬率(元/天)	M_4	非农业劳动收入÷非农业劳动时间
核心解释变量	分组虚拟变量	D_i	补贴到期=1，补贴未到期=0
	分期虚拟变量	G_i	补贴到期前 $G_i=0$，补贴到期后 $G_i=1$
	分组虚拟变量×分期虚拟变量	D_iG_i	交互作用项
控制变量	家庭人口数(人)	X_1	具体数值
	外出打工比例(%)	X_2	每户家庭中外出打工劳动力÷全部劳动力

（续）

变量分类	变量名称	符　号	定义或赋值
	是否为贫困或低保户	X_3	是 = 1，否 = 0
	家庭技能培训情况	X_4	是 = 1，否 = 0
	家庭农机具数量（台）	X_5	具体数值
	退耕地面积（hm^2）	X_6	具体数值
	耕地面积（hm^2）	X_7	具体数值
	林地面积（hm^2）	X_8	具体数值
	户主性别	X_9	男 = 1，女 = 0
	户主年龄（岁）	X_{10}	具体数值
	文化程度（年）	X_{11}	具体数值
	健康状况	X_{12}	不健康 = 1，健康 = 0
	是否务农（含兼业）	X_{13}	是 = 1，否 = 0
	工作地点	X_{14}	本村 = 1，外出打工 = 0
	省　份	X_{15}	河北 = 1，四川 = 0

3.2.4　数据处理

为保证估计结果的准确性，研究剔除了 2017 年以前补贴到期的农户数据，获得有效样本计 661 份。按补贴是否在 2018 年到期将农户分为未到期组（对照组）和到期组（处理组），将 2 期数据固定在 2017 年与 2019 年用于后续实证检验，以便更好地反映退耕补贴到期对农户收入产生的影响。在研究退耕补贴到期对农户收入的影响时，双重差分模型可以较为准确的估计出净效应。但双重差分模型要求处理组与对照组具有平行趋势，即在未加政策干预的情况下，对照组和实验组变化趋势需大体一致，而实际情况却较难满足。因此，为保证前后研究的一致性，首先通过倾向得分匹配将退耕补贴到期组和退耕补贴未到期农户进行匹配，从而满足趋势一致性的假设条件，最后对满足假设的样本通过双重差分模型估计退耕补贴到期对农户收入的净影响。

3.2.4.1　对调研数据进行描述性统计

在被解释变量方面，相比补贴到期前，到期后农户总收入增加。在 4 种类型的收入当中，无论在补贴到期前后，工资性收入均占总收入比例最大；在中介变量方面，退耕补贴未到期组农户的非农劳动时间、农业劳动报酬率和非农劳动报酬率的均值均高于到期组；在户主特征方面，户主多为男性，且年龄普遍偏大，年龄均值为 58.941 岁，平均文化程度为 6.233 年，受教育程度偏低，半数以上户主健康状况不理想，主要以慢性疾病为主，62.93% 的户主仍然进行农业劳动；在农户家庭特征方面，农户家庭大多由 3~4 人组成，半数农户拥有农机具，贫困户或低保户占样本数量三成左右；接受过技能培训的农户比例较低，仅为 24.44%，平均每户拥有退耕还林地 0.302 hm²，农耕地 0.448 hm²，林地 0.155 hm²（表 3-2）。就上述指标而言，调研数据结果基本符合以往研究与官方统计数据[①]，说明此次调研样本具有一定的代表性。

表 3-2　各变量的描述性统计

变　量	补贴到期	均　值	标准差	变　量	补贴到期	均　值	标准差
Y_1	补贴到期前	46 478.141	46 638.211	D_i		0.292	0.452
	补贴到期后	48 501.021	51 419.324	G_i			
Y_2	补贴到期前	4 372.323	9 955.954	X_1		3.412	1.667
	补贴到期后	3 966.943	9 471.238	X_2	补贴到期前	0.324	0.383
Y_3	补贴到期前	37 512.221	46 206.720		补贴到期后	0.396	0.421
	补贴到期后	39 175.534	49 002.127	X_3		0.308	0.462
Y_4	补贴到期前	202.651	2 015.532	X_4		0.244	0.434
	补贴到期后	248.344	1 972.548	X_5		0.532	0.774
Y_5	补贴到期前	3 891.123	9 165.945	X_6		0.302	0.300
	补贴到期后	5 111.322	10 645.844	X_7		0.448	0.595
M_1	补贴到期前	36.214	19.932	X_8		0.155	0.363
	补贴到期后	31.471	19.138	X_9		0.936	0.254
M_2	补贴到期前	314.592	572.732	X_{10}		58.941	10.972
	补贴到期后	369.364	582.322	X_{11}		6.233	3.452
M_3	补贴到期前	9.981	447.942	X_{12}		0.547	0.537
	补贴到期后	13.873	459.348	X_{13}		0.629	0.483
M_4	补贴到期前	102.342	78.151	X_{14}		0.776	0.422
	补贴到期后	121.463	73.447	X_{15}		0.601	0.448

①　资料来源：国家统计局 http：//www.stats.gov.cn/tjsj/tjgb/nypcgb/。

3.2.4.2　对各变量进行多重共线性诊断

对各变量进行多重共线性诊断后发现，方差膨胀因子（VIF）均小于临界值 10，且各变量间的相关系数均不超过 0.5。因此，可初步排除模型中存在多重共线性问题，为接下来进行实证检验的合理性提供了依据。

3.2.4.3　倾向得分匹配

研究首轮退耕补贴到期对原贫困地区退耕农户家庭收入的影响，最简单的方法是对比原贫困地区退耕农户在退耕补贴到期前后的家庭收入，但这很有可能受到同一时间发生的其他政策和环境的影响。为了更准确地考察退耕补贴到期对农户家庭收入的影响，剔除其他因素的干扰，本文选用双重差分法剥离出退耕补贴到期对原贫困地区农户收入的净影响。但双重差分法存在很强的平行趋势假设前提。为了满足这一前提条件，本章先使用倾向得分匹配法，将首轮退耕补贴到期和未到期组农户进行匹配，再对匹配后的样本进行双重差分，分离出退耕补贴到期对农户收入的净效应。

设定 $D_i \in \{0, 1\}$ 表示农户退耕补贴是否到期：如果退耕补贴到期，则 $D_i = 1$；否则，$D_i = 0$。Y_{ij} 表示不同类型的农户家庭收入，对于退耕补贴到期农户家庭收入 Y_{ij1} 均可找到一个与该农户特征相似的退耕补贴未到期农户的家庭收入 Y_{ij0}，退耕补贴到期对农户家庭收入的影响即为 $Y_{ij1} - Y_{ij0}$。因此处理组的平均处理效应差异（ATT）可以表示为：

$$ATT = E\{(Y_{ij1} - Y_{ij0}) \mid D_i = 1\} = E\{Y_{ij1} \mid D_i = 1\} - E\{Y_{ij0} \mid D_i = 1\} \quad (3\text{-}1)$$

其中，$E\{Y_{ij0} \mid D_i = 1\}$ 表示退耕补贴到期农户在假设退耕补贴未到期状况下的家庭收入情况，是一个"反事实"，无法直接通过调查数据得到，需要通过倾向得分法匹配到与该农户情况相似的补贴未到期农户家庭收入进行替代。运用 logit 模型根据控制变量 X 估计出各农户的倾向得分 $P(X)$，将退耕补贴到期农户匹配出得分相近的多个补贴未到期农户。那么，将多个补贴未到期农户家庭收入替代上述"反事实"部分后，处理组平均处理效应差异即可表示为：

$$ATT = E\{Y_{ij1} \mid D_i = 1\} - E\{Y_{ij0} \mid D_i = 1\}$$

$$= \frac{1}{N} \sum_{i:\, D_i = 1} \{Y_{ij1} - \sum_{p:\, D_p = 0} w(i, j) Y_{ij0}\} \quad (3\text{-}2)$$

其中，N 为处理组样本数，$w(i, j)$ 为处理组农户 i 与对照组农户 p 的倾向得分距离函数。

表 3-3　平衡面板检验

变　量	匹配前后	均　值		标准偏差（%）	标准偏差减小幅度	T 检验	
		处理组	对照组			t 统计量	$p>\mid t\mid$
X_1	匹配前	3.234	3.586	−21.2	33.1	−2.70	0.007
	匹配后	3.233	2.998	14.2		2.13	0.033
X_3	匹配前	0.405	0.175	52.4	98.9	6.53	0.000
	匹配后	0.402	0.399	0.6		0.07	0.941
X_4	匹配前	0.195	0.311	−26.9	93.2	−3.45	0.001
	匹配后	0.196	0.204	−1.8		−0.27	0.785
X_7	匹配前	7.588	5.439	24.5	93.4	3.06	0.002
	匹配后	7.276	7.417	−1.6		−0.22	0.829
X_8	匹配前	1.711	2.495	−14.1	94.2	−1.84	0.067
	匹配后	1.720	1.675	0.8		0.13	0.897

　　倾向匹配得分法（PSM）的作用是为了缩小处理组和对照组的控制变量之间的差异，因此先进行配对 T 检验，筛选出存在显著性差异的控制变量。T 检验结果显示，存在显著性差异的控制变量为家庭人口数、是否为贫困户或低保户、是否接受过家庭技能培训、耕地面积和林地面积。针对上述存在显著性差异的匹配变量，本章选取一对三 K 近邻匹配的 logit 模型进行倾向得分匹配，这样可以更好的保留处理组，即退耕补贴到期组农户信息，使得到期样本农户信息得到充分利用。匹配后去除未成功配对农户，共得到匹配后有效样本 657 份，其中河北 412 份，四川 245 份。

　　为检测倾向得分匹配是否达到预期效果，本章利用平衡性检验验证倾向得分匹配的有效性。首先，可通过标准化偏差图直观地看出（图 3-1），匹配后所有变量的标准化偏差均分布于 0 附近。其次，可从表 3-3 中匹配前和匹配后均值的对比情况显示，所有变量的处理组和对照组均值差距大幅缩小，说明本文的匹配变量和方法的选择是合理的。t 统计量在匹配后除家庭人口数变量外，其余变量均在 5% 的水平下不显著，说明经匹配后的处理组和对照组之间匹配结果良好。

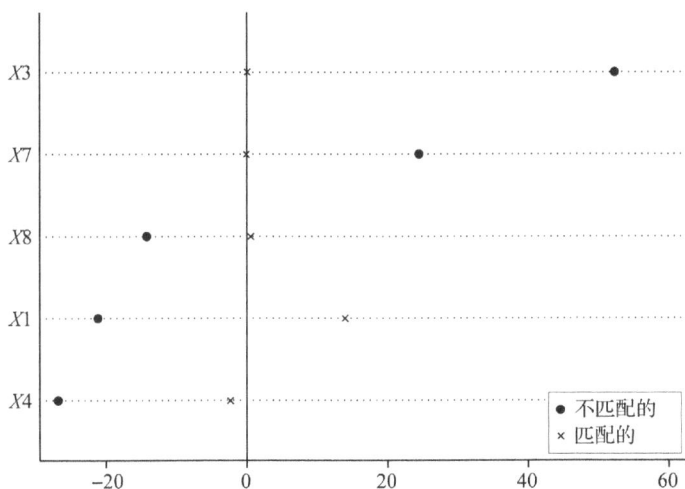

图 3-1 控制变量的标准化偏差图

3. 2. 4. 4 采用双重差分模型估计退耕补贴到期对农户收入的影响

对满足假设的样本通过模型(3-3)进行双重差分以估计退耕补贴到期对农户收入的净影响。对全样本农户匹配后,将处于共同支撑范围的农户进行双重差分,分别报告退耕补贴到期对农户生产经营性收入、工资性收入、转移性收入、财产性收入以及总收入的影响,估计结果见表 3-4。为了检验模型的稳定性,参照已有文献的做法(谢先雄等,2020),将生产经营特征和户主特征 2 类指标分别作为控制变量对 661 个样本农户收入进行双重差分,回归结果见表 3-5。从表 3-4 和表 3-5 可以看出,模型估计结果基本一致,说明表 3-4 的回归结果较为稳健。

$$\ln Y_{ij} = \beta_0 + \beta_1 D_i + \beta_2 G_i + \beta_3 D_i G_i + \alpha X_i + \varepsilon_i \tag{3-3}$$

其中,Y_{ij} 表示农户家庭收入,i 表示农户,j 表示不同类型收入;交互项 $D_i G_i$ 为分组与分期虚拟变量的交互项,到期 $D_i = 1$,未到期 $D_i = 0$;到期前 $G_i = 0$,到期后 $G_i = 1$;系数 β_3 是考察的核心内容,反映了在控制其他因素后,退耕补贴到期对农户收入影响的净效应;X_i 表示影响农户收入的相关控制变量;ε_i 为模型残差项。

表 3-4   匹配后样本回归结果

变量	D_iG_i		D_i		G_i		控制变量与否	R^2
	系数值	标准误	系数值	标准误	系数值	标准误		
$\ln Y_1$	0.516***	0.163	−0.219**	0.112	−0.492***	0.132	控制	0.328
$\ln Y_2$	−0.899***	0.154	0.634***	0.103	0.349***	0.124	控制	0.369
$\ln Y_3$	0.808***	0.164	−0.556***	0.114	−0.499***	0.123	控制	0.236
$\ln Y_4$	0.216	0.41	−1.11***	0.342	−0.052	0.324	控制	0.047
$\ln Y_5$	0.734***	0.181	−0.456***	0.133	−0.29**	0.137	控制	0.132

注：*、**和***分别表示在10%、5%和1%的水平上显著，下同。

表 3-5   采用不同控制变量组的样本回归结果

变量	控制变量	D_iG_i		R^2
		系数值	标准误	
$\ln Y_1$	家庭特征	0.519***	0.166	0.312
	户主特征	0.543***	0.176	0.283
$\ln Y_2$	家庭特征	−0.786***	0.183	0.363
	户主特征	−0.796***	0.182	0.291
$\ln Y_3$	家庭特征	0.785***	0.167	0.207
	户主特征	0.825***	0.174	0.182
$\ln Y_4$	家庭特征	0.169	0.488	0.054
	户主特征	0.184	0.510	0.064
$\ln Y_5$	家庭特征	0.739***	0.175	0.119
	户主特征	0.738***	0.181	0.153

3.2.4.5   估计退耕补贴到期对农户总收入影响的异质性

分别从不同收入水平农户和不同退耕面积农户2个方面对退耕补贴到期异质性的影响进行分析。依据分位数分组的思想，按25%和75%分位点为界将农户家庭总收入和退耕面积分别分成3组。家庭总收入方面，按农户家庭总收入划分为低收入组（7514~14440元）、中等收入组（14505~85896元）、高收入组（86710~440000元）。退耕面积方面，将样本农户按照退耕面积划分为低退耕面积组（0.013~0.100 hm²）、中等退耕面积组（0.107~0.400 hm²）、高退耕面积组（0.407~2.147 hm²），估计结果见表3-6。

表 3-6 退耕补贴到期对不同群体农户家庭总收入的影响

组 别	不同群体	D_iG_i		控制变量与否	R^2
		系数值	标准误		
收入组	低收入	-0.103***	0.193	控制	0.290
	中等收入	0.652***	0.192	控制	0.343
	高收入	0.127*	0.308	控制	0.141
退耕面积组	小退耕面积	0.597***	0.254	控制	0.317
	中等退耕面积	0.541*	0.331	控制	0.210
	高退耕面积	0.488*	0.262	控制	0.188

3.2.4.6 运用中介效应模型分析退耕补贴到期影响农户收入的作用机制

为进一步探究退耕补贴到期影响农户收入的作用机制，运用中介效应模型展开分析。参照分层回归法（温忠麟等，2004），分别采用模型公式(3-4)、公式(3-5)和公式(3-6)计算退耕补贴到期对退耕农户收入总效应、中介变量和农户收入的影响，结果见表 3-7。

$$\ln Y_i = \beta_1 + \theta_1 D_i G_i + X_i + \varepsilon_1 \tag{3-4}$$

$$M_{ij} = \beta_2 + \theta_2 D_i G_i + X_i + \varepsilon_2 \tag{3-5}$$

$$\ln Y_i = \beta_3 + b M_{ij} + \theta_3 D_i G_i + X_i + \varepsilon_3 \tag{3-6}$$

其中，Y_i 表示退耕农户总收入；D_iG_i 表示退耕补贴到期；X_i 表示控制变量；M_{ij} 表示中介变量，包括劳动时间和劳动报酬率；β_1、β_2、β_3 为常数项；θ_1、θ_2、θ_3 及 b 为待估参数，其中 θ_1 为退耕补贴到期对农户收入的总效应，θ_2 为退耕补贴到期对中介变量的影响，θ_3 为退耕补贴到期对农户收入的影响；ε_1、ε_2、ε_3 为误差项；b 为中介变量对农户收入的影响。

表 3-7 中介效应检验

变量	总收入	M1	总收入	M2	总收入	M3	总收入	M4	总收入
	模型 2	模型 3	模型 4	模型 3	模型 4	模型 3	模型 4	模型 3	模型 4
D_iG_i	0.516***	0.751***	-0.087***	0.816***	-0.128***	0.793*	-0.524*	0.809***	-0.066***
	(0.158)	(0.210)	(0.163)	(0.201)	(0.162)	(0.242)	(0.156)	(0.192)	(0.163)
M1	/	/	0.802*	/	/	/	/	/	/
			(0.207)						
M2	/	/	/	/	0.793***	/	/	/	/
					(0.113)				

（续）

变量	总收入	M1	总收入	M2	总收入	M3	总收入	M4	总收入
	模型2	模型3	模型4	模型3	模型4	模型3	模型4	模型3	模型4
$M3$	/	/	/	/	/	/	−0.036 (0.191)	/	/
$M4$	/	/	/	/	/	/	/	/	0.724*** (0.190)
控制变量	控制	控制	控制	控制	控制	控制	控制	控制	控制
样本量	661	661	661	661	661	661	661	661	661
R^2	0.332	0.301	0.264	0.273	0.253	0.202	0.101	0.363	0.262

注：*、**、***分别表示在10%、5%、1%的水平上显著；括号内数字表示稳健标准误差。

3.3 结果分析

3.3.1 退耕补贴到期对农户收入及其结构的影响分析

退耕补贴到期（D_iG_i）对农户生产经营性收入（$\ln Y_2$）的回归系数在1%的水平下显著为负，说明退耕补贴到期一定程度上降低了样本农户的生产经营性收入（表3-4）。可能的原因是，补贴到期后退耕农户收入受损，而继续传统的农业生产经营活动比较优势相对较低，加上参与退耕还林造成农户的耕地基础减少，农户更倾向于减少农业生产经营活动，转而通过非农就业来弥补收入损失（Duan et al.，2015）。生产经营性收入下降在一定程度上反映了农户收入结构得以优化。

退耕补贴到期对工资性收入（$\ln Y_3$）的回归系数在1%的水平下显著为正，说明退耕补贴到期一定程度上促进了农户工资性收入的增长（表3-4）。可能的原因是，退耕补贴到期会推动农户进行非农就业转移，进而弥补其退耕地的机会成本（高清和靳乐山，2021）。同时，农业与非农业之间的要素报酬差异、非农就业机会的增加也成为农户就业进行转移的拉力，最终使农户工资性收入得以提高。退耕补贴到期对农户转移性收入（$\ln Y_5$）的回归系数在1%的水平下显著为正，说明退耕补贴到期一定程度上有助于农户转移性收入增长（表3-4）。可能的原因在于，补贴到期后政府为巩固退耕还林成果出台了相关补贴政策和实施了有针对性的扶贫方案。此外，在调研过程中发现，补贴到期后子女也会增加父母的赡养费，以此维持父母的基本生活水准。

尽管退耕补贴到期对财产性收入($\ln Y_4$)的回归系数不显著，但退耕补贴到期对农户总收入($\ln Y_1$)的估计系数为 0.516，且在 1% 的水平上显著为正，说明退耕补贴到期能够一定程度上促进样本农户总收入的增长(表 3-4)。这可能是由于财产性收入长期性、固定性的特点，使补贴到期难以在短期对其产生较大影响。农户是退耕还林工程的主要参与者和关键利益群体，以舒尔茨为代表的经济学家认为农户符合经济学中理性人假设，其行为是为了实现自身利益最大化。基于理性人假设，退耕补贴到期可能会刺激农户对生产要素进行重新配置，而贫困地区退耕农户受资源和资本禀赋双重约束，其受到收入冲击时对劳动力再配置的动机更强(陈琛等，2022)。这意味着补贴到期会促使农户将家庭劳动力更多地配置到边际收益较高的非农部门，进而获得更多的非农收入，退耕补贴到期所引致的非农收入增加效应可能会超过其造成的直接收入下降效应，最终对农户总收入产生正向影响。上述退耕补贴到期对农户工资性收入和生产经营性收入的影响结果也已经初步证明了这一点，后续中介分析中将进一步验证。另外，关于退耕还林补贴对农户收入影响的短期和中长期效应(Li et al.，2021，即补贴期间随着农户参与退耕还林的时间不断增加，退耕补贴对农户收入的影响不断削弱)研究，也从侧面支持了上述结果。

3.3.2 异质性分析

退耕补贴到期对低、中等、高收入组农户家庭总收入的影响系数分别为 −0.103、0.652 和 0.127，分别在 1%、1%、10% 的水平下显著(表 3-6)，这说明退耕补贴到期会造成低收入组农户总收入降低。调研发现，退耕补贴在低收入组农户家庭总收入中所占比例较大，同时大部分低收入组农户家庭中劳动力较为匮乏，退耕补贴到期后，难以通过其他途径弥补收入损失。此外，退耕补贴到期对中等收入组农户总收入的促进作用更强。原因在于，相比于高收入组农户，中等收入农户受资源限制，更倾向于通过非农就业提高总收入水平(王庶和岳希明，2017)。

退耕补贴到期对低、中等、高退耕面积组家庭总收入的效应系数估计值分别为 0.597、0.541 和 0.488，分别在 1%、10%、10% 的水平下显著(表 3-6)。不难理解，面对退耕补贴到期的农户，会选择增加劳动时间、参与非农就业等多种途径来弥补其收入损失。因此，无论退耕面积大小，补贴到期都会对农户收入产生显著影响，但高退耕面积组农户总收入受退耕补贴到期的促进作用更弱。可能的原因是相比于其他退耕面积组，高退耕规模组农户在补贴到期后收入损失更大，其生产要素的重新配置与调整可能更为困难（Li et al.，2021）。

3.3.3 中介作用分析

研究结果显示退耕补贴到期对农户家庭农业劳动时间（M_1）、非农劳动时间（M_2）、农业劳动报酬率（M_3）和非农劳动报酬率（M_4）的系数估计值分别为 0.751、0.816、0.793、0.809，分别在 1%、1%、10% 和 1% 的水平下显著。同时农户家庭农业劳动时间、非农劳动时间和非农劳动报酬率对退耕农户家庭总收入的系数估计值分别为 0.802、0.793 和 0.724，分别在 10%、1% 和 1% 的水平下显著，因此其间接效应 $b\theta_2$ 也显著，即存在中介效应。值得注意的是，加入中介变量后，退耕补贴到期会导致农户总收入显著减少（θ_3），直接效应 θ_3 与间接效应 $b\theta_2$ 符号相反，农业劳动时间、非农劳动时间和非农劳动报酬率均显著抑制了退耕补贴到期对农户家庭总收入的负向影响。这说明尽管补贴到期直接减少了农户收入，但会促使农户通过延长劳动时间和参与非农就业的方式，弥补因补贴到期带来的收入损失。此外，农业劳动报酬率对农户家庭总收入的影响系数 b 不显著，且 Sobel 检验结果显示 $p=0.176$，不能拒绝"不存在中介效应"的原假设，因此农业劳动报酬率不是退耕补贴到期与农户收入的中介变量。可能的原因是，由于农业劳动报酬率相对较低，农户在补贴到期后继续从事原有的农业土地经营所带来的增收效果有限。

3.4 研究结论与启示

基于 2019 年四川省和河北省 8 个原贫困县（区）831 份退耕农户调查数据，运用 PSM-DID 模型，估计退耕补贴到期对退耕农户收入及结构的净影响并进行异质性分析，同时利用中介效应模型分析影响机制。结果表明：从收入结构上看，尽管不利于农户生产经营性收入的增长，却有利于农户工资性收入和转移性收入的增长，对农户总收入具有一定的促进作用；退耕补贴到期会造成低收入组农户总收入降低；非农就业和劳动时间在退耕补贴到期与农户总收入的关系中具有中介效应。鉴于此，政策启示如下：

第一，应着力于拓宽原贫困地区劳务输出渠道、健全当地劳务服务体系，并提升农户非农就业能力，加强非农技能培训，增加非农就业机会，以保障补贴到期农户的收入水平。同时，应在切实保障退耕农户利益基础上促进土地流转，实现农业适度规模化生产，进而提高农业生产效率，最终提高农户农业收入、保障农业生产。

第二，应结合原贫困地区经济现状，在遵循兼顾效率和公平原则下，充分考虑退耕农户的差异性，帮扶方向适度向低收入和高退耕面积农户群体倾斜，引导不同退耕农户建立多元化生计转型策略，多措并举缩小农户间收入差距。

第三，最重要的是，尽管随着农户收入水平的不断提高，农户对退耕补贴的依赖程度降低，但退耕补贴是农户参与退耕和保持退耕成果的一种经济补偿，在原贫困地区仍为农户特别是低收入农户的重要生活保障，建议政府应深入了解退耕农户的现状和政策诉求，及时出台和完善退耕还林后续政策，包括：适当延续退耕补贴的发放，或者赋予退耕农户一定的退耕地处置权；结合生态恢复与保护需要，由其他相关补偿政策予以补偿，以有效保障农户利益和巩固还林成果并防止农户返贫。

第4章

退耕补贴到期对农户非农就业的影响研究

2020 年，非农收入对农户增收的贡献率为 35.2%，仍为农户增收的第一推动力[1]。促进农户非农就业，不仅关乎农户增收，更涉及"乡村振兴"战略的有序推进[2]。始于 20 世纪 90 年代末的退耕还林工程除了改善生态问题的主要职能之外，因其对农户生产领域的直接作用，同时也逐渐成为推动农户增收、促进非农就业以及调整农村生产结构的重要途径(王庶和岳希明，2017)。一方面，退耕还林工程通过退耕补贴以"输血"的形式弥补农户退耕地机会成本，维稳农户收入。另一方面，退耕还林工程在实施过程中促进农业剩余劳动力转移，逐步降低农户对耕地的依赖，推动农户向非农产业过渡，通过"造血"的形式促进农户非农就业，实现农户增收。

当前，现行政策背景下首轮退耕还生态林补贴自 2015—2021 年已陆续到期，一项长达 16 年的转移支付陆续终止。据统计，首轮退耕补贴总体上约占退耕农户人均纯收入的 14.36%，在西部地区大多高于 20%，在个别地区甚至能达到 45% 以上(Dang et al.，2020)。可见，退耕补贴到期会直接造成农户转移性收入减少，并增加农户退耕地的机会成本。同时，由于退耕还生态林生长周期较长、经济收益较少，如果不考虑退耕补贴，对农户增收的贡献率会很低(蔡志坚等，2015)。因此，如果退耕农户未能在退耕补贴到期后及时"造血"，继续维持原有的生产结构和生计习惯，势必影响农户的长远生计以及退耕还林成果的巩固。那么，在受到退耕补贴到期的冲击后，出于自身增收的

---

① 中国社会科学院农村发展研究所，国家统计局农村社会经济调查司：《农村绿皮书：中国农村经济形势分析与预测(2020—2021)》，第 1 版，北京，社会科学文献出版社，2021。

② 《中共中央 国务院关于做好 2022 年全面推进乡村振兴重点工作的意见》http：//www.gov.cn/zhengce/2022-02/22/content_ 5675035. htm。

考虑，农户能否积极调整生计策略，进一步作出非农就业决策，并提高非农就业收入？如果能，补贴到期的影响效果是否存在异质性？对于上述问题的解答，有助于厘清退耕补贴到期对农户非农就业产生的实际效果和潜在问题，从而为后续退耕还林政策的完善、促进农户非农就业以及实现乡村振兴战略的总目标提供重要的经验证据。

基于此，本章以首轮退耕还林补贴政策到期为背景，基于湖南、宁夏和甘肃三地的调查数据，通过精确断点回归设计，从非农就业决策和非农就业收入两个方面探讨首轮退耕补贴到期对农户非农就业的影响，为完善后续退耕还林政策相关内容以及有序推进乡村振兴战略提供重要的经验证据。

4.1　理论分析与研究假设

退耕补贴到期意味着退耕农户失去退耕补贴收入。无论退耕补贴标准是否高于退耕地的机会成本，补贴到期都将使得农户收入来源减少，退耕地机会成本进一步增加，农户退耕地的边际收益受损（刘天婕等，2022）。出于维持原有生计水平的考虑，作为相对独立的经济利益主体，补贴到期促使退耕农户会在农业生产经营与非农就业之间进行生计策略的调整。由于退耕还林已经使退耕农户耕地减少，补贴到期又使退耕地机会成本升高，继续从事农业土地经营的比较收益和预期收益均会下降。在这种情况下，退耕补贴到期间接降低了农户放弃农业生产转而从事非农就业的机会成本。因此，补贴到期后的退耕农户在进行生计策略权衡时，更倾向于从事比较优势较高的非农就业（张朝辉，2020），作出非农就业决策。进而，为了获得更多的收入以抵消补贴到期所产生的不利影响，家庭劳动力将被更多地配置到边际收益更高的非农部门，以此提升其非农收入，实现增收。此外，原本已经参与非农就业的退耕农户家庭在受到补贴到期的冲击后为了满足原有的家庭开支，可能会更加努力工作以获得更多的非农就业收入弥补损失。据此提出以下假设：

H1：退耕补贴到期会对农户非农就业产生正向影响。

值得注意的是，退耕农户的特征可能导致不同类型退耕农户受到退耕补贴到期的影响程度存在差异，已有关于异质性农户非农就业的研究多集中于受教育程度和年龄两方面：受教育程度较高的农户通常具备更优越的人力资本，在非农就业市场上更具有竞争优势（Wang et al.，2019）。因此，在面对退耕补贴到期冲击时，此类农户相对更容易实现劳动力的身份转变，并更可能获得更多的非农就业机会以及更优渥的待遇。另外，随着农户年龄的增大，会因知识技能相对落后，健康水平下降等问题而使非农就业的成本相应增加，与之匹配的就业岗位和薪资待遇也会变差（胡钊源等，2021）。因此，退耕补贴到期对中青年农户非农就业的促进作用可能比老年农户更大。据此提出以下假设：

H2：退耕补贴到期会因农户类型差异对其非农就业产生异质性影响。

4.2　数据来源与研究方法

4.2.1　数据来源

本章的数据来源于 2021 年 7~8 月课题组在湖南、宁夏和甘肃三地开展的实地调研。选择三地作为研究区域的原因在于：第一，上述三地作为首轮退耕还林工程试点和实施的重点省份，首轮累计退耕还林面积分别为 2159.67 万亩、1305.45 万亩、2845.35 万亩①，具有一定的代表性。第二，湖南、宁夏和甘肃三地分别位于首轮退耕补贴标准当中所划分的长江流域（南方地区）和黄河流域（北方地区），可以保证所获样本在补贴金额上的全面性。第三，2020 年三地首轮退耕还林补贴平均约占样本农户总收入的 14.27%，加之调研区域均为原贫困地区，失去补贴收入可能促使退耕农户进行生计策略调整，对其非农就业产生影响。

由于首轮退耕还生态林补贴期限是在原有 8 年的基础上，于 2007 年再次进行了 8 年的延长②。因此，2006 年之前参与首轮退耕还生态林的农户能享有 16 年的补贴期限。为保证研究数据的相对完整性，本章重点考察 2006 年及之前参与首轮退耕还林的农户③。调查采用多阶段典型抽样的方法，具体调研步骤如下：首先，综合各县退耕还林实施日期和参与情况，在湖南、宁夏

① 资料来源：国家林业和草原局 http：//www.forestry.gov.cn/main/134/index.html。
② 资料来源：国务院办公厅 http：//www.gov.cn/zwgk/2007-08/14/content_ 716617.htm。
③ 2006 年是首轮退耕还林原补助标准实施的最后一年，也是农户退耕面积几乎没有继续发生变化的年份，因此选择 2006 年及之前参与首轮退耕的农户能够较好地反映首轮退耕补贴到期的政策效果[19]。

和甘肃分别选取 2000—2006 年参与首轮退耕还林的 3～5 个样本县(市、区)①。其次,在每个样本县(市、区)选择 2～3 个乡镇,在每个样本乡镇随机抽取 1～3 个行政村,在每个样本村内随机抽取 20～30 名农户。共收回调查问卷 1040 份,剔除漏答关键信息、填写明显有误的问卷后,最终获得有效问卷 882 份。文中的抽样方式能够获得 2015—2021 年期间退耕农户补贴到期状况的相关数据,为了在时间维度上相对完整的观察断点左右两侧样本农户非农就业的变化,文中设置 2018 年 12 月补贴是否到期作为断点。

4.2.2　断点回归设计

考虑到退耕还林补贴到期的特点及方法适用性,本章采用近似于自然实验的断点回归设计方法进行分析,准确识别退耕补贴到期与农户非农就业之间的因果关系。由于参与首轮退耕还林的农户完全根据补贴年限计算补贴到期时间,即个体是否受到政策处置完全取决于参考变量的取值情况,因此采用精确断点回归设计,构建非参数估计方程如下:

$$\text{LATE} = \frac{\lim_{A\downarrow c}E[Y\mid A] - \lim_{A\uparrow c}E[Y\mid A]}{\lim_{A\downarrow c}E[D\mid A] - \lim_{A\uparrow c}E[D\mid A]} \qquad (4\text{-}1)$$

式中,LATE 表示退耕补贴到期对农户非农就业的局部平均处理效应。Y 表示被解释变量。D 表示处理变量,即退耕补贴是否到期。A 表示参考变量,定义为样本农户退耕补贴到期距离断点的时间,$A\downarrow c$ 表示时间处于断点的右侧(2018 年 12 月之前),$A\uparrow c$ 表示时间处于断点的左侧(2018 年 12 月之后)。LATE 的分子表示被解释变量在断点处发生的"跳跃";LATE 的分母表示退耕补贴是否到期在断点处发生的"跳跃"。由于精确断点回归的特性,样本受到政策处理的概率只能为 0 或 1。因此,主要通过估计式中的分子部分来判断退耕补贴到期对农户非农就业的影响。本章借鉴现有研究的做法(左喆瑜和付志虎,2021),使用非参数估计方法作为基准回归,利用参数估计方法进行稳健性检验。

4.2.2.1　非参数估计方法

非参数方法无须设定函数形式,采用核密度估计方法对式(4-1)分子部分的期望值进行点估计,据此构建 2 种极限形式:

---

① 考虑到 1999 年仅能观察到甘肃省的数据,为保证数据完整性,本章以 2000 年为起点进行选择。样本县(市、区)分别为湖南省的中方县、芷江县、沅陵县、古丈县和花垣县;宁夏回族自治区的彭阳县、西吉县和固原市原州区、甘肃的静宁县、庄浪县和天水市麦积区。

$$\lim_{A \downarrow c} E[Y \mid A] = \frac{\sum_{A \leqslant c} Y \times K\{A - c/h\}}{\sum_{A \leqslant c} K\{A - c/h\}} \tag{4-2}$$

$$\lim_{A \uparrow c} E[Y \mid A] = \frac{\sum_{A > c} Y \times K\{A - c/h\}}{\sum_{A > c} K\{A - c/h\}} \tag{4-3}$$

其中，$K\{\cdot\}$ 表示核函数，h 表示带宽，其余变量定义与式(4-1)相同。式(4-2)、(4-3)表示被解释变量在断点两侧的核密度估计量，式(4-2)减去式(4-3)即为式(4-1)的分子部分。现有文献普遍认为三角核(Triangle kernel)估计是对局部线性回归(Local polynomial regression discontinuity)的最佳选择(Lee and Lemieux, 2010)，故本章使用三角核进行基准估计，并使用矩形核(Rectangular kernel)进行稳健性检验。

断点回归属于局部随机实验，加入协变量与否并不会影响估计量的一致性(Lee and Lemieux, 2010)，但加入协变量可以有效降低估计值的抽样变异性和扰动项方差，提升对被解释变量的解释力，能得到更加准确的估计结果。本章参照已有文献的做法(秦雪征等，2018；张雅楠和杜屏，2017)，在基准结果中汇报不含协变量的估计结果，在稳健性检验中汇报包含协变量的估计结果。

4.2.2.2 参数估计方法

为验证非参数检验的结果，本章同时使用参数估计验证其稳健性。参数估计断点回归模型具体形式如下：

$$Y = \alpha_0 + \alpha_1 D + f(A-c) + g(A-c)D + \alpha_2 X + \varepsilon \tag{4-4}$$

其中，$f\{\cdot\}$、$g\{\cdot\}$ 表示退耕补贴到期年份与断点之间距离的函数，为避免多项式阶数过高引起处理效应估计值的偏误，参考 Gelman 和 Imbens (2019)的做法，对 $f\{\cdot\}$、$g\{\cdot\}$ 采用一阶多项式和二阶多项式进行估计。α_1 表示核心参数，X 表示协变量，ε 表示随机误差项，其余变量定义与式(4-1)相同。

4.2.3 双重差分模型

与断点回归设计的局部平均处理效应不同，双重差分模型的估计系数为平均处理效应(ATE)，可以用于综合验证估计结果的可靠性(张川川和陈斌开，2014)。具体而言，使用同样的处理变量 D 将样本分为两组，即补贴到期组与未到期组，分别考察这两组样本在退耕补贴到期前($T=0$)和退耕补贴到期后($T=1$)非农就业的变化趋势，进而比较两组样本在非农就业方面的差距。具体形式如下：

$$Y=\gamma_0+\gamma_1 D+\gamma_2 T+\gamma_3 DT+\gamma_4 X+\theta \tag{4-5}$$

其中，DT 表示处理变量与分组指代变量之间的交互项，γ_3 表示核心参数，X 表示协变量，θ 表示随机误差项。

4.2.4　变量选取与描述性统计

核心解释变量"退耕补贴到期情况"采用退耕补贴是否到期衡量，退耕补贴到期赋值为 1，否则为 0。为了对被解释变量"农户非农就业"的考察更加全面深入，本章参考已有研究（谢先雄等，2021），从非农就业决策和非农就业收入两方面来考察农户非农就业情况。其中，非农就业决策采用农户是否从事非农就业来衡量，若样本农户家庭成员从事非农工作，赋值为 1，否则为 0。非农就业收入采用农户从事非农工作的年收入来衡量，为保证数据的平稳并削弱模型的异方差性，非农就业收入取对数赋值。此外，由于断点回归设计是一种特殊的因果识别，模型中是否加入协变量对结果不产生实质性的影响，但加入协变量可以有效降低估计值的抽样变异性和扰动项方差，提升对被解释变量的解释力（秦雪征等，2018）。本章遵循外生性原则，参照已有研究成果（梁虎和罗剑朝，2019；周强，2021），选取涵盖户主特征、家庭特征和地区特征的受教育程度、年龄、性别、家庭规模、家庭劳动力占比以及所在地区作为协变量，各变量的取值及描述性统计见表 4-1。

表 4-1　变量描述性统计

变量类别	变量名称	含　义	取　值	全样本 ($n=882$) 均　值	全样本 ($n=882$) 标准差	补贴到期样本 ($n=338$) 均　值	补贴到期样本 ($n=338$) 标准差	补贴未到期样本 ($n=544$) 均　值	补贴未到期样本 ($n=544$) 标准差
被解释变量	非农就业决策	是否从事非农就业	是=1，否=0	0.430	0.495	0.522	0.500	0.367	0.490
被解释变量	非农就业收入	从事非农劳动年收入取对数	具体数值	10.371	1.628	10.547	1.623	10.222	1.631
解释变量	退耕补贴到期情况	退耕补贴是否到期	是=1，否=0	0.383	0.478	1.000	—	0.000	—

（续）

变量 类别	变量 名称	含 义	取 值	全样本 （$n=882$）		补贴到期样本 （$n=338$）		补贴未到期样本 （$n=544$）	
				均 值	标准差	均 值	标准差	均 值	标准差
协变量	受教育 程度	户主受教 育年限	具体数值	6.176	4.173	6.532	4.806	5.947	3.697
	年 龄	户主年龄	具体数值	56.289	11.519	55.433	11.514	56.904	11.618
	性 别	户主性别	男=1，女=0	0.925	0.263	0.932	0.253	0.921	0.270
	家庭 规模	家庭人口 总数量(人)	具体数值	4.551	1.745	4.487	1.602	4.615	1.810
	家庭劳动 力占比	家庭劳动 力占家庭总 人数的比值	具体数值	0.642	0.268	0.669	0.262	0.639	0.270
	地区 特征	农户所 在地区	湖南=1， 甘肃=2， 宁夏=3	1.747	0.811	1.698	0.745	1.822	0.836

4.3 结果与分析

4.3.1 可视化图形观察结果

进行断点回归前，首先用图形观察由退耕补贴到期所导致的断点，图 4-1 以 1 个月为箱体(bin)，分别展示退耕补贴到期年份与退耕补贴到期概率、非农就业决策和非农就业收入之间的关系。如图 4-1a 所示，在"2018 年 12 月"右侧，退耕补贴到期概率发生明显的向上跳跃，存在明显的断点。同样的，图 4-1b 和图 4-1c 也显示，在"2018 年 12 月"右侧，非农就业决策和非农就业收入也在断点右侧发生了较为明显的向上跳跃。关于该跳跃是否在数值上显著，有待进一步检验。

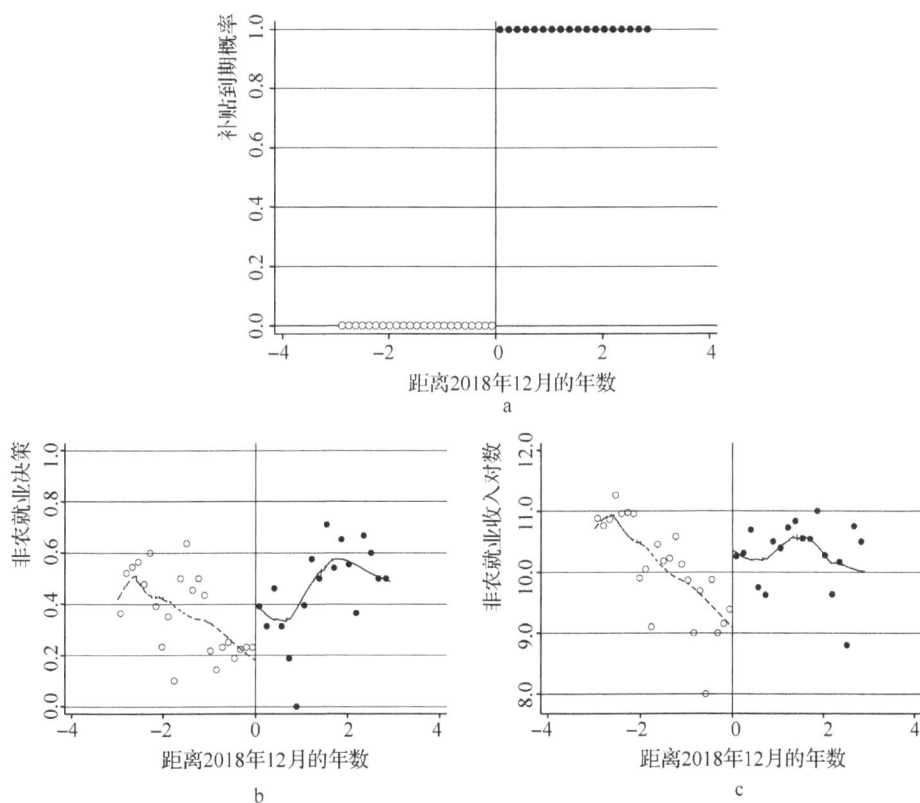

图 4-1　可视化图形检验结果

4.3.2　RDD 估计结果

尽管可视化图形已经呈现了退耕补贴到期概率和非农就业情况在断点前后发生跳跃的情况，但无法反映该跳跃是否在数值上显著。因此，本节将通过 RDD 方法进行非参数估计。如前文所述，标准的断点回归设计无须加入协变量（Lee and Lemieux，2010），根据式（4-2）、式（4-3）可以得到 LATE 估计值，最优带宽根据 IK 法获得（Imbens and Kalyanaraman，2012）。基准估计结果如表 4-2 第（1）列所示；同时，在第（2）和第（3）列，本章通过改变带宽的方式，以检验估计结果的稳健性。另外，在第（4）~（6）列提供了使用矩阵核函数的 RDD 估计结果，以进一步检验稳健性。第（7）~（12）列汇报了加入协变量后的 RDD 估计结果。

如表 4-2 第（1）列所示，在未加入协变量、选择三角核函数进行非参数估计，非农就业决策和非农就业收入的最优带宽估计结果分别为 0.086 和 0.124，

表 4-2　退耕补贴到期的 RDD 估计结果(非参数估计)

估计量及设定	三角核			矩形核		
	最优带宽	带宽 1 年	带宽 3 年	最优带宽	带宽 1 年	带宽 3 年
未加入协变量	(1)	(2)	(3)	(4)	(5)	(6)
非农就业决策	0.086 **	0.094 ***	0.072 **	0.086 **	0.088 **	0.074 *
	(0.034)	(0.023)	(0.035)	(0.034)	(0.043)	(0.047)
非农就业收入	0.124 *	0.133 *	0.111	0.123 *	0.129 *	0.115
	(0.070)	(0.071)	(0.075)	(0.070)	(0.076)	(0.073)
加入协变量	(7)	(8)	(9)	(10)	(11)	(12)
非农就业决策	0.074 **	0.081 **	0.068 *	0.075 *	0.079 *	0.068
	(0.037)	(0.039)	(0.040)	(0.045)	(0.045)	(0.051)
非农就业收入	0.095 *	0.101	0.091 *	0.096 *	0.108 *	0.087
	(0.054)	(0.065)	(0.049)	(0.057)	(0.062)	(0.056)

注：***、** 和 *分别表示该系数在 1%、5%和 10%水平上显著。括号内为稳健标准误，下表同。

且分别在 5%和 10%的统计水平上具有显著性，说明退耕补贴到期对非农就业决策和非农就业收入均具有显著正向影响。在未加入协变量、选择矩形核函数进行非参数估计的最优带宽估计结果与选择三角核函数的估计结果基本一致。此外，在加入协变量的情况下，无论选择三角核还是矩形核，退耕补贴到期对非农就业决策和非农就业收入的最优带宽估计结果均显著为正。系数大小与第(1)列结果差异不大，非农就业决策的结果大体在 0.074～0.086 之间波动，非农就业收入的结果大体在 0.095～0.124 之间波动。以上结果表明，退耕补贴到期后农户作出非农就业决策的概率平均提高 7.4%～8.6%，农户非农就业收入平均增加 9.5%～12.4%，H1 得证。

此外，本章采用一阶和二阶多项式对处置效应进行参数估计，同时汇报加入和未加入协变量的估计结果。以此检验非参数估计结果的稳健性，估计结果见表 4-3。

如表 4-3 所列，当未加入协变量时，退耕补贴到期对非农就业决策和非农就业收入的一阶多项式估计结果和二阶多项式估计结果与非参数估计结果的影响方向一致，仅存在估计系数大小和显著性水平的区别。加入协变量后的估计系数、影响方向和显著性水平与非参数估计和未加入协变量的参数估计结果均十分接近，在一定程度上证明了退耕补贴到期对非农就业决策和非农就业收入产生正向影响的结论是稳健的。

表 4-3　退耕补贴到期的 RDD 估计结果(参数估计)

	非农就业决策		非农就业收入	
	未加入协变量	加入协变量	未加入协变量	加入协变量
一阶多项式	0.112**	0.101*	0.130*	0.108*
	(0.047)	(0.046)	(0.076)	(0.061)
二阶多项式	0.095*	0.082*	0.121*	0.093*
	(0.053)	(0.048)	(0.071)	(0.052)

4.3.3　有效性检验

断点回归估计结果是否有效,除了上述检验步骤外,还需满足以下两个假设条件:一是个体无法精确操控断点;二是协变量在断点左右两侧不存在明显的跳跃(Imbens and Kalyanaraman,2012)。下文将对以上两个假设条件分别进行检验。

4.3.3.1　个体能否操控断点

实证研究中通常选择 McCrary 检验对这一假设进行判断(谢谦等,2019)。该检验通过估计参考变量的核密度函数,从而检验断点处的核密度曲线是否连续,如果连续则说明不存在个体操控断点的行为,说明参考变量满足随机性(McCrary,2008)。如图 4-2 所示,参考变量退耕补贴到期年份在 2018 年12 月断点处没有发生跳跃,断点两侧个体分布均匀,且两侧的核密度估计值不存在显著差异,说明参考变量服从随机分布,个体无法操纵断点,满足第一个假设条件。

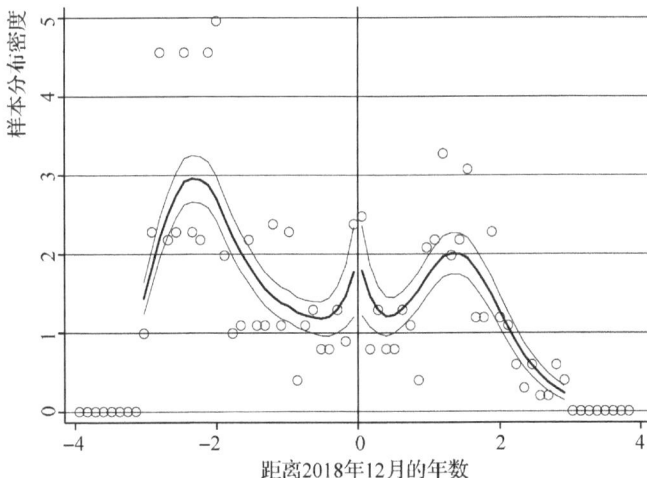

图 4-2　样本密度分布在断点前后的变化

注:基于 McCrary(2008)建议程序 DCdensity 绘制,断点前后拟合曲线上下为 95% 置信区间。

4.3.3.2 协变量是否存在跳跃

假如协变量在断点处也存在跳跃，那么被解释变量的跳跃则无法完全归因于处理变量的跳跃，也就无法证明因果推断的有效性。本章用协变量替代被解释变量，得到各个协变量在断点左右两侧的变化值，结果见表4-4。

表 4-4　对协变量的连续性检验

	最优带宽	带宽 1 年	带宽 3 年
受教育程度	1.293	0.448	1.943
	(0.939)	(0.500)	(1.258)
年　龄	-98.490	105.553	-7.595
	(81.629)	(91.540)	(6.743)
性　别	0.012	0.048	0.009
	(0.063)	(0.049)	(0.293)

如表4-4所列，不论带宽是否进行调整，所有协变量在断点前后均没有发生显著变化，说明协变量的密度分布在断点处均保持连续，满足断点回归的第二个假设条件。

4.3.4 双重差分的思路

接下来通过DID模型来估计退耕补贴到期对非农就业的影响，进一步检验断点回归结果的稳健性。表4-5提供基于式(4-6)的DID模型回归结果，同样考虑加入与未加入协变量两种情况，其中，处理变量的估计系数不再是局部处理效应(LATE)，而是平均处理效应(ATE)，即从断点回归中的局部效应扩大到了全部样本。

表 4-5　退耕补贴到期的 DID 估计结果

	未加入协变量	加入协变量
非农就业决策	0.014 ***	0.011 **
	(0.005)	(0.005)
非农就业收入	0.039 **	0.027 *
	(0.017)	(0.016)

如表4-5所示，若将局部效应扩大到全部样本，退耕补贴到期效果的估计值将大幅度下降，但影响方向没有改变。由此可见，退耕补贴到期对非农就业决策和非农就业收入确实会产生正向影响。

4.3.5　异质性分析

上文已经确定了退耕补贴到期对非农就业存在正向影响，为了更好地理解这一结果，本部分将进一步实证分析退耕补贴到期对不同农户非农就业的异质性影响，旨在深度挖掘退耕补贴到期对不同类型农户的真实影响与潜在问题，为后续提出有针对性和可操作性的退耕还林政策提供决策参考。

4.3.5.1　受教育程度分样本回归

退耕补贴到期的影响效果对不同受教育程度的农户来说可能存在较大差异。相比于受教育程度较低的农户，受教育程度较高的农户通常具备更优越的人力资本，在非农就业市场上更具有竞争优势。因此，在面对退耕补贴到期时，受教育程度较高的农户相对更倾向于非农就业。鉴于我国目前实行九年义务教育，本章以受教育年限 9 年为界对农户按照低学历农户和中高学历农户进行分组，且选择最优带宽下的二阶多项式对退耕补贴到期的影响效果进行参数估计，估计结果如表 4-6 第（1）列和第（2）列所示。

表 4-6　异质性分析估计结果

	(1)		(2)		(3)		(4)	
	低学历农户(受教育年限 9 年以下)		中高学历农户(受教育年限 9 年及以上)		中青年农户(60 岁及以下)		老年农户(60 岁以上)	
	未加入协变量	加入协变量	未加入协变量	加入协变量	未加入协变量	加入协变量	未加入协变量	加入协变量
非农就业决策	0.039 (0.043)	0.018 (0.079)	0.155*** (0.055)	0.152*** (0.056)	0.096** (0.041)	0.083* (0.040)	0.093 (0.059)	0.084 (0.071)
非农就业收入	0.047 (0.132)	0.036 (0.132)	0.264** (0.125)	0.265* (0.153)	0.174* (0.101)	0.151* (0.089)	0.034 (0.024)	0.022 (0.026)
N	564		318		596		286	

表 4-6 结果显示，退耕补贴到期对不同受教育程度农户的影响并不相同。不论加入协变量与否，退耕补贴到期对低学历农户的非农就业决策和非农就业收入均具有正向影响，但并不显著，而对于中高学历农户而言，退耕补贴到期对其非农就业决策和非农就业收入不仅具有显著正向影响，且正向影响的系数也更大。

4.3.5.2　年龄分样本回归

随着农户年龄的增大，会因知识技能相对落后、健康水平下降等问题而面对非农就业困境。因此，退耕补贴到期对中青年农户的非农就业的促进作用可能比老年农户更大。参照杨进和陈志钢（2016）的研究，本章以 60 岁为界作为农户年龄的划分标准，对中青年农户和老年农户进行分组，且选择最优带宽下的二阶多项式对退耕补贴到期的影响效果进行参数估计，估计结果如表 4-6 第（3）和第（4）列所示，退耕补贴到期对中青年农户的非农就业决策和非农就业收入具有显著正向影响，然而对老年农户的正向影响却并不显著，加入与未加入协变量的结果两者显著性和影响方向并没有发生变化。

4.4 讨 论

　　农户作为退耕还林工程的参与主体，稳定的非农就业既是促进其摆脱耕地收入依赖的关键要素，也是巩固退耕还林成果的根本保证。本研究首次关注首轮退耕补贴到期这一退耕补贴政策的阶段变化对农户非农就业的影响，并根据其外生性的特点，采用近似于自然实验的断点回归设计，较为全面严谨地证实补贴到期对农户非农就业的因果效应。本研究扩充了非农就业研究的领域，丰富了退耕还林工程的研究内容，研究结论对于促进退耕还林工程政策目标与农户稳收增收同向同行，以及对有序推进乡村振兴战略具有政策参考价值。

　　文中研究发现，退耕补贴到期在一定程度上能促使退耕农户作出非农就业决策，并增加其非农就业收入。同时，退耕补贴到期对中高学历农户和中青年农户的非农就业决策和非农就业收入的促进作用更为显著。尽管目前鲜见从退耕补贴到期出发考察退耕农户非农就业的文献，但可以从其他有关退耕补贴政策或农户非农就业的研究成果中进一步解释并佐证本章研究结论：第一，退耕补贴的存在的确能为农户非农就业提供一定的物质保障，但长期稳定的现金补贴收入在一定程度上也容易使农户逐渐产生依赖心理，从而成为农户安于现状的心理保障和行为动因之一，间接降低其从事非农就业的积极性，不利于非农收入提升。退耕补贴到期一定程度上会使农户打破原有的心理惯性，促使其选择比较收益更高的非农就业进行生计策略调整，通过非农收入实现增收。张朝辉（2021）得出的非农就业将成为补贴到期后退耕农户替代生计的关键路径、刘天婕等（2022）得出的退耕补贴到期后退耕农户能通过非农就业提升工资性收入，也从侧面支持了本章的研究结论。第二，退耕补贴到期会进一步成为中高学历农户和中青年农户进行非农就业转移的"助推

器"。以上结论与 Uchida 等（2009）得出受教育程度较高和年轻农户其劳动选
择能力更强，在退耕后非农就业的增加效果更为明显的结论较为一致。

　　保障退耕农户长远生计、巩固退耕还林成果一直是后退耕还林时代的重
要议题。退耕还林补贴是工程启动之初缓解退耕农户生计压力、防止其因贫
复耕的关键举措，而单纯依赖退耕还林补贴不仅难以有效转变农户就业方式、
解决农户收入来源单一等问题，且综合考虑国家财力等因素，不宜成为长久
之计。显然，要确保在退耕补贴结束后退耕还林成果"稳得住"和退耕农户"能
致富"双重目标的顺利实现，就要使退耕农户寻求到新的收入来源并有效弥补
因退耕而造成的农业经营收益损失，那么，稳定的非农就业仍将成为新背景
下统筹兼顾的关键举措。需要说明的是，尽管退耕补贴到期对农户非农就业
决策和非农就业收入的促进作用在文中得以验证，但更应注重退耕补贴到期
和非农就业配套措施的有机衔接，更应加强对退耕农户自我发展能力的培育，
并充分考虑不同退耕农户的异质性，更应完善退耕还林后续政策，从而既把
握好退耕农户在补贴到期后参与非农就业的积极意愿，通过提高其非农就业
收入实现增收，又要让现存退耕还林成果得以合理管护经营，最终让退耕农
户在补贴到期后不仅"有技傍身"，还要"就业有门"，更要"林地无损"，真正
实现改善民生和保护生态的双赢。

4.5　结　论

　　本章以首轮退耕还林补贴政策到期为背景，基于湖南、宁夏和甘肃三地
的调查数据，通过精确断点回归设计，从非农就业决策和非农就业收入两个
方面探讨首轮退耕补贴到期对农户非农就业的影响。研究发现：

　　（1）退耕补贴到期对农户非农就业决策和非农就业收入的局部平均处理效
应均显著为正，其中，农户非农就业决策的概率平均提高 7.4%~8.6%，农户
非农就业收入平均增加 9.5%~12.4%。

　　（2）退耕补贴到期对不同类型农户非农就业决策和非农就业收入的影响存
在异质性。具体而言，退耕补贴到期对中高学历农户和中青年农户的非农就
业决策和非农就业收入具有显著的正向影响，而对低学历农户和老年农户的
影响却并不显著。

第5章

退耕补贴到期对农户内部
收入不平等的影响研究

2020年年底，中国实现了农村贫困人口全部脱贫，贫困治理的重心从绝对贫困向相对贫困转移，缩小农户内部收入不平等将成为后脱贫时代面临的核心问题（单德朋和张永奇，2022；杨丹和曾巧，2021）。2014—2020年，高收入农户与低收入农户之间的收入差距已经从21179.3元扩大至33838.8元①。如果农户内部收入不平等问题仍然得不到有效缓解，不仅有悖于乡村振兴全面推进的应有之义，而且会成为制约乡村振兴和共同富裕长远目标得以实现的瓶颈问题（杨晶和邓悦，2020；张蕴，2021）。

退耕还林是我国于20世纪90年代末实施的一项重点生态恢复项目，同时也是一项综合性的公共工程。退耕还林工程实施时间长，实施目标多元化，除了解决生态问题的首要目标外，在实施过程中也逐渐被赋予了调节农户收入分配、改善农村基础设施以及调节生产结构等重要功能（王庶和岳希明，2017）。对于这样一项具有动态性和多目标性特征的公共政策实施效果，有必要结合时代发展的需要和要求对其进行跟踪评估。在退耕还林工程实施过程中，为弥补农户退耕地机会成本，国家向退耕农户直接发放一定的现金补贴。据统计，首轮退耕补贴总体上约占退耕农户人均纯收入的10%，在西部地区大多高于20%，在个别地区甚至能达到45%以上（Dang et al.，2020）。长期稳定的退耕补贴兼具推动农户增收、优化农户收入结构的作用，逐渐成为影响农户内部收入不平等的重要因素（Wu and Jin，2020；Lu et al.，2020；Komarek et al.，2014）。因此，作为我国投资规模较大、覆盖范围较广、农户参与度较高的公共政策之一，动态跟踪评估退耕补贴政策变化对农户内部收入不平等的影响具有重要的现实意义。

---

① 资料来源：国家统计局 http：//www.stats.gov.cn/tjsj/ndsj/2021/indexch.htm。

目前，现行政策背景下首轮退耕补贴已经全面到期①。对于退耕农户而言，一方面，补贴到期会使其减少一个收入机会，但因减少这一收入机会所产生的影响会随其退耕参与情况而存在差异；另一方面，为维持其家庭原有的生活水平，退耕农户可能通过生计策略的调整以应对补贴到期的冲击（赵娅娅等，2022），但生计选择及其带来的收入变化也会因农户禀赋等情况而有所不同。可见，补贴到期后退耕农户的收入变化表现出不确定性，导致补贴到期是否会对农户内部收入不平等产生影响尚未可知。因此，在后脱贫时代及实现共同富裕目标的双重背景下，探讨退耕补贴到期对农户内部收入不平等的影响，以及补贴到期对不同农户产生的异质性影响，既能揭示退耕补贴到期对农户内部收入不平等产生的实际影响和潜在问题，也能为完善后续退耕还林政策和促进共同富裕目标的实现提供重要的决策参考。

5.1　理论分析与研究假说

根据"理性小农"学说，农户在面临经济刺激时，基于对家庭效用最大化目标的追求，会迅速改变生产要素的投入行为从而使资源达到最优配置，这种调整对农户收入可体现为直接和间接效应。因此，退耕补贴作为农户收入的一部分，其发放和退出也会在一定程度上直接影响退耕区内不同收入水平的农户收入并通过生计策略调整对其收入产生间接影响，从而一定程度上扩大或者缩小农户内部收入不平等。通过梳理现有文献并立足于退耕区实地调研，本章尝试从扩大和缩小两种可能性就退耕补贴到期对农户内部收入不平等的影响机理展开分析。

一方面，退耕补贴到期可能会扩大农户内部收入不平等。从直接影响上看，低收入农户通常以农业生产经营为主（杨丹等，2020），收入来源较为单一，尽管参与退耕还林使其赖以为生的耕地基数有所减少，但因退耕而获得的补贴收入对低收入农户的增收效果更加明显，瞄准性也更强（王庶和岳希明，2017）。然而，补贴到期使低收入农户无法继续通过退耕地获得补贴收入，这不仅无法有效弥补低收入农户退耕地的机会成本，也无法继续发挥退耕补贴在调节收入分配方面所产生的积极作用。从间接影响上看，农户在退耕补贴结束后，出于维持原有生计水平的考虑，可能会进行生计策略方面的

---

①　资料来源：国家林业和草原局 http：//www.forestry.gov.cn/main/4861/20211123/1541114813 29343.html。

调整(陈琛等，2022)。然而，补贴到期可能会使低收入农户面临更多客观条件的限制，不仅会凸显低收入农户在就业信息、能力和机会上的劣势(石颜露等，2022)，还会使其进行生计策略调整所需的资金更加短缺，加剧其面对转移就业成本和外出务工风险时的脆弱性(Liu et al.，2018)，从而不利于放松低收入农户的流动性约束。综上，退耕补贴到期对低收入农户造成的收入损失和流动性约束越大，越可能会使农户内部收入不平等进一步扩大。

另一方面，退耕补贴到期也可能会缩小农户内部收入不平等。长期稳定的补贴收入一定程度上容易催生退耕农户对于补贴收入的福利依赖(乔慧等，2019)，尤其对于低收入农户而言，更是其安于现状的心理保障和行为动因，使其更愿意维持在一个相对低下但稳定的收入水平，并从事更为熟悉的农业生产活动(汪三贵和孙俊娜，2021)。然而，退耕补贴到期作为一项外部冲击，对低收入农户家庭生计造成的损失可能相对更大(潘丹等，2020)，从而使低收入农户对于恢复原有生计水平有更强烈的资金需求，从而使其原有的心理惯性被打破。由于继续从事农业土地经营的比较收益偏低，补贴到期更可能会激发低收入农户实现生计多元化的行动，以获取更多收入来保障家庭生计的可持续性。同时，补贴到期在促使不同收入水平农户进行非农转移的过程中也可能产生良性的带动效应，使其所处的非农就业信息获取环境得以优化、非农就业机会得以增加(沈栩航等，2020)，这对于本不具备禀赋优势的低收入农户来说更为有利，在一定程度上降低其非农就业的成本与风险。综上，退耕补贴到期如果能对低收入农户带来良性刺激和正外部性，也可能使农户内部收入不平等缩小。

此外，由于农户在微观和宏观层面的异质性，使退耕补贴到期对不同农户间内部收入不平等的影响也会有所差异。从微观上讲，退耕补贴到期带来的损失直接受农户退耕地立地条件、退耕面积等具体退耕情况的影响，且能否在退耕补贴到期后尽快实现生计策略转型也间接受到农户人力资本等禀赋因素的影响。从宏观上讲，退耕还林工程实施区域(长江流域和黄河流域)的退耕补贴标准并不相同，且各地区经济发展水平、自然资源禀赋也存在差异，使补贴到期对农户收入的影响也不尽相同。

基于以上分析，本章提出如下假说：

H1：退耕补贴到期会对农户内部收入不平等产生显著影响，具体表现为低收入农户因补贴到期造成的收入损失和流动性约束更大，则会加剧农户内部收入不平等；反之，为低收入农户带来良性刺激和正外部性，则会缓解农户内部收入不平等。

H2：在农户自身资源禀赋和外部环境等不同层面因素的作用下，农户之间对退耕补贴到期的反应有所差异，导致退耕补贴到期对不同农户间内部收入不平等存在异质性影响。

5.2 研究设计

5.2.1 数据来源

本章所用的数据类型为混合截面数据，分别来自 2019 年 9~11 月在河北省和四川省以及 2021 年 7~8 月在甘肃省、湖南省和宁夏回族自治区开展的实地调研①。选取以上研究区域的理由如下：其一，上述 5 省（自治区）的首轮退耕面积位居前列，在退耕规模方面具有一定代表性；其二，上述 5 省（自治区）分别位于我国南北方地区，不仅自然资源和经济发展水平有所差异，且首轮退耕补贴的标准也有所不同，选取上述 5 省（自治区）作为研究区域有助于考察区位条件和补贴差异所带来的不同影响。其三，调研县（区）均为原国家级或省级扶贫开发重点县，多属于生态环境脆弱和致贫因素复杂地区，一些脱贫农户生计可持续性长期处于脆弱和不稳定状态，仍面临着较高的返贫风险。

调研采取多阶段典型抽样的方法，具体如下：在综合考虑农户人均收入及退耕规模后，在每个省（自治区）中随机选取 3~5 个县（市、区）；其次，在每个县（市、区）中随机选取 2~5 个乡镇，每个乡镇中随机选取 1~3 个村；最后，每个村内再随机选取 15~30 个退耕农户，共发放问卷 1880 份。剔除漏答关键信息及出现错误信息的问卷后，最终回收有效问卷 1733 份，问卷有效率为 92.18%。

5.2.2 模型设定

本章采用 Firpo（2009）提出的再中心化影响函数（RIF）来实证检验退耕补贴到期对农户内部收入不平等的影响。与传统的 OLS 估计方法相比，RIF 估计可以反映出自变量对因变量的基尼系数、方差等多种分布统计量的边际影

① 具体调研区域为河北省承德市围场县、保定市涞源县和张家口市沽源县；四川省广元市朝天区、利州区、昭化区、巴中市恩阳区和南江县；甘肃省平凉市静宁县、庄浪县和天水市麦积区；宁夏回族自治区固原市彭阳县、西吉县和原州区；湖南省怀化市中方县、芷江县、沅陵县、湘西自治州古丈县和花垣县。

响，同时能够减轻由于遗漏变量而引起的内生性问题，从而使估计的结果更加可靠（Nicolai and Borgen，2016）。依据基尼系数构建的 RIF 函数具体推导步骤如下：

首先，构造基尼系数表达式：

$$v^G(F_Y) = 1 - 2\mu^{-1}R(F_Y) \tag{5-1}$$

其中，$v^G(F_Y)$ 为收入分布 F_Y 对应的基尼系数，μ 为收入分布 F_Y 的期望，$R(F_Y)$ 为广义洛伦兹曲线在 $[0,1]$ 上的积分。

若原始样本的收入分布为 F_Y，在经过抽取、增加样本等变化后的收入分布为 G_Y，则基尼系数的变化 Δv 为：

$$\Delta v = v^G(G_Y) - v^G(F_Y) \tag{5-2}$$

进而，设一个观测值为 y_c，该观测值组成的分布为 H_{Y_c}，其累计密度函数满足以下条件：

$$\begin{cases} H_{Y_c}(y) = 0 & \forall y < y_c \\ H_{Y_c}(y) = 1 & \forall y \geqslant y_c \end{cases} \tag{5-3}$$

可见，H_{Y_c} 为 y_c 附近的概率质量函数，则有：

$$G_Y = (1-\varepsilon)F_Y + \varepsilon H_{Y_c} \tag{5-4}$$

由此，引入如下的基尼系数的影响函数：

$$IF(y_i;\ v^G,\ F_Y) = \lim_{\varepsilon \to 0} \frac{v^G(1-\varepsilon)F_Y + \varepsilon H_{Y_c} - v^G(F_Y)}{\varepsilon} = \frac{\partial\ (F_Y \to G_Y)}{\partial\ \varepsilon} \tag{5-5}$$

则依据基尼系数构建的 RIF 表示为基尼系数加影响函数：

$$RIF(y_i;\ v^G,\ F_Y) = v^G(F_Y) + IF(y_i;\ v^G,\ F_Y) = 1 + \frac{2}{\mu^2 Y}R_Y - \frac{2}{\mu Y}[y(1-F_Y(y))] \tag{5-6}$$

因此，本章建立关于补贴到期与农户内部收入不平等回归方程如下所示：

$$RIF(y_i;\ v^{gini},\ F_Y) = \alpha + \beta D_i + \gamma X_i + \varphi_i + \varepsilon_i \tag{5-7}$$

其中，$RIF(y_i;\ v^{gini},\ F_Y)$ 为依据基尼系数构建的 RIF 函数，用来表示被解释变量农户内部收入不平等。D_i 表示核心解释变量退耕补贴是否到期。β 是核心待估系数；X_i 表示一系列控制变量，γ 为控制变量的待估系数；φ_i 为省份虚拟变量；ε_i 为随机扰动项。

5.2.3   变量选取

（1）被解释变量   农户内部收入不平等是指从微观层面考察每个农户个体在样本内的收入相对差异情况（于福波和张应良，2019；史常亮，2020）。基于研究目的，本文针对所调研的全体样本，在农户个体层面上来衡量农村居民内部收入不平等。本章根据农户收入及收入结构的基尼系数构建的 RIF 函数对农户内部收入及收入结构不平等进行衡量①。其中，农户收入用人均总收入衡量，收入结构分别用人均工资性收入、人均生产经营性收入、人均转移性收入和人均财产性收入 4 个部分衡量。同时，为了克服数据偏态问题，对农户收入及收入结构进行对数处理。

（2）核心解释变量   退耕补贴到期情况采用"退耕补贴是否到期"来衡量，退耕补贴到期赋值为 1，否则为 0。

（3）控制变量   借鉴已有研究的做法（程名望等，2014；杜温鑫，2020；康子昊等，2021；刘浩等，2021），本章选取涵盖户主特征和家庭特征的户主年龄、户主健康状况、家庭人口数、务工比例、是否为贫困户、农地面积、劳动力负担比、劳动力平均受教育程度、退耕面积作为控制变量。此外，考虑到区域差异，本章还在模型中加入了省份虚拟变量，以控制水文条件、地理因素、农业生产习惯以及制度特征等省级水平上不可观测变量的差异（万广华等，2005）。各变量具体取值及描述性统计结果见表 5-1。

表 5-1   各变量描述性统计结果

变量名称	取 值	均 值	标准差
人均总收入	Ln（家庭总收入/家庭总人数）	9.17	1.14
人均工资性收入	Ln（工资性收入/家庭总人数）	9.28	0.93
人均生产经营性收入	Ln（生产经营性收入/家庭总人数）	7.32	1.50
人均转移性收入	Ln（转移性收入/家庭总人数）	6.58	1.59
人均财产性收入	Ln（财产性收入/家庭总人口）	5.91	1.43
退耕补贴是否到期	到期=1，未到期=0	0.69	0.46
户主年龄	具体数值	57.33	11.07

① 需要说明的是，代表农户内部收入及收入结构不平等的 RIF 值由人均收入及收入结构对数直接代入得到。为节约篇幅，故不在描述统计中进行汇报。

（续）

变量名称	取　值	均　值	标准差
户主健康状况	健康＝1，不健康＝0	0.63	0.48
家庭人口数	具体数值	4.04	1.80
务工比例	外出务工人数/劳动力人数	0.44	0.38
是否为贫困户	贫困户＝1，非贫困户＝0	0.40	0.49
农地面积	具体数值	0.38	7.35
劳动力负担比	劳动力人数/家庭总人数	0.69	0.27
劳动力平均受教育程度	劳动力受教育年数/劳动力人数	6.67	3.26
退耕面积	具体数值	0.45	9.24

5.3　实证分析

5.3.1　退耕补贴到期对农户内部收入不平等的影响

　　本章参考现有研究（栾江和马瑞，2021）的做法，将根据 RIF 函数所得出的农户内部收入不平等的数值扩大 1000 倍，以便于结果对比，回归结果如表5-2 所示。其中，第（1）、（2）列分别表示未加入和加入控制变量的回归结果。由估计结果可知，补贴到期对农户内部收入不平等的影响通过了 5% 的显著性检验，且系数为正，H1 得证。究其原因：低收入农户在生计资本、就业机会及创收能力等方面本就存在劣势（石颜露等，2022），加之我国农村要素市场发育缓慢，农村劳动力市场仍不够完善（Shi et al.，2011），使低收入农户在受到补贴到期冲击后并没有多样的替代生计渠道供其选择。且退耕地机会成本的增加进一步加剧了其流动性约束和生计脆弱性，参与非农就业"心有余而力不足"，从而只能将有限的劳动力束缚在比较收益较低的土地经营上，最终加剧了农户内部的收入不平等程度。

　　此外，第（2）列的回归结果中，户主年龄、家庭人口数、务工比例、农地面积以及劳动力负担比均会显著负向影响农户内部收入不平等，而退耕面积则显著正向影响农户内部收入不平等，与现有研究所得出的结论基本一致（王汉杰等，2018；杨晶和邓悦，2020；夏晨等，2017）。

表 5-2　退耕补贴到期对农户内部收入不平等的影响①

变　量	（1）	（2）
退耕补贴是否到期	6.421 ** (2.949)	5.698 ** (2.807)
户主年龄	—	-0.324 ** (0.149)
户主健康状况	—	1.219(2.949)
家庭人口数	—	-2.670 *** (0.937)
务工比例	—	-49.477 *** (5.250)
是否为贫困户	—	1.356(3.233)
农地面积	—	-0.990 *** (0.190)
劳动力负担比	—	-21.143 *** (5.725)
劳动力平均受教育程度	—	-0.778(0.533)
退耕面积	—	0.383 ** (0.159)
省份虚拟变量	已控制	已控制
常数项	51.232 *** (2.189)	136.452 *** (14.055)
观测值	1733	1733
R^2	0.025	0.132

①注：括号内数值为标准差。***、** 和 * 分别表示在 1%、5% 和 10% 水平上显著。下表同。
Note：Standard errors in parentheses. ***, ** and * are significant at the 1%, 5% and 10% levels, respectively. The same below。

5.3.2　稳健性检验

本章参考沈栩航(2020)的做法，分别选用最富有 10% 人群持有的收入份额、Atkinson 指数①以及广义熵指数② 3 种度量指标替换基尼系数，对结果的稳健性进行检验。具体结果见表 5-3，在用不同的指标对基尼系数进行替换后，退耕补贴到期的影响均显著为正，估计结果在核心系数和显著性程度方面与表 5-2 相比无实质性差异，证明了前文估计结果的稳健性。

---

① 用来反映社会对于不平等的厌恶程度，其中 ε 为不平等厌恶指数，本章选择了不平等厌恶指数分别为 0.5、1 和 2 的 Atkinson 指数。
② 简称 GE 指数，熵值代表赋予不同收入组之间收入差距的权重，本章熵值取 0 和 1。

表 5-3　稳健性检验结果

变　量	最富有 10% 人群持有的收入份额 Ucs(10)	Atkinson 指数			广义熵指数	
		$\varepsilon=0.5$	$\varepsilon=1$	$\varepsilon=2$	熵：0	熵：1
退耕补贴	4.092***	0.665*	1.361*	2.907*	1.373*	1.309*
是否到期	(0.907)	(0.354)	(0.741)	(1.639)	(0.747)	(0.677)
控制变量	已控制	已控制	已控制	已控制	已控制	已控制
省份虚拟变量	已控制	已控制	已控制	已控制	已控制	已控制
常数项	142.881***	11.524***	23.524***	49.089***	23.688***	22.598***
	(4.287)	(1.929)	(4.089)	(9.278)	(4.124)	(3.651)
观测值	1733	1733	1733	1733	1733	1733
R^2	0.126	0.083	0.078	0.067	0.078	0.088

5.3.3　退耕补贴到期对农户内部收入结构不平等的影响

为进一步考察退耕补贴到期对农户内部收入不平等的具体影响，本章从收入结构视角对农户收入进行细分，具体回归结果见表 5-4。退耕补贴到期对农户内部工资性和生产经营性收入不平等的估计结果均在 10% 的水平上显著为正，对农户内部转移性收入不平等的估计结果在 10% 的水平上显著为负，对农户内部财产性收入不平等影响不显著。可能的原因在于：首先，对于中高收入农户而言，在其受到补贴到期的影响后，有条件将家庭劳动力和资本更多地配置到边际收益更高的非农部门，而退耕补贴到期则会导致低收入农户在非农就业方面的劣势更加凸显，从而加剧了农户内部在工资性收入上的不平等。其次，受制于有限的资源禀赋和较差的抗风险能力，加之维持生活正常运行的需要，补贴到期的低收入农户在农业生产经营方面进行调整的可能性较小，而补贴到期的中高收入农户相对有更多的资源禀赋投入到土地为基础的生产经营中，最终使农户内部生产经营性收入不平等扩大。再次，农户在参与退耕还林工程时各自拥有的退耕地面积并不相同，因此依据退耕规模进行发放的退耕补贴事实上会对农户内部转移性收入不平等有加剧作用，而补贴到期则在一定程度缓解了这种不平等；最后，由于调研区域多数农户财产性收入占比很小，财产性收入不平等程度较低，加之财产性收入长期性、固定性的特点，使补贴到期对农户财产性收入不平等的影响并不显著。

从收入结构来看，补贴到期对退耕农户内部工资性和生产经营性收入不平等具有扩张作用，而对内部转移性收入不平等具有缩小作用。沈栩航等

(2020)和江克忠等(2017)发现，工资性收入不平等对农户家庭总收入不平等
的贡献程度最高。且样本农户所在地区均曾为贫困县，生产经营性收入也是
其重要的收入来源。因此，以上研究结果在一定程度上表明补贴到期对农户
内部工资性和生产经营性收入不平等的扩大效应可能相对更强，最终加剧了
农户内部总体收入不平等的程度。

表 5-4 退耕补贴到期对农户内部收入结构不平等的影响

变 量	工资性收入 不平等	生产经营性 收入不平等	转移性收入 不平等	财产性收入 不平等
退耕补贴是否到期	6.381* (3.415)	10.908* (6.587)	-9.438* (5.702)	36.423 (23.997)
控制变量	已控制	已控制	已控制	已控制
省份虚拟变量	已控制	已控制	已控制	已控制
常数项	78.310*** (15.689)	192.823*** (34.940)	255.771*** (23.564)	248.280*** (73.345)
观测值	1212	1095	1692	265
R^2	0.073	0.050	0.129	0.150

5.3.4 异质性分析

本章进一步探讨退耕补贴到期对农户内部收入不平等的异质性影响，旨
在挖掘补贴到期对不同群体农户内部收入不平等所产生的影响与潜在问题，
从而得出能实际落地且具有针对性的政策启示。

(1)农户受教育程度 本章将样本农户根据平均受教育程度划分为小学及
以下、初中和高中及以上 3 组，并基于 3 组不同受教育程度的农户进行回归
估计。结果如表 5-5 所示，退耕补贴到期对小学及以下和初中农户内部收入
不平等的估计结果分别在 5% 和 10% 的水平上显著为正，且对小学及以下农户内
部收入不平等的扩大效应更强，而对高中及以上农户内部收入不平等的估计
结果在 10% 的水平上显著为负，H2 得证。可能的原因在于，低收入农户由于
受教育程度相对较低导致其难以获得更高的教育回报(罗楚亮和梁晓慧，
2022)，而在退耕补贴到期后其物质资本和人力资本的限制更难以通过劳动
力的身份转变实现增收，从而进一步拉大了内部收入不平等的程度。

(2)农户退耕规模 本章依据样本农户退耕规模的中位数(0.267hm²)进
行分组，以较好地平衡不同组的子样本量。具体结果见表 5-6，退耕补贴到期
对中等规模及以上农户内部收入不平等的影响的估计结果在 10% 水平上显著为

表 5-5 退耕补贴到期对不同受教育程度农户内部收入不平等的影响

变 量	小学及以下	初 中	高中及以上
退耕补贴是否到期	9.682**	8.180*	−9.191*
	(4.854)	(4.709)	(5.486)
控制变量	已控制	已控制	已控制
省份虚拟变量	已控制	已控制	已控制
常数项	154.971***	140.196***	89.675***
	(23.812)	(31.477)	(24.493)
观测值	599	659	475
R^2	0.077	0.115	0.197

正，但对小规模农户内部收入不平等的影响并不显著，H2 得证。可能的原因是，对于中等退耕规模及以上的农户而言，补贴到期对其收入的负向影响要比小退耕规模农户更强，从而使得这种外部冲击更能刺激中等退耕规模及以上农户提升非农就业积极性，但退耕规模较大的低收入农户也因补贴到期使其转移就业成本和外出务工风险更高，对低收入农户生计策略调整形成阻碍，从而导致该部分农户内部收入不平等扩大。

表 5-6 退耕补贴到期对不同退耕规模农户内部收入不平等的影响

变 量	小退耕规模农户 （退耕规模 0.267hm² 及以下）	中等退耕规模及以上农户 （退耕规模 0.267hm² 以上）
退耕补贴是否到期	4.211(4.116)	7.010*(3.874)
控制变量	已控制	已控制
省份虚拟变量	已控制	已控制
常数项	139.398***	138.337***
	(22.044)	(17.541)
观测值	859	874
R^2	0.123	0.123

5.4 结论与政策建议

本章基于 2019 年和 2021 年河北、四川、甘肃、宁夏以及湖南 5 省（自治区）1733 户农户的实地调研数据，借助再中心化影响函数（RIF）回归模型，实证检验了退耕补贴到期对农户内部收入及收入结构不平等的影响，并进一步考察了退耕补贴到期对不同受教育程度和退耕规模农户内部收入不平等的异质性影响，研究可以得出以下结论：第一，首轮退耕补贴到期在一定程度上会扩大农户内部收入不平等。因为受到补贴到期冲击后农户内部收入不平等是扩大还是缩小与能否顺利实现生计转型紧密相关，但低收入农户囿于内在禀赋以及所处的外部环境，导致其在补贴到期的情况下更难以有效调整其生计策略并实现增收，从而使得补贴到期对农户内部收入不平等具有加剧作用。第二，退耕补贴到期对退耕农户内部工资性和生产经营性收入不平等具有加剧作用，而对内部转移性收入不平等具有缩小作用。这一结论表明从农户内部工资性和生产经营性收入不平等的角度着手，将是未来解决因退耕补贴到期所引致农户内部收入不平等问题的关键。第三，不同类型农户内部收入不平等受退耕补贴到期影响的差异较大。具体表现为会加剧中低学历和中等退耕规模及以上农户内部收入不平等，却会缓解高学历农户内部收入不平等，且对小退耕规模农户无显著影响。因此，在退耕补贴到期背景下，缩小农户内部收入不平等的政策设计和执行过程中还应避免"一刀切"，充分考虑补贴到期影响的差异性，并作出适当的政策倾斜。

　　根据上述结论，提出以下政策建议。第一，拓宽退耕农户就业渠道。为避免补贴到期扩大退耕农户内部的工资性收入不平等，各级政府应尽力为退耕农户提供非农就业岗位信息，通过鼓励并对农户进行职业技术培训，提高其就业能力。同时，引导农户建立多元化生计转型策略，帮助农户创收增收，从而实现共同富裕。第二，促进后续相关产业发展。为进一步缩小退耕补贴到期后农户内部的生产经营性收入不平等，适度鼓励退耕农户发展森林生态旅游及森林康养等相关产业，通过生态价值实现增加收入；或者因地制宜依托退耕还林成果发展当地特色产业，推动农业产业结构调整，优化收入结构；同时，给予退耕农户对退耕地一定的处置权，最大限度地缩小农户内部收入不平等程度。第三，进行有针对性的政策帮扶。在兼顾公平与效率的原则下，各种帮扶政策可以适度向受教育程度较低和退耕规模较大的低收入农户倾斜，以切实保障补贴到期后此类农户的基本生活水平，进一步减轻因退耕补贴到期对此类农户内部收入不平等所造成的不利影响。

第6章

退耕补贴到期对农户消费的影响研究

以现金形式发放的首轮退耕补贴已经成为退耕农户可支配收入和维持生活消费的重要收入来源。据统计，退耕还林补贴总体上约占退耕农户人均纯收入的 10%，西部地区 400 多个县高于 20%，个别地区甚至达到 45% 以上（Dang et al.，2020）。退耕补贴在不同程度上促使农户增加了消费支出并提升退耕农户的消费水平（多化豫和袁云梅，2016；朱长宁和王树进，2015；孟庆香等，2009；黄杰龙等，2019），同时也帮助退耕农户改善消费结构，推动农户由基本的生活消费为主向提高生活质量的非基本消费转变（张义华等，2007；丁屹红和姚顺波，2017）。退耕补贴对贫困地区退耕农户消费水平提高和消费结构改善至关重要，在增加农民收入和助推脱贫攻坚方面被寄予重要期待。

但当前首轮退耕农户面临着退耕补贴陆续到期的情况。绝对收入假说认为当期收入决定人们的消费（Keynes，1936），失去当期的补贴收入可能会对农户各项消费产生直接负向影响。但由于消费习惯有一定的惯性且存在棘轮效应（郭秀峰，2020；秦海林和高铁玮，2019），补贴到期后农户可能会更为积极地寻找非农工作机会或外出就业来应对冲击，这会对农户的收入水平进而对消费水平提高和结构改善产生一定的正向影响。由于各项消费有不同的需求收入弹性，因而农户各项消费受退耕补贴到期的影响可能存在差异。

鉴于此，本章结合已有研究和实地调查情况，基于微观农户家庭调查数据，通过控制退耕农户相关特征变量，利用双重差分倾向得分匹配法（PSM-DID）探究首轮退耕补贴到期对农户家庭消费水平和结构的影响，利用组间差异分析和分位数回归（QR）来探究退耕补贴到期对异质性农户消费行为的影响，并进行影响机制分析。2020 年之后，我国脱贫攻坚工作将进入长期减缓相对贫困的战略转型新阶段（潘丹等，2020），农户消费是反映退耕农户家庭贫困程度与生活质量的重要指标，也关系到退耕还林工程改善农户生计目标的实现(李傲等，2020)，首轮退耕补贴到期是否显著影响了退耕农户的消费是值得关注也是亟待探究的关键性问题。研究结果有益于拓展退耕农户消费的研究领域，也可为退耕还林成果巩固的后续政策制定、巩固脱贫攻坚成果与乡村振兴有效衔接提供重要的实践参考依据。

6.1　理论分析

首轮退耕补贴作为农户长期稳定的收入之一，在维持农户消费水平和改善农户消费结构方面发挥重要作用，退耕补贴到期是否对农户消费水平和消费结构产生影响是关乎巩固退耕成果和脱贫攻坚成果的重要问题。因此，本部分将从理论上分析补贴到期可能对农户消费产生的影响。

消费水平方面。本研究区域多为经济水平欠发达地区或曾为国家级贫困地区，该地区的较多农户收入来源单一和增收能力有限，退耕补贴收入是首轮退耕农户重要的收入来源(杜温鑫，2020)。农户收入是影响农户消费的重要因素(王宏伟，2000)。退耕补贴到期后，农户所拥有的可支配收入会发生一定变化，失去长期稳定的退耕补贴不仅影响了农户收入预期，也在一定程度上提升了农户收入的不确定性，出于利益最大化的考虑，农户可能做出削减消费的决策，即由补贴到期导致的收入变化对农户消费产生不利影响。

消费结构方面。基于研究目的，参照已有文献(傅联英和吕重阳，2022；刘宗飞，2021)，本文将农户家庭生活消费分类生存性、发展性和享受性消费。生存性消费包括农户食物、衣着、水电和取暖方面的支出。这类消费是农户维持基本生活所必需的支出，缺乏弹性。退耕补贴到期后，人们总要维持基本生活需求，因此该类消费需求不会大幅度变动，即使收入发生变动，农户生存性消费仍会维持较为稳定的消费比例(乔康平，2021)。发展性消费主要包括教育和文化等方面的支出；而享受性消费包括烟酒支出、购买汽车和家用电器等。不同于生存性消费，发展性和享受性消费支出的弹性高于1，为富有弹性类消费，对于补贴到期所产生的收入变动更为敏感。因此，此类非生存性消费与生存性消费支出存在较为明显的需求收入弹性差异，收入发生变动时农户会倾向于维持生存性消费支出而选择缩减非生存性消费支出，农户消费结构会受到一定程度的抑制。

影响路径方面。收入水平是农户消费的重要影响因素，退耕还林和退耕补贴对农户消费的影响，是通过影响农户收入来实现的(刘浩，2020)。分析退耕补贴到期对农户消费产生的影响时，农户收入依旧是重要的媒介之一。补贴到期对农户消费的影响路径是较为复杂的：一方面补贴到期对农户收入施加负向冲击，会导致农户收入直接减少，进而导致农户消费下降；另一方面，补贴到期也可能倒逼农户进行劳动供给（包括劳动时间和非农就业）的调整来增加农户收入，这又使得农户消费增加。由此，退耕补贴到期对农户消费的影响路径可以细分为以下几个方面：

首轮退耕补贴是农户长期稳定的收入来源，对退耕农户消费水平提高和消费结构改善至关重要。退耕补贴在不同程度上提升了退耕农户的消费水平（多化豫和袁云梅，2016），推动农户日常支出向非基本消费转变（丁屹红和姚顺波，2017）。补贴到期对农户收入施加负向影响，不仅使退耕农户直接减少了长期稳定的补贴收入，也一定程度上降低农户收入预期，增加了农户收入的不确定性，这些因素都不可避免地会对农户消费产生不利影响。即补贴到期减少了农户收入进而对农户消费产生不利影响，基于此得出影响路径 1：补贴到期-农户收入-农户消费。

但依据前景理论，相同数量的收益和损失对农户带来不同的敏感度，相较于收入增加，农户对收入减少的敏感度更高（庄晋财等，2018）。另外，消费习惯存在一定惯性且存在棘轮效应（张宇等，2021），农户会更倾向于维系自己的现有消费来实现利益最大化。在棘轮效应和损失规避心理的双重因素影响下，农户会进行自我策略调整来应对冲击（郭君平，2018）。家庭劳动力是农户最重要的资源禀赋之一，面临补贴到期的收入冲击时，通过劳动供给的调整来应对是较为有效的策略。劳动供给的调整主要包括两种方式：改变劳动供给时间或调整从业类型（张炜，2019），而农户采取不同的劳动供给调整方式则形成以下两种不同的影响路径。

一方面，补贴到期对农户收入产生负向冲击时，农户可以调整劳动供给的时间来应对。影响农户劳动供给时间的主要原因是劳动供给的收入效应和替代效应的对比，当替代效应较高时农户会选择增加劳动时间来获取更多收入（尹振宇，2020）。相对于其他地区的农户，原贫困地区的退耕农户收入水平处于较低层次，补贴到期导致的收入变动会倒逼农户增加自身劳动供给时间来增加农户收入，而收入的增加则会引致农户消费的增加（李桦等，2013）。基于此得出影响路径 2：补贴到期-人均劳动时间-农户收入-农户消费。

另一方面，补贴到期对农户收入产生负向冲击时，农户可以调整改变从业类型来应对。从补贴到期对农户非农就业的影响来看，补贴到期对农户收入产生负向冲击时，出于利益最大化的考虑，农户可能会逐渐从农业生产向非农生产部门转移(王平达和王泽宇，2021)。从非农就业对农户收入的影响来看，由于非农部门的劳动边际生产效率高于农业部门，非农就业的增加虽可能导致农业收入下滑，但非农就业收入可以补偿这种负向影响(钱文荣和郑黎义，2011)，农户劳动力的非农就业转移会对农户收入有促进作用(张兵和李娜，2022)，而最终收入变动又会引致农户消费的变动。其中，表征农户家庭非农就业程度的指标较多，而非农就业比例是农户人力资源素质的重要衡量标准(李晓涛和张佳佳，2021)。因此，选择家庭非农就业比例来表征退耕农户非农就业程度。通过以上分析知，补贴到期可能倒逼农户进行非农就业转移来提升收入进而增加农户消费。基于此得出影响路径 3：补贴到期-非农就业比例-农户收入-农户消费。

6.2　研究区域与数据来源

6.2.1　研究区域

本章的研究区域为河北与四川省相对较为贫困的地区，选择这两省的考虑主要有 4 个：一是四川与河北的首轮累计退耕还林面积分别为 75.94 万 hm² 与 68.65 万 hm²，分居全国 3、4 位，在退耕面积上具有代表性。二是河北与四川恰好分位于黄河流域与长江流域，契合首轮退耕还林的不同补贴政策标准，为研究不同补贴标准的影响提供了研究对象。第三，两省受访农户多集中于 2017—2019 年退耕补贴到期，到期时间的不一致性为寻找补贴到期农户的同期对照组提供了支撑。第四，两省参与退耕的受访县市在 2019 年之前普遍为贫困地区，这为研究的对象选择提供了良好的载体。

6.2.2　数据来源

研究所用数据均来自 2019 年 9～11 月对河北和四川共 8 个县的实地入户调查。数据具体调查过程如下：首先，分别在河北和四川退耕面积较大且为贫困县的县区中随机抽取 3～5 个县 (河北为围场县、沽源县和涞源县，四川省为广元市的朝天区、利州区、昭化区，巴中市的恩阳区和南江县)。每个县区随机选择 2～5 个乡镇，每个乡镇随机抽取 2～3 个村庄，每个村庄随机抽取 15～20 户左右的退耕农户进行问卷调查。综合运用单项和多项选择法、自由回答法及赋值评分法等方法，对受访农户在退耕补贴到期前后各一年的家庭基本情况、农地种植情况、林地种植情况、林下种植情况、养殖业情况、家庭各项支出情况与农户对退耕补贴政策的意向问题进行调查。共获得 840 份农户样本数据，有效 831 份，其中河北 473 份，四川 358 份。

6.3 研究设计

6.3.1 模型构建

6.3.1.1 PSM-DID

补贴到期对农户消费的影响效应可能受到共时性因素的干扰，直接比较退耕农户在补贴到期前后的消费变动，研究结果可能出现较大误差。为了较为准确地识别出退耕补贴到期对农户消费的影响，本研究利用双重差分 (DID) 的方法进行实证分析。结合同时期退耕补贴未到期的农户状况，从补贴到期前后的消费的差异中剔除其他共时性因素的影响便得到退耕补贴到期对消费的影响。但双重差分模型要求农户未受到补贴到期的冲击时，处理组与对照组农户的变动趋势大致相同，但这在非自然实验中难以满足，因此要先通过倾向得分匹配 (PSM) 的方法来构建反事实框架 (Rosenbaum and Rubin，1983)，将具有相似倾向分数的退耕农户进行匹配以保证两组农户匹配变量之间无显著性差异，之后再结合双重差分模型进行估计。具体步骤如下：第一，以补贴是否在 2018 年到期作为分组依据，将样本农户划分为到期组与未到期组农户，用于 DID 模型计算的两期数据固定在 2017 与 2019 年以便更为明显地体现退耕补贴到期对农户消费产生的影响。第二，确定可能影响到农户消费的相关控制变量，如家庭负担比、农户收入、健康状况等。第三，利用 Logit 回归计算倾向分数，将具有相同倾向分数的到期组与未到期组进行匹配。第四，对匹配结果进行平衡性检验，对处于共同支撑范围内的样本数据进行双重差分。第五，更换匹配方法，对估计结果进行稳健性检验。本章的 DID 模型设定如下：

$$\ln Y_{it} = \alpha_0 + \alpha_1 D_i + \alpha_2 T_t + \alpha_3 D_i \cdot T_t + \alpha_4 X + \varepsilon_{it} \tag{6-1}$$

其中，$\ln Y_{it}$ 是 i 农户在 t 期与消费相关的对数形式，包括总消费、生存性、发展性和享受性消费；D_i 为分组变量，补贴未到期 $D_i = 0$，补贴到期 $D_i = 1$；T_t 是时期变量，$T_{2017} = 0$，$T_{2019} = 1$；X 为影响农户消费的相关控制变量；α_3 为关键待估系数，表明补贴到期对农户消费产生的效应。

6.3.1.2 分位数回归

PSM-DID 模型估计的是全样本农户消费是否受到退耕补贴到期的影响，

但无法体现出不同消费层级农户受到的差异性影响，而分位数回归利用农户消费的条件分位数来建模，可以对农户消费条件分布进行更为全面的描述。相较于普通最小二乘估计而言，分位数回归法系数估计值有效性有所增强，更适合有异方差存在的计量模型；效应估计值不轻易受极端值的过度影响，使得效应估计结果更加稳健可靠；对农户消费的条件分布描述更为详细，对农户消费不同分位点下的系数估计更有值得分析的意义。本章设定的分位数回归模型如下：

$$\ln Y_{it}(\tau) = \alpha_i(\tau) + \beta_i(\tau) D_{it} + \gamma_i(\tau) X + \varepsilon_{it} \quad (6\text{-}2)$$

其中，$\ln Y_{it}(\tau)$ 表示消费变量的分位数；$\alpha_i(\tau)$ 为截距项；D_{it} 是 0-1 变量，$D_{it}=1$ 表示补贴到期，$D_{it}=0$ 表示补贴未到期；$\beta_i(\tau)$ 为 D_{it} 的系数，表示在 τ 分位数下补贴到期对农户家庭消费的影响程度；X 表示相关控制变量，包含了户主特征、农户家庭特征与退耕相关状况等变量。$\gamma_i(\tau)$ 为各控制变量系数，τ 拟选取 0.25、0.75 以便明显区分不同消费水平农户的消费受到的差异影响，ε_{it} 为随机扰动项。

6.3.1.3　中介效应模型

为了清楚地估计农户收入在补贴到期和农户消费之间产生的中介效应，本文借鉴温忠麟等（2014）的研究，设定如下中介效应模型：

$$M_{2it} = \alpha_1 + \alpha_2 DID_{it} + \alpha_3 Control_{it} + \varepsilon_{1it} \quad (6\text{-}3)$$

$$\ln Y_{it} = \alpha_4 + \alpha_5 DID_{it} + \alpha_6 M_{2it} + \alpha_7 Control_{it} + \varepsilon_{2it} \quad (6\text{-}4)$$

其中，$\ln Y_{it}$ 是 i 农户在 t 期消费的对数形式，DID_{it} 是时期变量与分组变量的交互项。M_{2it} 为农户收入，$\alpha_2 \alpha_6$ 为农户收入在补贴到期和农户消费间产生的中介效应。然而，退耕补贴对农户消费的影响路径较为复杂，仅利用简单的中介效应无法全面反映劳动供给和农户收入在补贴到期和农户消费关系中产生的影响效应，借助链式中介模型可以弥补这一不足。结合前文补贴到期对农户消费影响路径分析，借助吴学花等（2021）有关链式中介模型的研究方法，本文构建了如下模型：

$$M_{1it} = \gamma_0 + \gamma_1 DID_{it} + \gamma_2 Control_{it} + \varepsilon_{3it} \quad (6\text{-}5)$$

$$M_{2it} = \delta_0 + \delta_1 DID_{it} + \delta_2 M_{1it} + \delta_3 Control_{it} + \varepsilon_{4it} \quad (6\text{-}6)$$

$$\ln Y_{it} = \theta_0 + \theta_1 DID_{it} + \theta_2 M_{1it} + \theta_3 M_{2it} + \theta_4 Control_{it} + \varepsilon_{5it} \quad (6\text{-}7)$$

其中，$\ln Y_{it}$ 是 i 农户在 t 期消费的对数形式，DID_{it} 是时期变量与分组变量的交互项。M_{it} 为中介变量，其中 M_{1it} 为劳动供给（包括劳动时间和非农就业），M_{2it} 为农户收入。系数 γ_1 是退耕补贴到期对 M_{1it} 的影响效应，δ_1 是补

贴到期对 M_{2it} 的影响效应，δ_2 是 M_{1it} 对 M_{2it} 的影响效应。可以计算出，M_{1it} 和 M_{2it} 在补贴到期和农户消费之间产生的链式中介效应为 $\gamma_1\delta_2\theta_3$，若该值显著不为零，则说明该链式影响路径成立。$Control_{it}$ 为相关控制变量，ε_{it} 为随机干扰项。

6.3.2 变量与描述性统计

6.3.2.1 被解释变量

基于前文的理论分析，研究选择以总消费、生存性、发展性和享受性消费支出来表征农户家庭消费。为了减轻极端值可能导致的异方差，本章对所有消费类变量均采用对数值形式。为了解受访全样本农户、补贴到期组和补贴未到期组农户的消费情况，研究对农户总消费、生存性消费、发展性消费和享受性消费进行简单的描述性统计，结果见表 6-1。全样本农户总消费均值达 29649.590 元，在各项消费中支出最高的是生存性消费和发展性消费，分别占总消费的 59.053%和 35.432%，享受性消费占比仅为 5.505%，说明原贫困地区的农户消费处于相对较低的层次。

表 6-1 农户消费描述性统计

消费分类	变量符号	全样本农户		补贴到期组		补贴未到期组	
		均 值	标准差	均 值	标准差	均 值	标准差
总消费	total	29649.590	10922.650	28205.630	10159.680	31742.530	11651.640
生存性消费	surv	17508.910	7735.13	16656.470	73119.309	18748.830	8159.756
发展性消费	deve	10505.540	3996.428	10037.340	3667.985	11186.550	4349.161
享受性消费	enjo	1632.138	2218.654	1511.813	2158.674	1807.157	2296.177

补贴到期组农户总消费均值为 28205.630 元，较全样本农户总消费均值低 1263.960 元；生存性消费、发展性消费和享受性消费均值分别占总消费的 59.054%、35.586%和 5.360%，三者均值较全样本农户均值分别降低 852.440 元、468.200 元和 120.325 元。补贴未到期组农户总消费均值为 31742.530 元，比全样本农户总消费均值和补贴到期组农户总消费均值分别高出 2272.940 元和 3536.900 元；生存性消费、发展性消费和享受性消费均值分别占总消费的 59.065%、35.242%和 5.693%，三者均值较全样本农户各消费均值分别增加了 1239.920 元、681.010 元和 175.019 元，较补贴到期组农户消费均值各增加了 2092.360 元、1149.201 和 295.344 元。通过以上描述性统计可以发现，农户总消费占比较高的是生存性消费和发展性消费，而享受性消

费占比较低，这说明农户消费尚有待于改善和提升。到期组农户的总消费、生存性消费、发展性消费和享受性消费均低于未到期组农户。补贴到期是否对农户消费产生影响，这有待于进一步实证检验。

6.3.2.2　核心解释变量

研究选择分组变量与时期变量的交互项 $D_i \cdot T_t$ 作为核心解释变量。D_i 为分组变量，当农户为补贴到期组农户，则 $D_i = 1$，否则 $D_i = 0$；T_t 是时期变量，$T_{2017} = 0$，否则 $T_{2019} = 1$。交互项 $D_i \cdot T_t$ 的系数估计值是需要关注的核心参数，代表了退耕补贴到期对样本农户家庭消费的净影响，若退耕补贴到期对农户消费产生负向影响，则该系数估计值应显著为负。

6.3.2.3　控制变量

结合有关农户消费影响的因素和已有的研究成果（杨欣等，2020；葛传路和岳虹，2018；南永清等，2019；黄杰龙等，2019；杜温鑫，2020），本章设置的控制变量包括户主特征、家庭特征、退耕还林基本情况。具体地，以户主年龄、健康状况与职业类型表征户主特征，户主自身特征不仅影响自我消费行为，通常也会影响其他家庭成员甚至整个家庭的消费选择，一般年长、身体不健康和纯务农为生的农户相较于其他类型农户消费能力与消费意愿可能更弱。家庭特征包括：家庭受教育水平、负担比、家庭收入、人均土地面积。农户退耕情况主要涉及退耕面积与退耕树种两方面，同时考虑到退耕农户消费水平和结构可能受农户不同区域状况的影响，本章在估计补贴到期对农户消费的净效应时，引入体现四川省和河北省地区差异的虚拟变量（若农户处于河北省，则 prov = 1；若农户处于四川省，则 prov = 0）。描述性统计见表 6-2。

表 6-2　控制变量与描述性统计

控制变量	变量符号	变量取值	全样本农户		补贴到期农户		补贴未到期农户	
			均　值	标准差	均　值	标准差	均　值	标准差
户主特征								
年　龄	age	连续变量	59.024	10.496	59.212	10.339	58.751	10.735
健康状况	heal	健康 = 1，其他 = 0	0.548	0.498	0.527	0.500	0.577	0.495
职业类型	occu	务农 = 1，其他 = 0	0.672	0.470	0.677	0.468	0.664	0.473
家庭特征								

（续）

控制变量	变量符号	变量取值	全样本农户		补贴到期农户		补贴未到期农户	
			均值	标准差	均值	标准差	均值	标准差
家庭受教育水平①	educ	连续变量	0.320	0.318	0.324	0.332	0.313	0.297
负担比②	bear	连续变量	0.371	0.368	0.390	0.388	0.344	0.335
家庭收入	inco	连续变量	9.837	0.592	9.765	0.581	9.942	0.593
人均土地面积③	land	连续变量	4.761	4.712	5.327	4.959	3.937	4.204
退耕情况								
退耕面积	area	连续变量	4.293	4.511	4.258	4.232	4.343	4.898
退耕树种	tree	经济林＝1，其他＝0	0.499	0.500	0.511	0.501	0.482	0.501
地区变量								
省　份	prov	河北＝1，四川＝0	0.597	0.491	0.707	0.456	0.439	0.497

①户主特征方面：户主年龄的均值 59.024 岁，说明户主多为中老年人；健康状况为 0~1 变量，均值为 0.548，表示约 45% 的受访户主身体有或轻或重的健康问题；职业类型均值为 0.672，表示超 60% 的农户户主依旧从事纯农业生产，有兼业行为或非农工作的户主占比不到 40%，这可能是因为户主多为中老年人，所以参与非农就业或参与兼业行为的能力下降。②家庭特征方面：家庭受教育水平仅 0.320，说明受访农户家庭受教育水平偏低；家庭负担比达 0.371，说明家庭非劳动人数占家庭总人数的近 40%，样本受访农户家庭负担普遍偏重；人均收入对数与人均土地面积均值约分别为 9.837 与 4.761。③退耕状况方面：退耕地面积均值为 4.293；退耕树种均值为 0.499，表明退耕农户还经济林与还生态林所占比例均接近 50%。

从补贴到期与补贴未到期农户对比来看，补贴未到期农户的户主健康状况、家庭收入、退耕地面积等均值大于补贴到期农户，而职业类型、家庭受教育水平、负担比、人均土地面积、退耕树种类型等变量均值，退耕补贴到期组农户大于未到期农户。

---

① 家庭受教育水平：家庭成员完成义务教育人数/家庭总人数。

② 负担比：家庭非劳动力人数/家庭总人数。

③ 人均土地面积：（林地面积+农地面积）/家庭总人数。

6.4　实证结果与分析

6.4.1　样本农户匹配结果

6.4.1.1　共同支撑域与 PSM 匹配结果

为提高估计结果的准确性,研究对出现较多缺失值的样本数据做删除处理,同时去除退耕补贴到期时间较为久远的农户,共筛选出符合要求的样本数量为 621 份,其中河北 371 份,四川省 250 份;处理组(补贴到期组农户)为 368 份,对照组(未到期组农户)为 253 份,共 1242 个观测值。依据选取的协变量,利用 Logit 模型计算退耕农户的倾向分数,利用最近邻匹配将具有相似倾向分数的农户进行匹配以保证到期组与未到期组之间同质性假定的成立,在处理组损失了 6 个样本之后保留了 615 个匹配样本。图 6-1 和表 6-3 的结果显示,除退耕树种变量外,匹配后各控制变量的 P 值均大于 0.05,标准化偏差小于 10%,不能拒绝"到期组农户与未到期组农户之间无差异"的原假设,匹配结果良好。

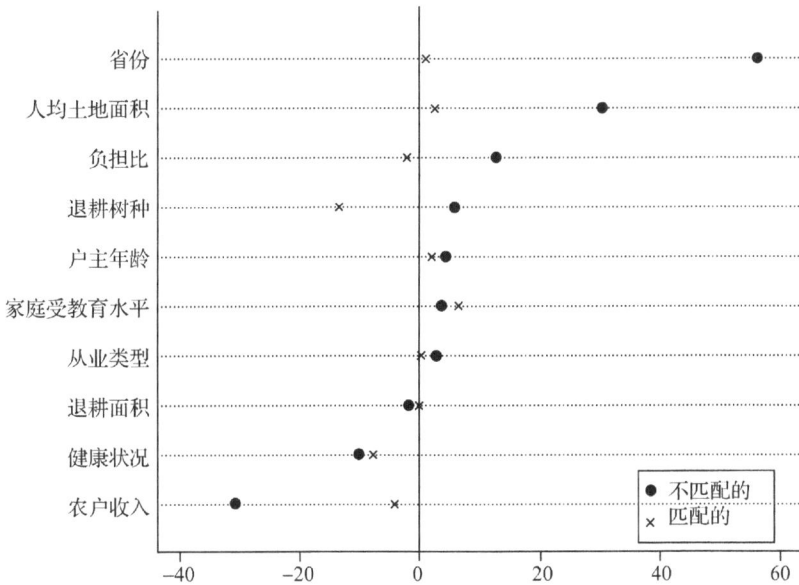

图 6-1　倾向得分匹配结果

表 6-3　误差消减状况

变 量	匹 配	均 值		标准偏误（%）	误差消减（%）	T 检验	
		处理组	对照组			t	p>t
age	匹配前	59.212	58.751	4.4		0.76	0.447
	匹配后	59.202	58.994	2.0	55.0	0.37	0.715
heal	匹配前	0.527	0.577	−10.0		−1.74	0.083
	匹配后	0.530	0.569	−7.8	22.5	−1.48	0.139
occu	匹配前	0.677	0.664	2.7		0.46	0.643
	匹配后	0.674	0.673	0.3	89.0	0.06	0.955
educ	匹配前	0.324	0.313	3.6		0.63	0.532
	匹配后	0.328	0.308	6.5	−77.3	1.21	0.225
bear	匹配前	0.390	0.344	12.7		2.17	0.030
	匹配后	0.388	0.396	−2.1	83.4	−0.38	0.706
inco	匹配前	9.857	10.026	−30.7		−5.32	0.000
	匹配后	9.856	9.879	−4.1	86.6	−0.82	0.415
land	匹配前	5.327	3.937	30.3		5.16	0.000
	匹配后	5.045	4.933	2.5	91.9	0.47	0.638
area	匹配前	4.258	4.3430	−1.9		−0.33	0.745
	匹配后	4.223	4.224	−0.0	98.7	−0.00	0.996
tree	匹配前	0.511	0.482	5.7		0.99	0.321
	匹配后	0.515	0.582	−13.3	−133.0	−2.56	0.011
prov	匹配前	0.707	0.439	56.2		9.81	0.000
	匹配后	0.704	0.700	1.1	98.1	0.21	0.833

6.4.1.2　平衡性检验

为保证经过匹配后到期组和未到期组农户整体控制变量无显著差异，本次研究对控制变量的平衡性进行了检验。

表 6-4　平衡性检验结果

样 本	Pseudo R^2	LR chi2	总偏误（%）
匹配前	0.070	118.06	65.0[*]
匹配后	0.006	12.50	18.6

如表 6-4 显示，匹配变量的 Pseudo R^2 由匹配前的 0.070 降低为 0.006，LR chi2 由匹配前的 118.06 降低为 12.50。此外，总偏误由 65.0% 降低到 18.6%，小于平衡性检验要求的 20% 的最低标准。这说明本次 PSM 模型的匹配较好的控制了到期组农户和未到期组农户之间的差异。

6.4.2　补贴到期对农户消费水平及结构的影响

对全样本农户匹配后，研究将处于共同支撑范围的农户进行双重差分以考察退耕补贴到期对样本农户消费的影响。同时本章对消费变量取自然对数来克服变量间的可能存在的非线性问题。回归结果由表 6-5 显示。

消费水平方面。回归(1)中退耕补贴到期的估计系数约为 -0.091 且在 1% 的水平上显著不为零，表明退耕补贴到期对样本农户总消费有显著负向影响。退耕补贴是原贫困地区农户长期稳定的收入来源，补贴到期直接减少了农户补贴收入，可能会降低农户收入预期并一定程度上提高农户收入不确定性，最终减少了农户消费，这说明补贴到期一定程度上不利于农户消费水平的提升。

消费结构方面。回归(2)中补贴到期对应的系数估计值 -0.087，且在 5% 的水平上显著，说明退耕补贴到期对农户的生存性消费产生负向影响，但影响程度较小。这可能是因为生存性消费属于农户的刚需，需求收入弹性较小，失去退耕补贴时，农户总会维持基本的生活消费，所以该部分消费不会因补贴到期而产生大幅度变动。回归(3)中补贴到期对应的系数估计值为 -0.097，且在 5% 的水平上显著不为零，说明退耕补贴到期对农户发展性消费支出有负向影响。由回归(2)、(3)中补贴到期系数对比可知，发展性消费支出受退耕补贴到期的负向影响略高于生存性消费支出，生存性消费包括农户衣物、食品、水电和取暖，属于农户生存的必要支出，而发展性消费包括教育和文化等，其需求支出对收入变动较前者更为敏感可能是造成两者影响系数存在差距的重要原因。回归(4)中补贴到期的系数估计值为 0.030，不存在统计意义上的显著性，说明补贴到期对农户享受性消费影响不显著。本章中农户享受性消费包括烟酒支出、购买汽车和家用电器等，因受调查农户多位于经济欠发达地区，农户的享受型消费支出占比较小。此外，据调查情况和生活经验可知，汽车或家用电器是耐用品，使用周期较长，而烟酒消费支出又较少，因此补贴到期对农户享受性消费无法产生显著性影响。综上，补贴到期对农户生存性和发展性消费产生显著负向影响，且对发展性消费影响幅度更大，这在一定程度上不利于农户消费结构升级和改善。

控制变量方面。研究结果显示，样本受访农户的户主从业类型、健康状况、年龄等因素会对农户消费产生一定程度的不利影响，而农户的家庭受教育状况、负担比则会增加农户的消费支出。具体而言：①农户随着年龄的增大增收能力逐渐降低，减弱了农户的消费意愿和消费能力。②农户身体越健康则用于医疗保健的各项消费支出会越少。③仅务农为生的农户由于收入来源单一，家庭收入水平通常较外出务工或有兼业行为的农户更少，而收入是影响消费最重要的影响因素之一，因此该类农户消费能力和消费意愿也可能更弱。④农户受教育年限越多，其消费理念可能有所更新，因此会一定程度上促进农户消费。⑤农户负担比表征农户家庭的负担大小，因此负担比越高所需消费支出也越高。

表6-5　样本农户双重差分估计结果

变　量	(1) 总消费	(2) 生存性消费	(3) 发展性消费	(4) 享受性消费
$D_i \times T_t$	-0.091***	-0.087**	-0.097**	0.030
	(0.025)	(0.035)	(0.037)	(0.103)
T_t	-0.485***	-0.597***	-0.577***	0.299***
	(0.020)	(0.027)	(0.028)	(0.080)
D_i	0.068**	0.060	0.098**	-0.161*
	(0.030)	(0.044)	(0.038)	(0.087)
age	-0.051***	0.000	-0.007***	-0.008**
	(0.002)	(0.002)	(0.002)	(0.004)
heal	-0.020	0.077*	-0.074**	0.009
	(0.029)	(0.042)	(0.035)	(0.074)
occu	-0.040	-0.064	-0.043	-0.061
	(0.033)	(0.048)	(0.040)	(0.085)
educ	0.173***	0.229***	0.165***	0.070
	(0.043)	(0.063)	(0.052)	(0.111)
bear	0.106***	0.061	0.163***	0.030
	(0.038)	(0.055)	(0.046)	(0.097)
inco	0.114***	0.088**	0.151***	0.189***
	(0.025)	(0.036)	(0.031)	(0.067)

（续）

变　量	（1）	（2）	（3）	（4）
	总消费	生存性消费	发展性消费	享受性消费
land	0.006 *	0.010 *	0.007 *	0.010
	（0.004）	（0.005）	（0.004）	（0.009）
area	0.002	0.001	0.006	0.009
	（0.003）	（0.005）	（0.004）	（0.009）
tree	0.037	0.042	0.032	0.094
	（0.026）	（0.038）	（0.031）	（0.667）
prov	−0.647 ***	−0.565 ***	−0.763 ***	−0.591 ***
	（0.032）	（0.047）	（0.039）	（0.083）
n	615	615	615	615
within R^2	0.715	0.683	0.625	0.075

注：***，**，*分别表示在 1%，5%，10%水平上显著，括号内为标准误差。

6.4.3　补贴到期对异质性农户消费的影响

在推进巩固脱贫攻坚成果与乡村振兴有效衔接的背景下，从农户异质性的视角探讨退耕补贴到期对农户消费影响的差异性更具有现实意义。研究将分别从不同收入水平农户和不同消费水平农户两方面对不同样本农户消费受退耕补贴到期的影响进行估计。

6.4.3.1　不同收入水平

为对比不同收入水平农户的消费变动，研究以农户是否为建档立卡贫困户为分组依据，将样本农户分为贫困农户和非贫困农户。为保证前后分析的一致性，研究对两组农户消费受退耕补贴到期的影响效应，同样运用双重差分倾向得分匹配进行估计，结果见表 6-6。在总消费方面，退耕补贴到期对贫困组农户和非贫困组农户总消费的影响系数分别为−0.095 和−0.069，均存在统计上的显著性，说明退耕补贴对不同收入水平农户的总消费产生负向影响，影响方向具有一致性但影响程度存在差异，贫困组农户受到的负向影响大于非贫困组农户。在消费结构方面，退耕补贴到期对低收入水平农户即贫困组农户的生存性和发展性消费的影响分别为−0.108、−0.102，对享受型消费的影响不具有显著性；对非贫困组农户的生存性、发展性和享受性消费均无显著影响。这说明，补贴到期对贫困组农户消费结构产生了不利影响，而对非贫困组农户的消费结构未产生显著负向影响，样本农户中贫困组农户的消费结构受到了一定的抑制。

表 6-6 退耕补贴到期对不同收入水平农户的消费影响的估计结果

变 量	贫困组				非贫困组			
	总消费	生存性	发展性	享受性	总消费	生存性	发展性	享受性
补贴到期	-0.095***	-0.108**	-0.102**	-0.063	-0.069*	-0.037	-0.065	0.147
	(0.031)	(0.047)	(0.043)	(0.126)	(0.040)	(0.048)	(0.062)	(0.126)
控制变量	已控制	已控制	已控制	已控制	已控制	已控制	已控制	已控制
n	247	247	247	247	368	368	368	368
Within R^2	0.678	0.619	0.591	0.066	0.793	0.784	0.705	0.092

注：***，**，*分别表示在1%，5%，10%水平上显著，括号内为标准误差。

综上所述，补贴到期对不同收入水平农户的消费水平均产生负向影响，且贫困组农户受到的负向影响更大；补贴到期对贫困组农户消费结构产生负向影响，而对非贫困组农户消费结构影响不显著，说明贫困组农户消费比非贫困农户更易受到退耕补贴到期的负向影响。这可能是因为，收入水平高的农户经济状况好，自身抗风险冲击的能力强；而贫困组农户收入来源单一，抗风险冲击能力弱，所以补贴到期更易对贫困组农户的消费产生不利影响。

6.4.3.2 不同消费水平

为得知退耕补贴到期是否对处于不同消费水平的样本农户产生差异性影响，研究对样本农户的消费进行下四分位数（$\tau = 0.25$）和上四分位数（$\tau = 0.75$）回归来分别估计低消费和高消费水平组农户受到退耕补贴到期的不同影响，回归结果如表 6-7 所示。

表 6-7 退耕补贴到期对不同消费水平农户的消费影响的估计结果

变 量	低消费水平组				高消费水平组			
	总消费	生存性	发展性	享受性	总消费	生存性	发展性	享受性
补贴到期	-0.461***	-0.650***	-0.645***	-0.374	-0.378***	-0.377***	-0.365***	-0.423
	(0.046)	(0.088)	(0.060)	(0.071)	(0.026)	(0.020)	(0.035)	(0.362)
控制变量	已控制	已控制	已控制	已控制	已控制	已控制	已控制	已控制
n	615	615	615	615	615	615	615	615
Pseudo R^2	0.312	0.196	0.296	0.485	0.402	0.248	0.37	0.030

注：***，**，*分别表示在1%，5%，10%水平上显著，括号内为标准误差。

在总消费方面，补贴到期对不同消费水平组农户的总消费产生的影响分别为-0.461 和-0.378，均在 1% 的水平上显著。这说明补贴到对不同消费水平农户的消费都产生了负向影响，这与前文理论分析相符。但不同消费水平农户受到的负向影响程度不同，补贴到期对低消费水平组农户的消费产生的负向影响程度高于高消费水平组农户。在消费结构方面，补贴到期对低消费水平组农户生存性消费和发展性消费的影响分别为-0.650 和-0.645，对高消费水平组农户影响分别为-0.377 和-0.365，补贴到期对两组农户享受性消费的影响不存在统计上的显著性。由表 6-7 中模型估计结果对比可知，除了享受性消费不显著外，低消费水平组农户的各项消费受到的负向影响程度均高于高消费水平组农户。

综上，补贴到期对两组农户消费产生的影响均为负向但效应值存在不同，高消费水平组农户受到的影响较小。主要原因可能在于，拥有较高消费水平的农户本身经济状况较好，自身收入来源多样可以支撑其日常消费，对退耕补贴的依赖较低消费水平农户更低，所以受到了退耕补贴到期的较小影响；而消费水平低的农户由于经济状况较前者更差，对补贴的依赖性更强，所以其消费变动对退耕补贴到期更为敏感。

6.4.4　稳健性检验

双重差分倾向得分匹配有多种匹配方法，前文选择了最近邻匹配，为避免因匹配方法的不同对双重差分估计结果产生影响，并保证估计结果的有效性，研究对全样本农户采用其他匹配方法(核匹配和半径匹配)对估计结果进行稳健性检验，得到的估计结果如表 6-8，可以看出，无论是选用最近邻匹配、核匹配还是半径匹配，双重差分模型估计结果并不存在显著差异，说明表 6-3 的估计结果具有较强的稳健性。

表 6-8　稳健性检验结果

变 量	核匹配				半径匹配			
	总消费	生存性	发展性	享受性	总消费	生存性	发展性	享受性
$D_i \times T_t$	-0.091***	-0.087**	-0.097***	0.030	-0.092***	-0.088**	-0.097***	0.028
	(0.025)	(0.054)	(0.037)	(0.103)	(0.025)	(0.035)	(0.037)	(0.103)
T_t	-0.485***	-0.597***	-0.577***	0.299***	-0.485***	-0.597***	-0.577***	0.300***
	(0.020)	(0.027)	(0.028)	(0.080)	(0.020)	(0.027)	(0.029)	(0.080)
D_i	0.068**	0.060	0.098**	-0.161*	0.068**	0.060	0.098***	-0.160*

（续）

变　量	核匹配				半径匹配			
	总消费	生存性	发展性	享受性	总消费	生存性	发展性	享受性
	(0.030)	(0.044)	(0.038)	(0.087)	(0.030)	(0.044)	(0.038)	(0.087)
控制变量	已控制	已控制	已控制	已控制	已控制	已控制	已控制	已控制
n	615	615	615	615	615	615	615	615
Within R^2	0.715	0.683	0.625	0.075	0.715	0.684	0.625	0.074

注：***，**，*分别表示在1%、5%、10%水平上显著，括号内为标准误差。

6.4.5　中介效应分析

表6-9回归（1）中补贴到期的系数为-0.221，在5%的水平上显著，说明补贴到期会直接引起农户收入的负向变动。回归（2）中农户收入对农户消费的影响为0.367，在5%的水平上显著，说明农户收入会促进农户消费。农户收入在补贴到期和农户消费之间产生的中介效应为-0.081，该值为回归（1）中补贴到期对农户收入的影响系数-0.221与回归（2）中农户收入对农户消费的影响系数0.367的乘积。

表 6-9　农户收入的中介效应

变　量	(1)	(2)
	农户收入	农户消费
补贴到期	-0.221**	-0.010
	(0.019)	(0.035)
农户收入	—	0.367**
	—	(0.036)
控制变量①	控制	控制
n	615	615
within R^2	0.435	0.687

注：***，**，*分别表示在1%、5%、10%水平上显著，括号内为标准误差。

综上，在控制相关变量的前提下，补贴到期对农户收入的直接影响方向为负向，农户收入对农户消费的影响方向为正向，两者的影响方向相反，这

---

① 包含非农就业和劳动时间。

说明农户收入在补贴到期和农户消费之间起负向中介作用。这可能是因为补贴到期对农户收入产生不利冲击，减少了农户补贴收入，也一定程度上增加了农户收入的不确定性，这些因素都不可避免地会对农户消费产生不利影响。

进一步地进行"补贴到期-劳动时间-农户收入-农户消费"的链式中介效应检验。表 6-10 中回归(1)~(3)分别对应式(6-5)至式(6-7)。回归(1)显示补贴到期对人均劳动时间的影响为 27.650，影响方向为正向，且在 1%的水平上显著，这说明补贴到期促使农户增加劳动时间。回归(2)中人均劳动时间对农户收入的影响为 0.001，在 10%的水平上显著，表示人均劳动时间的增加对农户收入有促进作用。回归(3)中农户收入对农户消费的影响效应为 0.063，在 1%的水平上显著，说明农户收入促进农户消费。

表 6-10 的结果显示，补贴到期对人均劳动时间、人均劳动时间对农户收入、农户收入对农户消费均产生正向影响，所以劳动时间和农户收入在补贴到期和农户消费之间产生正向中介作用，效应值约为 0.002，该值为回归(1)中补贴到期的系数 27.650、回归(2)中劳动时间的系数 0.001 和回归(3)中农户收入的系数 0.063 的乘积。劳动时间和农户收入在补贴到期和农户消费之间产生正向中介作用，可能是因为补贴到期对农户收入产生负向冲击时，倒逼农户增加自身劳动供给的时间来增加农户收入，通过收入的增加最终增加

表 6-10　劳动时间和农户收入的中介效应检验

变　量	(1)	(2)	(3)
	人均劳动时间	农户收入	农户消费
补贴到期	27.650***	-0.034***	-0.109
	(4.359)	(0.018)	(0.035)
人均劳动时间	—	0.001**	0.001***
	—	(0.001)	(0.001)
农户收入	—	—	0.063***
	—	—	(0.037)
控制变量	已控制	已控制	已控制
n	615	615	615
within R^2	0.170	0.432	0.688

注：***，**，*分别表示在 1%，5%，10%水平上显著，括号内为标准误差。

自身消费，这在一定程度上可以部分抵消补贴到期对农户消费产生的负向影响。

"补贴到期–非农就业比例–农户收入–农户消费"的链式中介效应检验估计结果见表6-11所示。回归(1)补贴到期对非农就业比例的影响为0.116，在1%的水平上显著，说明补贴到期促进农户提高非农化水平。回归(2)非农就业比例对农户收入的影响为0.103，在1%的水平上显著，表明农户非农化提升使得农户家庭收入增加。回归(3)农户收入对农户消费的影响为0.082，在5%的水平上显著，这说明农户收入增加会促进农户消费。

补贴到期对非农就业比例、非农就业比例对农户收入、农户收入对农户消费均产生正向影响，所以非农就业比例和农户收入在补贴到期和农户消费之间产生正向中介作用，效应值约为0.001，该值为表6-11回归(1)中补贴到期的系数0.116、回归(2)中非农就业比例的系数0.103和回归(3)中农户收入的系数0.082的乘积。非农就业比例和农户收入在补贴到期和农户消费之间产生正向中介作用，可能因为面临补贴到期的冲击，农户出于利益最大化的考虑逐渐向收益更高的非农部门转移，劳动力非农转移一定程度上提升农户收入，进而促进了农户消费。该路径产生的正向中介效应，在一定程度上也可以部分抵消补贴到期对农户消费产生的不利影响。

表6-11　非农就业和农户收入的中介效应检验

变量符号	(1) 非农就业比例	(2) 农户收入	(3) 农户消费
补贴到期	0.116***	-0.029***	-0.101
	(0.017)	(0.018)	(0.036)
非农就业比例	—	0.103***	0.092
	—	(0.039)	(0.063)
农户收入	—	—	0.082**
	—	—	(0.036)
控制变量	已控制	已控制	已控制
n	615	615	615
within R^2	0.283	0.443	0.680

注：***，**，*分别表示在1%，5%，10%水平上显著，括号内为标准误差。

6.5　研究结论与政策建议

研究基于河北与四川 8 个原贫困县共 831 份农户实地调查数据，探究退耕补贴到期对农户消费的影响。通过对样本农户的基本情况进行描述性统计分析看出，农户总消费占比较高的是生存性消费和发展性消费，而享受性消费占比较低，这说明农户消费尚有待于改善和提升；从补贴到期组与未到期组对比来看，未到期组农户的总消费及各分项消费均值较到期组更高，初步表明补贴到期会对农户消费产生一定负向冲击。

在此基础上，研究进一步利用 PSM-DID 模型来估计首轮退耕补贴到期对农户总消费和消费结构造成的影响。实证研究显示，退耕补贴到期一定程度上降低了样本农户的总消费，不利于农户消费水平的提升；退耕补贴到期对样本农户生存性消费的负向影响低于对发展性消费的负向影响，失去当期退耕补贴的农户会缩减用于提升生活质量的消费支出，这在一定程度上影响了农户消费结构升级。研究进而运用分位数回归和组间差异分析来探究退耕补贴到期是否对异质性农户消费产生了差异性影响。研究结果显示，退耕补贴到期一定程度上降低了贫困农户生存性消费和发展性消费，而对非贫困农户消费结构影响并不显著，相较于非贫困农户来说，贫困农户收入水平低、抗风险能力较弱，因此退耕补贴到期对贫困农户的消费产生的影响更大；补贴到期对低消费水平组农户的消费产生的负向影响程度高于高消费水平组农户；除了享受性消费不显著外，低消费水平组农户的各项消费受到的负向影响程度均高于高消费水平组农户。农户收入在补贴到期和农户消费之间具有中介作用；劳动时间和农户收入在补贴到期和农户消费之间具有链式中介作用；非农就业和农户收入在退耕补贴到期和农户消费之间具有链式中介作用。劳动时间和农户收入、非农就业比例和农户收入产生的链式中介作用可以部分抵消补贴到期对农户消费的负向影响。

依据前文研究结果和实地调研情况，本文提出以下政策建议：

（1）退耕补贴作为农户参与退耕的一种经济偿付，对地处偏远、退耕面积较大的农户，尤其对于还生态林，但目前仍无收益的农户来说，是长期稳定收入的重要来源，也是维持生活消费的重要保障。要建立巩固退耕成果的长效机制，加快探索和完善后续政策，以防止农户在退耕补贴到期后出现毁林复耕。为巩固退耕成果和脱贫攻坚成果，应深入了解退耕农户的现状和政策诉求，保持参与退耕农户收入的长期稳步增长，通过适度延长补贴时间或给予农户一定的退耕地处置权来保障农户的退耕收益。

（2）非农化水平的提高对实现农户收入增长有重要意义，要积极帮助退耕农户寻找非农就业机会、拓宽农户收入渠道实现收入来源多元化，降低农户对退耕补贴的依赖性。一方面，通过积极搭建就业信息平台，鼓励和支持农户积极参与非农就业活动，引导农户通过劳动力非农化转移获取更高收入，维持和提高退耕农户的消费水平，推动其消费结构的升级与改善。另一方面，政府可以大力支持农村本地产业发展，帮助无法外出务工农户实现临近就业，积极帮助劳动能力部分缺失的农户实现公益岗就业。此外，还应积极加强农村就业宣传教育，引导农户树立积极的就业观念，自主适当延长劳动时间来获取更高收入。

（3）建议政府要充分重视补贴到期对不同退耕农户的差异性影响，精准定位低消费、低收入和低兼业水平的退耕农户。为减弱补贴到期对上述农户带来的消费不平等，政府应加快完善后续退耕还林相关政策，通过定向就业培训项目提升就业竞争力。实施差别化的其他补贴政策，财政补偿资金优先向其倾斜，鼓励农户自主创业，如农家乐、观光采摘等，降低他们对退耕补贴的依赖，实现收入来源多元化，不断提升他们的收入水平和消费水平。

第7章

退耕补贴到期对农户主观贫困的影响研究

2020 年年底中国已全面消除现行标准下的绝对贫困，9899 万农村贫困人口全部脱贫[①]。然而，绝对贫困人口的脱贫不是终点，为进一步防范返贫风险，提升农民生活满意度，中国反贫困工作面临新的挑战（梁土坤，2020）。中国农村发展调查（CRDS）表明，有近一半的农户认为自己处于主观贫困状态，主观贫困的发生率为 44%，近乎是以收入标准衡量贫困发生率的两倍，因而单纯依赖贫困线已经难以全面反映农户真实的贫困状态（Wang et al.，2020）。近年来中央一号文件也多次提出要坚持农民主体地位，不断提升农民的获得感、幸福感、安全感。可见，有效降低农户主观贫困既是现实所需，又是施政所指（左婷和杨雨鑫，2013）。

始于 1999 年的退耕还林工程是世界上规模最大、涉及农户最多、覆盖范围最广的生态恢复项目，肩负着生态环境保护和农村减贫的双重目标（Gao et al.，2020）。一方面，该工程通过将符合条件的坡耕地退耕变为林地、草地，有效提高了区域生态能力；另一方面，退耕还林补贴作为退耕还林政策的主要措施，涉及 812 个贫困县，占国家扶贫开发工作重点县总数的 97.6%，对增加贫困地区农户收入、优化其收入结构以及带动农户脱贫起到了积极作用（Duan et al.，2015；刘东生等，2011），成为巩固脱贫攻坚成果与推进乡村振兴战略的有效途径。首轮退耕还林补贴（还生态林 16 年，还经济林 10 年）直接惠及 1.24 亿农民，成为退耕农户收入的重要组成部分，补贴累计占农户人均纯收入的14.36%（吴乐等，2018），贫困户获得的人均退耕补贴收入相对更高，是非贫困户的 122.36%（李实等，2016）。目前，现行政策背景下首轮退耕还林补贴已于 2021 年全面到期，退耕农户失去了以现金方式发放的稳定收入来源，特

---

① 资料来源：新华网站 http://www.xinhuanet.com/politics/leaders/2021-02/25/c1127140240.htm。

别是对原贫困地区农户的生活影响程度可能更大。同时，首轮退耕还林补贴发放时间较长，农户有不同程度的依赖心理。那么，退耕补贴到期后，退耕农户是否会表现出主观贫困感知，进而影响其生活满意度？对上述问题的解答，既关乎退耕还林成果的巩固，也关系到后脱贫时代背景下农户福祉的有效提升。

鉴于此，本章拟以参与首轮退耕还林的农户为研究对象，利用四川省和河北省实地调研的农户微观数据，采用 Ordered logistic 模型分析退耕补贴到期对退耕农户主观贫困的影响概率，并在此基础上利用 PSM 模型估计退耕补贴到期对退耕农户主观贫困影响的净效应，进一步探讨补贴到期对退耕农户主观贫困的影响是否存在异质性，以期为建立退耕还林成果巩固长效机制和巩固拓展脱贫攻坚成果提供经验借鉴和决策参考。

7.1　理论分析与研究假说

从客观条件上看，首轮退耕还林工程瞄准生态脆弱的贫困地区，政府为弥补退耕农户退耕地的机会成本直接向其发放补贴，有助于提高其转移性收入并改善福利水平。然而，退耕补贴到期后，由于大多数贫困地区的经济发展水平、交通设施、医疗教育水平以及生产生活条件相对落后（杨均华等，2019），农户面临退耕地产出、种养业经营、替代收入来源以及劳动资源分配等多重转型困境，在收入、生活等方面的生计压力可能会因退耕补贴到期的冲击而加重，从而加剧农户的主观贫困。

从主观心理因素上看，大多数退耕农户已获得长达 16 年的退耕补贴，对长期稳定的转移性收入形成了较强的依赖心理。补贴到期后，失去了一项长期稳定的收入来源，在与补贴到期前家庭生活水平进行纵向对比，以及与同村未退耕农户进行横向比较后，退耕农户极易产生较大的心理落差和相对剥夺感，进而提高其主观贫困感知。据此提出研究假说：

H_1：退耕补贴到期对贫困地区退耕农户主观贫困具有显著正向影响。

退耕补贴到期会直接影响退耕农户的收入水平，但由于退耕农户在个体特征与资源禀赋等方面存在显著差异，这种影响不尽相同，进而导致不同收入水平退耕农户的主观感知存在差异。这种差异不仅体现在农户收入的增量，还会因为农户生活态度、适应能力及心理预期等非收入因素的影响（王小林等，2012），体现为不同收入水平农户所形成的相对收入感知。

具体而言，一方面，补贴到期使退耕地区经济困难和非经济困难退耕农户之间的相对收入水平发生变化。失去退耕补贴后经济困难退耕农户在生计资本、就业机会及创收能力等方面劣势突显，与非经济困难退耕农户的相对收入差距可能会逐渐拉大（吴乐等，2018），相对而言会产生较强的收入损失感和相对剥夺感，降低其生活满意度和幸福感，从而提高了主观贫困感知。

另一方面，主观贫困是个体对自身贫困与否的判断，这种自我评估标准通常同个体所参照群体有关（左停和杨雨鑫，2013）。补贴到期后对于有一定物质资本积累和更高需求层次的非经济困难退耕农户，在生计转型的过程中他们的相对收入感知也往往嵌于收入水平更高的参照群体之中（李国平和石涵予，2017），导致此类农户对补贴到期带来的损失也更加敏感，主观上可能降低这类农户对自身状况的满意程度，进而也有可能提升主观贫困感知。

综上所述，退耕补贴到期都可能在一定程度上提高经济困难退耕农户和非经济困难退耕农户的主观贫困感知，但因受退耕农户自身生活态度、适应能力、心理预期及相对收入感知等主观因素的影响，使得对这两类农户主观贫困感知的影响程度差异难以从理论层面直接推论，有待进一步实证检验。据此提出研究假说：

H_2：退耕补贴到期对经济困难和非经济困难退耕农户的主观贫困存在异质性影响。

退耕还林工程遵循政策引导、农户自愿的原则，农户自主选择符合条件的坡耕地还林还草，退耕农户的补贴收入直接受退耕还林规模的影响，进而导致补贴到期后不同退耕规模农户对补贴收入的损失感不同。同时，由于受个体条件、家庭资源禀赋等因素影响，补贴到期后不同退耕规模农户对其生产生活方式做出不同的调整（张旭锐和高建中，2021），面对的风险、困难与压力也不同。因此，理论上，补贴到期后不同退耕规模农户其主观贫困的变化也不尽相同。

小规模退耕农户受到劳动力流动性约束的影响（Uchida et al.，2009），收入渠道较为单一，当面对某种收入来源减少时，难以通过其他收入来源来帮助其缓解财务危机（李玉山等，2021），可能会加剧对退耕补贴到期带来的损失感。另外，小规模退耕农户往往生计资本不足、生计转型难度较大、对退耕补贴的依赖度高（张朝辉，2020），补贴到期可能会降低其收入和生活满意度，进而产生较强的主观贫困感知。

补贴到期后，中等规模及以上退耕农户为弥补较多的补贴收入损失，更倾向于选择外出非农就业（Lu and Yin，2020）。然而，在进行生计转型的过程中农户要面对转移就业成本增加以及外出务工的风险，而失去补贴后农户承担此类成本和风险的能力被削弱（Liu et al.，2018），这样收入较低且不稳定的非农就业就难以如意。相比之下，农户对补贴收入的损失感增大，可能降低其收入和生活满意度，进而加大主观贫困感知。

综上所述，退耕补贴到期都会在一定程度上提高不同规模退耕农户的主观贫困感知，但是其提高的程度高低与退耕农户土地依赖、农户多元生计具有复杂关系，加之受到个体特征、家庭资源禀赋等因素的影响，导致退耕补贴到期对不同类农户的主观贫困感知具有不确定性，有待进一步实证检验。据此提出研究假说：

H_3：退耕补贴到期对小规模和中等规模及以上退耕农户的主观贫困存在异质性影响。

7.2 研究设计

7.2.1 变量选择

7.2.1.1 因变量

本章的因变量为主观贫困。目前测度主观贫困的主流方法是基于心理学家 Cantril（1965）的"自我定级量表"，用所获得不同范畴满意度的自评信息进行量化处理，依此评估个体的主观贫困状态，因而能更全面反映个体对生活状况的真实感受（田雅娟等，2019）。首先，主观贫困能通过主观幸福感体现出来，即个体对贫困的感知在某种程度上视为"生活满意度"或"幸福"概念的对立面，且"幸福""福利"和"生活满意度"可以替换使用（Mahmood et al.，2019），因而个体对生活领域满意度的评价可以作为衡量主观贫困程度的重要指标（Shams，2014）。同时，主观贫困作为客观贫困的延伸和有效补充，能反映个体对收入水平变动的主观感知（Wang et al.，2020）。由于退耕补贴到期不仅能影响农户的收入，还能进一步影响农户的生活质量，因此本章将收入满意度和生活满意度作为主观贫困的考量指标。其次，为避免主观评价过程中容易出现诱导性、敏感性的问题，本研究设置与主观贫困测度相对应的满意度量表，并设定五个等级的有序变量表示主观贫困程度。最后，将农户满意度评分进行降维处理（Zhou and Yu，2017），以此综合评估主观贫困指数。

7.2.1.2　核心自变量

本章主要研究退耕补贴到期对原贫困地区农户主观贫困的影响，因此将退耕补贴是否到期作为核心自变量，用 1 表示退耕补贴到期，0 表示退耕补贴未到期。

7.2.1.3　控制变量

借鉴既往相关研究（闫姝雅，2016；刘波等，2017；程中培，2021），本章选取户主特征的户主性别、户主年龄、教育程度、健康状况，以及农户家庭特征的家庭规模、劳动力比例、家庭兼业类型、人均收入对数、收入来源（人均工资性收入对数、人均生产经营性收入对数、人均转移性收入对数、人均财产性收入对数）、人均土地面积、是否有成员接受技能培训、退耕面积、退耕树种作为控制变量。

7.2.2　分析方法

7.2.2.1　Ordered logistic 模型

由于本章因变量是用 5 个等级的有序变量表示农户主观贫困程度，这不仅符合以分类数据为主的离散选择条件，而且因变量各取值存在较强的排序关系，故采用最为常用的有序逻辑回归（Ordered logistic）模型来初步量化分析退耕补贴到期对退耕农户主观贫困的影响，模型设定如下：

$$\begin{cases} P(Y_i=1\mid X)=P(Y_i^*\leqslant C_1\mid X)=P(X\beta+\varepsilon\leqslant C_1\mid X)=\varPhi(C_1-X\beta) \\ P(Y_i=2\mid X)=P(C_1<Y_i^*\leqslant C_2\mid X)=\varPhi(C_2-X\beta)-\varPhi(C_1-X\beta) \\ \vdots \\ P(Y_i=5\mid X)=P(C_4<Y_i^*\mid X)=1-\varPhi(C_4-X\beta) \end{cases} \tag{7-1}$$

7-1 式中，$C_1<C_2\cdots<C_4$ 为退耕农户主观贫困的临界点，$\varPhi(\cdot)$ 表示累积分布函数，因变量 $Y_i=1,2,3,4,5$，其值越大代表主观贫困程度越深，Y^* 是与因变量对应的潜变量，参数 β 和 C_1-C_5 的值通常选用极大似然法估计。

为进一步分析退耕补贴到期对主观贫困的影响程度，在（7-1）式的基础上，本章引入边际效应求出自变量的微小变化对于主观贫困程度不同选项的概率影响，公式表示为：

$$\begin{cases} (\partial P_1/\partial x_k)=-\gamma_k\varphi(C_1-X\beta) \\ (\partial P_2/\partial x_k)=-\gamma_k[\varphi(C_2-X\beta)-\varphi(C_1-X\beta)] \\ \vdots \\ (\partial P_5/\partial x_k)=-\gamma_k\varphi(C_4-X\beta) \end{cases} \tag{7-2}$$

(7-2)式中，$\varphi(\cdot)$表示概率密度函数，$k(k=1,2,\cdots)$为自变量的个数。

7.2.2.2 倾向得分匹配法

为了消除初始条件不完全相同所带来的选择性误差，以准确评估退耕补贴到期影响农户主观贫困的净效应，本章采用倾向得分匹配法，对已有样本进行筛选，以较好地处理样本选择误差问题。首先，在条件期望独立假设的条件下，选取户主年龄、劳动力比例、退耕树种等作为特征变量，采用 Logit 模型计算出每个样本的倾向性得分。其次，本章依农户是否在 2018 年到期划分为补贴到期组（处理组）与补贴未到期组（对照组），通过倾向得分将两组得分相近的农户进行配对。最后，估计处理组与对照组的平均处理效应 ATT，以获得退耕补贴到期对农户主观贫困的影响效果：

$$\text{ATT}=E(Y_{1i}|D_i=1)-E(Y_{0i}|D_i=1) \tag{7-3}$$

式(7-3)中 ATT 表示退耕补贴到期农户主观贫困情况 $E(Y_{1i}\mid D_i=1)$ 与退耕补贴未到期农户主观贫困情况 $E(Y_{0i}\mid D_i=1)$ 之间的差异。

7.3 数据来源及结果分析

7.3.1 数据来源

本章数据来源于 2019 年 9～11 月在河北省和四川省原贫困地区展开的农户家庭问卷调查。选择这两个省作为研究区域主要基于以下考虑：第一，四川省与河北省的首轮退耕还林累计面积分别为 75.94 万 hm^2 和 68.65 万 hm^2，位居全国第 3 和第 4(Li et al.，2021)；第二，调研县市在调研期间均为贫困地区，脱贫后仍面临着较高的返贫风险。

课题组在进行预调研后，分别在河北省和四川省退耕面积较大且为国家级贫困县的地区中随机抽取 3～5 个县或区(河北省围场县、沽源县和涞源县，四川省广元市的朝天区、利州区、昭化区，巴中市的恩阳区和南江县)。每个县(区)随机选择 2～5 个乡镇，再从每个乡镇随机抽取 2～3 个行政村，最后从每个行政村随机抽取 15～20 户的退耕农户进行问卷调查，共获得 840 份问卷，剔除遗漏关键信息的问卷，有效问卷为 802 份，其中河北 471 份，四川 331 份，问卷有效率为 95.5%。各变量描述性统计见表 7-1。

表 7-1　变量含义与描述性统计

变　量	变量含义和赋值	全样本农户		补贴到期农户		补贴未到期农户	
		均　值	标准差	均　值	标准差	均　值	标准差
因变量							
主观贫困(Y)	非贫困 = 1；轻微贫困 = 2；一般贫困 = 3；比较贫困 = 4；非常贫困 = 5	2.668	0.995	2.783	1.007	2.421	0.924
核心自变量							
退耕补贴是否到期(Sub)	是 = 1；否 = 0	0.683	0.465	1.000	0.000	0.000	0.000
控制变量							
户主性别(Gen)	男 = 1；女 = 0	0.936	0.244	0.940	0.238	0.929	0.257
户主年龄(Age)	户主的年龄(周岁)	58.827	10.544	58.515	10.412	59.500	10.815
教育程度(Edu)	户主受教育年限(年)	6.231	3.463	6.230	3.502	6.232	3.385
健康状况(Hea)	户主自评身体健康状况：健康 = 1；其他 = 0	0.549	0.498	0.560	0.497	0.524	0.500
家庭规模(Fam)	家庭总人口数(个)	3.416	1.653	3.414	1.628	3.421	1.710
劳动力比例(Lab)	家庭劳动力人数/家庭总人数	0.732	0.292	0.737	0.287	0.720	0.301
家庭兼业类型(Conc)	纯农型(农业收入占比 ≥ 90%) = 1；农业兼业型(90% > 农业收入占比 ≥ 50%) = 2；非农兼业型(50% > 农业收入占比 ≥ 10%) = 3；非农型(10% > 农业收入占比) = 4	3.394	0.845	3.461	0.841	3.244	0.847
人均收入对数(lnInc)	家庭总收入/家庭总人数	8.922	1.307	8.947	1.205	8.869	1.506
人均工资性收入对数(lnGz)	家庭成员非农劳务、公益岗位等工资性收入/家庭总人数	5.637	4.664	5.817	4.581	5.247	4.825
人均生产经营性收入对数(lnSc)	农林牧渔业等经营收入/家庭总人数	4.748	3.324	4.455	3.231	5.023	3.449
人均转移性收入对数(lnZy)	养老金、五保金、社会救济、政策性生活补贴等转移性收入/家庭总人数	6.366	1.838	6.395	1.811	6.349	1.895

（续）

变　量	变量含义和赋值	全样本农户		补贴到期农户		补贴未到期农户	
		均　值	标准差	均　值	标准差	均　值	标准差
人均财产性收入对数（lnCc）	金融资产、集体分红、土地房屋租金等财产性收入／家庭总人数	0.608	1.795	0.625	1.774	0.572	1.843
人均土地面积（Lan）	（林地面积＋农地面积）／家庭总人数	5.046	5.113	5.224	5.181	4.662	4.951
是否有成员接受技能培训（Tra）	是＝1；否＝0	0.224	0.417	0.203	0.402	0.272	0.446
退耕面积（Ret）	农户参与退耕还林的林地面积（亩）	3.922	4.489	4.360	5.271	2.977	1.551
退耕树种（Tre）	生态林＝1；其他＝0	0.536	0.499	0.527	0.500	0.555	0.498

由表 7-1 可知，退耕农户的主观贫困均值为 2.668，说明退耕农户呈现出一定的主观贫困状态。具体来看，退耕补贴到期农户的主观贫困均值 2.783 高于未到期农户的主观贫困均值 2.421，初步表明退耕补贴到期前后农户的主观贫困存在差异，其因果关系则需要运用回归模型做进一步检验。

7.3.2　Ordered logistic 回归结果

表 7-2 为使用 Ordered logistic 模型估计的解释变量对退耕农户主观贫困的影响方向和影响概率。退耕补贴是否到期的系数通过了 1% 水平的显著性检验，且系数符号为正，这说明退耕补贴到期是影响农户主观贫困的重要因素，退耕补贴到期提高了农户的主观贫困感知。从边际效应的大小来看，随着退耕补贴到期，农户主观贫困为"非贫困、轻微贫困"的概率出现下降，分别减少 8.6% 和 8.2%，而"一般贫困、比较贫困、非常贫困"的概率出现上升，会分别增加 5.6%、8.2% 和 3.0%。上述结果也再次说明退耕补贴到期显著提高了退耕农户主观贫困的发生概率。因此，H_1 得到初步证实。

表 7-2 还显示，户主年龄（Age）、教育程度（Edu），健康状况（Hea）、家庭规模（Fam）、劳动力比例（Lab）、人均收入对数（lnInc）、人均工资性收入对数（lnGz）、人均转移性收入对数（lnZy）、退耕面积（Ret）等解释变量对主观贫困有显著的负向影响，表明随着这些变量取值的增加，退耕农户的主观贫困程度降低，这与梁土坤（2020）和 Wang 等（2020）的研究结论基本一致。

表 7-2　退耕农户主观贫困的影响因素回归结果

变　量	系　数	边际效应				
		$Y=1$	$Y=2$	$Y=3$	$Y=4$	$Y=5$
Sub	0.895***	−0.086***	−0.082***	0.056***	0.082***	0.030***
	(0.149)	(0.015)	(0.014)	(0.011)	(0.014)	(0.007)
Gen	0.199	−0.019	−0.018	0.012	0.018	0.007
	(0.285)	(0.027)	(0.026)	(0.018)	(0.026)	(0.009)
Age	−0.013*	0.001*	0.001*	−0.001*	−0.001*	−0.001*
	(0.008)	(0.001)	(0.001)	(0.001)	(0.001)	(0.001)
Edu	−0.074***	0.007***	0.007***	−0.005***	−0.007***	−0.002***
	(0.021)	(0.002)	(0.002)	(0.001)	(0.002)	(0.001)
Hea	−0.637***	0.061***	0.058***	−0.040***	−0.059***	−0.021***
	(0.149)	(0.015)	(0.014)	(0.010)	(0.014)	(0.006)
Fam	−0.223***	0.021***	0.020***	−0.014***	−0.020***	−0.007***
	(0.058)	(0.006)	(0.005)	(0.004)	(0.005)	(0.002)
Lab	−0.710***	0.068***	0.065***	−0.044***	−0.065***	−0.023**
	(0.252)	(0.024)	(0.023)	(0.017)	(0.023)	(0.009)
Conc	−0.047	0.005	0.004	−0.003	−0.004	−0.002
	(0.131)	(0.013)	(0.012)	(0.008)	(0.012)	(0.004)
lnInc	−0.327***	0.031***	0.030***	−0.020***	−0.030***	−0.011***
	(0.088)	(0.009)	(0.008)	(0.006)	(0.008)	(0.003)
lnGz	−0.063**	0.006**	0.006**	−0.004*	−0.006**	−0.002*
	(0.032)	(0.003)	(0.003)	(0.002)	(0.003)	(0.001)
lnSc	−0.032	0.003	0.003	−0.002	−0.003	−0.001
	(0.030)	(0.003)	(0.003)	(0.002)	(0.003)	(0.001)
lnZy	−0.032**	0.003**	0.003**	−0.002*	−0.003**	−0.001*
	(0.019)	(0.001)	(0.001)	(0.001)	(0.001)	(0.000)
lnCc	−0.008	0.001	0.001	−0.001	−0.001	−0.001
	(0.039)	(0.004)	(0.004)	(0.002)	(0.004)	(0.001)
Lan	0.018	−0.002	−0.002	0.001	0.002	0.001
	(0.017)	(0.002)	(0.002)	(0.001)	(0.002)	(0.001)
Tra	0.092	−0.009	−0.008	0.006	0.008	0.003
	(0.175)	(0.017)	(0.016)	(0.011)	(0.016)	(0.006)
Ret	−0.060***	0.006***	0.006***	−0.004***	−0.006***	−0.002***
	(0.020)	(0.002)	(0.002)	(0.001)	(0.002)	(0.001)
Tre	0.100	−0.010	−0.009	0.006	0.009	0.003
	(0.164)	(0.016)	(0.015)	(0.010)	(0.015)	(0.005)
LR χ^2	272.19	——	——	——	——	——

（续）

变　量	系　数	边际效应				
		$Y=1$	$Y=2$	$Y=3$	$Y=4$	$Y=5$
Prob $>\chi^2$	0.000	——	——	——	——	——
Pseudo R^2	0.122	——	——	——	——	——

注：＊＊＊，＊＊，＊分别表示1%、5%、10%的显著性水平；括号内为稳健标准误。下同。

7.3.3　PSM 估计结果

7.3.3.1　匹配平衡性检验

　　为进一步检验之前模型的估计结果，本章采用倾向匹配得分法（PSM）计算补贴到期对退耕农户主观贫困的影响效应。首先，依据选取的特征变量，利用 Logit 模型计算退耕农户的倾向分值，并且为了确保匹配结果的精确性，采用适合样本数据特征的最近邻匹配法进行一对一匹配，匹配后共筛选出符合要求的样本数量为761份，其中处理组（补贴到期组农户）为507份，对照组（补贴未到期组农户）为254份。其次，考察匹配后补贴到期组农户与补贴未到期组农户各个特征变量的标准化偏差，从表7-3中看出，其绝对值都在10%以内，且 t 统计量均不显著，表明不能拒绝原假设，即匹配后补贴到期组农户与未到期组农户之间无显著差异，符合倾向得分方法平衡性假设的条件。

表7-3　样本匹配前后特征变量的变化情况

变　量	匹配前后	均　值		标准偏差（%）	标准偏差减小幅度（%）	t 统计量
		处理组	对照组			
Gen	匹配前	0.940	0.930	4.300	-85.200	0.570
	匹配后	0.943	0.923	8.000		1.260
Age	匹配前	58.515	59.500	-9.300	84.800	-1.230
	匹配后	58.631	58.781	-1.400		-0.230
Hea	匹配前	0.560	0.524	7.300	94.600	0.970
	匹配后	0.548	0.546	0.400		0.060
Lab	匹配前	0.737	0.720	5.900	38.300	0.780
	匹配后	0.742	0.731	3.600		0.600
lnInc	匹配前	8.947	8.869	5.8	74.800	0.790
	匹配后	8.906	8.926	-1.5		-0.230

（续）

变　量	匹配前后	均　值		标准偏差	标准偏差减	t 统计量
		处理组	对照组	（%）	小幅度(%)	
Tra	匹配前	0.203	0.272	-16.300	54.300	-2.190
	匹配后	0.185	0.217	-7.400		-1.250
Ret	匹配前	4.361	2.977	35.600	88.600	4.100
	匹配后	3.271	3.429	-4.000		-1.540
Tre	匹配前	0.527	0.555	-5.600	21.800	-0.73
	匹配后	0.544	0.566	-4.300		-0.69

　　为更直观比较匹配前和匹配后两组样本倾向得分值的差异，本章还绘制了核密度函数图。从图 7-1 中可以看出，相比于匹配前，匹配后处理组（补贴到期组农户）与对照组（补贴未到期组农户）的倾向得分存在较大范围重叠，而且多数观测值处于共同取值范围，说明匹配效果良好。

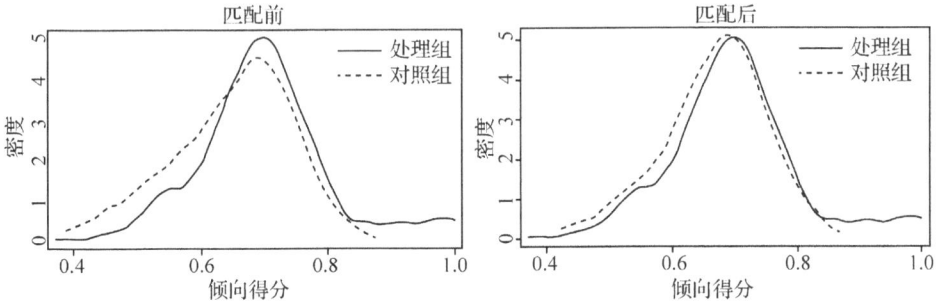

图 7-1　主观贫困核密度函数图

　　本章除了采用近邻匹配（1∶1）外，还使用匹配效果较好的半径匹配（半径=0.01）与核匹配，以此确保结果的稳健性。整体检验了 3 种匹配方法是否满足平衡性假定，从表 7-4 看出，3 种匹配方法的伪 R^2 值由匹配前的 0.046 显著下降到匹配后的 0.003～0.008；LR chi2 统计量由匹配前的 45.780 显著下降到匹配后的 3.530～11.160；特征变量偏差均值由匹配前的 11.200 减少到 3.500～4.400；匹配后的 B 值小于 25%，R 值均在 1 左右。综合说明倾向得分匹配法显著减少了补贴到期组和未到期组之间特征变量分布的差异，基本消除了样本选择导致的偏差。

表 7-4   倾向得分匹配的整体平衡性检验结果

匹配方法	伪 R^2	LR chi2	均值偏差(%)	B 值(%)	R 值
匹配前	0.046	45.780	11.200	42.900	6.950
近邻匹配(1∶1 匹配)	0.008	11.160	4.400	21.000	1.070
半径匹配(半径=0.01)	0.003	3.730	3.500	12.200	0.740
核匹配	0.003	3.530	3.800	11.800	0.840

7.3.3.2   退耕补贴到期对退耕农户主观贫困的影响效应分析

为了确保估计结果的精确性，基于 Bootsrap 法进行 500 次反复抽样得到自助标准误，用 3 种匹配方法估计出农户主观贫困的平均处理效应。从表 7-5 中可见，使用 3 种匹配方法得到效应结果均为正值，且通过 1% 的显著性检验，说明结果具有稳健性。通过采用近邻匹配法、半径匹配法及核匹配法测算出农户主观贫困 ATT 值分别为 0.387、0.388 和 0.375，验证了退耕补贴到期会加剧农户的主观贫困程度。可能原因是：一方面，退耕补贴是国家对农户土地利用转换的一种补偿，是贫困地区退耕农户长期稳定的收入来源，而补贴到期直接减少了退耕农户的收入，加之农户难以从退耕地获得收益，对农户的生产和生活造成一定影响。另一方面，农户受多年退耕补贴的依赖心理以及补贴到期后比较心理的影响，容易产生较大的心理落差和相对剥夺感，降低其收入和生活满意度，进而陷入主观贫困状态。由此，H₁ 得到证实。

表 7-5   退耕农户主观贫困的平均处理效应估计结果

匹配方法	ATT	标准误	Z 值
近邻匹配	0.387 ***	0.091 *	4.230
半径匹配	0.388 ***	0.075	5.220
核匹配	0.375 ***	0.069	5.430

7.3.4   异质性分析

为进一步验证退耕补贴到期对农户主观贫困的异质性影响，本章依据"收入水平、退耕地规模"禀赋特征变量，将样本农户分为经济困难退耕户和非经济困难退耕户，小规模退耕户和中等规模及以上退耕户(郎亮明等，2021)，依次进行近邻匹配、半径匹配与核匹配的检验，结果见表 7-6。

在收入水平方面，3 种匹配方法 ATT 值均在 1% 的统计水平上显著，经济困难退耕户、非经济困难退耕户的净效应影响范围分别为 0.410 ~ 0.461、

0.364~0.404。说明相比于非经济困难退耕户，补贴到期更容易加剧经济困难退耕户的主观贫困程度。如前所述，补贴到期后两类农户的相对收入水平发生变化，并且在资源禀赋、生计转型及创收能力等方面差异较明显，进一步拉大相对收入差距，导致处于相对劣势的经济困难退耕户产生较强的收入损失感和相对剥夺感，进而更容易降低其收入和生活满意度，最终表现出更强烈的主观贫困感知。综上，H_2 得到证实。

在退耕地规模方面，三种匹配方法 ATT 值均在 1% 的统计水平上显著，小规模退耕农户、中等及以上规模退耕农户的净效应影响范围分别为 0.376~0.485、0.288~0.345。说明与中等及以上规模退耕户相比，补贴到期更容易加剧小规模退耕户的主观贫困程度。主要原因可能是，与中等及以上规模退耕户相比，小规模退耕户更难以释放流动性约束而失去更多非农就业机会，加之对退耕补贴具有较强的依赖性，导致补贴到期后进一步强化其损失感和生计脆弱性，降低了收入和生活满意度，因此主观贫困程度较高。综上，H_3 得到证实。

表 7-6 异质性群体估计结果

分　类	匹配方法	ATT	标准误	Z 值
经济困难退耕户	近邻匹配	0.442***	0.155	2.850
	半径匹配	0.410***	0.131	3.140
	核匹配	0.461***	0.108	4.270
非经济困难退耕户	近邻匹配	0.403***	0.118	3.400
	半径匹配	0.404***	0.097	4.160
	核匹配	0.364***	0.093	3.920
小规模退耕户	近邻匹配	0.485***	0.114	4.260
	半径匹配	0.376***	0.085	4.400
	核匹配	0.392***	0.083	4.750
中等规模及以上退耕户	近邻匹配	0.345***	0.138	2.500
	半径匹配	0.344***	0.133	2.580
	核匹配	0.288***	0.118	2.430

7.4 结 论

本文通过 Ordered logistic 模型和倾向得分匹配法考察了首轮退耕补贴到期对原贫困地区农户主观贫困的影响。研究结果表明：退耕补贴到期显著提高了农户主观贫困的发生概率，对农户主观贫困影响的净效应显著为正；异质性分析发现，补贴到期对经济困难和小规模退耕农户主观贫困影响的净效应更大。

依据上述研究结论以及实地调研情况，可以得出以下政策启示：

第一，政府应多关注补贴到期后退耕农户的政策诉求，以及关注补贴到期对原贫困地区退耕农户可持续生计的影响。通过创造更多的非农就业机会，引导退耕农户优化农业产业结构，并结合当地情况发展退耕还林后续产业项目，使退耕农户尽快实现收入结构的均衡化与多样化，提升抵抗外部不确定性和风险冲击的能力，从而有效降低农户的主观贫困程度，使退耕还林的扶贫效果在客观收入和农户主观感知层面上都得到体现，助力农户实现可持续的脱贫目标。

第二，在后扶贫时代，应依据原贫困地区经济现状建立防止返贫风险的跟踪监控体系，充分考虑退耕农户的差异性，各类帮扶政策应优先向经济困难的退耕农户家庭倾斜，并且根据不同退耕规模农户提供针对性的产业帮扶。同时，相关部门可以通过"线上培训+实地指导"的方式，向存在返贫和致贫风险的退耕农户提供职业技能培训，构建有效反馈机制，出台精准识别政策，切实提升农户的获得感、幸福感，降低其主观贫困感知。

第三，为了更好地巩固退耕成果和保障农户利益，建议及时出台和完善退耕还林后续政策，补贴到期后给予农户一定的退耕地处置权，并根据退耕还林地所处区位的生态重要性，将其纳入相应的生态补偿项目，实行差别化的补偿政策，一定程度上降低退耕农户由于比较心理带来的负面影响，从而降低其主观贫困程度。

第8章

退耕补贴到期对农户多维
相对贫困的影响研究

消除贫困、逐步实现共同富裕不仅是中国发展的首要使命，也是联合国可持续发展议程中的核心内容。2020年年底，中国9899万农村贫困人口全部脱贫①，实现了消除农村地区绝对贫困的目标，为全球减贫事业做出了重要贡献。然而，贫困具有长期性和阶段性特征（Guo et al.，2018），收入标准下绝对贫困的消除并不代表扶贫工作的结束，在"后扶贫时代"中国治理的重心由消除绝对贫困向缓解相对贫困转变②。2020年中央一号文件明确提出③，要研究建立解决相对贫困的长效机制，推动工作体系与减贫战略的平稳转型。已有研究表明，在收入层面上脱贫的农户中仅有11.34%同时实现了多维层面上的脱贫（张全红，2021）。可见，农村贫困是一种兼具复杂性和多样性的现实问题，与以经济状况为基础识别的绝对贫困相比，相对贫困的设定更宽泛，涉及相对收入、教育、健康、生活水平等多维度的贫困识别，呈现出明显的多维特征（董晓林等，2021；高远东等，2022）。因此，在新的发展阶段政府及学界持续关注并研究多维相对贫困问题，既是推进乡村振兴战略实施的现实需要，也是实现共同富裕的关键环节（王小林和冯贺霞，2020）。

退耕还林工程作为世界范围内政策性最强、投资最大、涉及农户最多的生态恢复项目，肩负生态环境保护和农村减贫的双重责任（Duan et al.，2015）。为弥补农户退耕机会成本、促进农户稳定增收，国家持续多年向退耕农户发放补贴。其中，首轮退耕还林补贴累计占退耕农户人均纯收入的14.36%（吴乐等，2018），且贫困户获得的人均补贴收入平均比非贫困户多

---

① 新华网站 http://www.xinhuanet.com/ politics/leaders/2021-02/25/c1127140240.htm。
② 农业农村部 http://www.moa.gov.cn/nybgb/2020/202002/202004/t20200414_ 6341529.htm。
③ 中共中央、国务院 http://www.gov.cn/zhengce/2020-02/05/content_ 5474884.htm。

22.36%（李实等，2016），在减缓农户贫困方面起到了一定的积极作用。另外，退耕补贴对农户的收入、非农就业及主观感知等方面均产生了不同程度影响（李卫忠等，2007；李国平和石涵予，2017；Lu and Yin，2020），这也从侧面反映出退耕补贴的多维减贫作用，有利于全面提升农户的福祉（谢晨等，2021）。然而，长达16年的首轮退耕还生态林补贴已于2021年全面到期①，农户在失去了一项长期稳定收入来源的情况下，还会面临退耕地产出、种养业经营及生计转型等多重挑战与风险（徐彩瑶等，2022），可能对农户生产生活造成一定冲击（Yang and Xu，2014）。那么，这是否对农户多维相对贫困产生影响？如果是，将具体对哪些维度产生影响？其影响程度以及异质性如何？探讨上述问题，无论是对退耕还林成果的巩固，还是对脱贫攻坚与乡村振兴的有效衔接都具有重要意义。

8.1　研究设计

8.1.1　数据来源

本章数据来自课题组于2021年7~8月在甘肃、宁夏及湖南3省（自治区）进行的实地调研，选择这3省（区）主要原因如下：第一，上述3省（自治区）作为首轮退耕还林工程试点和实施的重点省份，其累计退耕还林面积分别为2845万亩、1305万亩和2160万亩，具有一定的代表性②。第二，湖南位于首轮退耕还林补贴标准中的长江流域，而甘肃和宁夏则位于黄河流域，有助于考察区位条件和补贴差异所带来的不同影响。第三，调研县（区）均曾为国家级或省级扶贫开发重点县，多属于生态环境脆弱和致贫因素复杂地区，一些脱贫农户生计可持续性长期处于脆弱和不稳定状态，仍面临着较高的返贫风险。

课题组通过采用多阶段典型抽样的方法获取调研样本。首先，重点选择原国家级贫困县，并且综合考虑各县退耕还林实施日期和参与情况，在3省（区）分别选取2000—2006年③参与首轮退耕还林的3~5个县（市、

---

① 《中国退耕还林还草二十年（1999—2019）》http：//www. forestry. gov. cn/main/216/20201001/114936702969433. htm。

② 国家林业和草原局政府网站http：//www. forestry. gov. cn/main/134/index. html。

③ 2006年是首轮退耕还林原补助标准实施的最后一年，也是农户退耕面积几乎没有继续发生变化的年份，因此本章选择2006年及之前参与首轮退耕的农户，能够较好地反映首轮退耕还林补贴到期的政策效果。

区)①。其次，在每个县(市、区)依次选择 2~3 个乡镇，再从所选乡镇中随机抽取 1~3 个行政村。最后，从每个行政村随机抽取 20~30 户农户，对其开展入户调查，共获得调查问卷 1040 份。剔除遗漏关键信息或填写有误的问卷后，共获得有效问卷 896 份，问卷有效率为 86.15%。

8.1.2　变量说明

(1)被解释变量。本章参考汪三贵和孙俊娜(2021)以及王小林和冯贺霞(2020)提出的 2020 年后中国多维相对贫困的测评指标，立足于调研地区农户实际状况和数据可得性，综合选取了相对收入、教育水平、充分就业、健康养老、生活水平和主观感知 6 个维度 11 项指标形成多维相对贫困指标体系，并沿用联合国及国内研究通用的等权重法对各个指标进行赋权，见表 8-1。

表 8-1　多维相对贫困指标体系

维　度	指　标	权重	指标含义与剥夺临界值界定
相对收入	相对收入水平	1/6	将同一村庄样本农户家庭人均收入中位数的 40% 作为该村庄的相对贫困线，如果低于相对贫困线赋值为 1，其余赋值为 0
教育水平	家庭劳动力平均受教育年限	1/6	劳动年龄人口人均受教育年限为 6 年及以下赋值为 1，其余赋值为 0
充分就业	劳动人口完全就业	1/6	家中至少有 1 个劳动力待业或赋闲在家赋值为 1，其余赋值为 0。
健康养老	医疗保险	1/12	家中至少有 1 人没有参加任何医疗保险赋值为 1，其余赋值为 0
	养老保险	1/12	符合参保条件的家庭成员中至少有 1 人没有参加养老保险赋值为 1，其余赋值为 0
生活水平	饮用水	1/30	不能使用自来水等安全饮用水赋值为 1，其余赋值为 0
	做饭燃料	1/30	家庭常用柴草、煤炭等非清洁能源的赋值为 1，其余赋值为 0
	住房结构	1/30	房屋结构为土木结构赋值为 1，其余赋值为 0
	固定资产	1/30	家中没有家用汽车且下列资产的拥有量少于 3 项：摩托车(助力车)、洗衣机、电冰箱(柜)、彩色电视机、空调、热水器、计算机赋值为 1，其余赋值为 0
	信息获取	1/30	家中未接入任何有线电视网或互联网赋值为 1，其余赋值为 0
主观感知	生活满意度	1/6	对现有生活状态不满意赋值为 1，其余赋值为 0

---

①　考虑到 1999 年仅能观察到甘肃省的数据，为保证数据完整性，本章以 2000 年为起点进行选择。样本县(区)分别为甘肃省的静宁县、庄浪县和天水市麦积区；宁夏的彭阳县、西吉县和固原市原州区；湖南省的中方县、芷江县、沅陵县、古丈县和花垣县。

在多维相对贫困的测算方法中，由 Alkire and Foster(2011)提出的 A-F 双界限方法应用最为广泛，因此本章采用 A-F 方法对退耕农户多维相对贫困进行测度。计算公式如下：

$$M = H \times A = \frac{q}{n} \times \frac{1}{q} \sum_{i=1}^{n} c_i(k) \qquad (8\text{-}1)$$

其中，M 表示多维相对贫困指数，即样本农户多维相对贫困整体情况；H 为多维相对贫困发生率，A 为多维平均剥夺程度；$C_i(k)$ 表示多维相对贫困临界值为 k 时[①]，农户 i 的被剥夺的指标数量，n、q 分别表示家庭总户数和处于多维相对贫困的户数。

(2)核心解释变量。本章将农户退耕还林补贴是否到期作为核心解释变量，用 1 表示补贴到期，0 表示补贴未到期。

(3)协变量。由于断点回归设计是一种特殊的因果识别，模型中是否包含协变量对结果没有实质性的影响，但加入协变量可以有效降低估计值的抽样变异性和扰动项方差，提升对被解释变量的解释力(秦雪征等，2018)。本章遵循外生性原则，借鉴相关研究成果(史恒通等，2019；王恒等，2020)，选取反映户主、家庭和地区特征的性别、年龄、家庭规模、抚养负担比以及农户所在地区作为协变量。

8.1.3 描述性统计

本章变量描述性统计结果见表 8-2，补贴到期的样本量为 395 个，占比 44.08%；补贴未到期的样本量为 501 个，占比 55.92%。多维相对贫困指数为 0.324，补贴到期户比未到期户的多维相对贫困指数平均高 0.031，均值 T 检验在 5%的水平上统计显著[②]。这初步表明，退耕还林补贴到期可能会对农户多维相对贫困产生正向影响。就所选取的指标而言，本次调研结果基本与以往研究和官方统计数据一致[③]，这在一定程度上说明调研样本具有代表性。

---

① 参照国内外相关文献[2,27]，本章将 k = 30%设定为多维相对贫困状态的临界值，即被剥夺得分大于或等于30%的农户认定为多维相对贫困。

② 限于篇幅，检验结果从略。

③ 国家林业和草原局经济发展研究中心，国家林业和草原局规划财务司：《2017 国家林业重点工程社会经济效益监测报告》，第 1 版，北京，中国林业出版社，2018。http://www.stats.gov.cn/tjsj/tjgb/nypcgb/。

表 8-2 变量描述性统计

变量 类别	变量 名称	含 义	取 值	全样本 (N=896)		补贴到期样本 (N=395)		补贴未到期样本 (N=501)	
				均 值	标准差	均 值	标准差	均 值	标准差
被解释 变量	多维相对 贫困指数	由式(1) 计算	具体数值	0.324	0.213	0.342	0.215	0.311	0.210
解释 变量	退耕还林 补贴到期 情况	退耕还林补 贴是否到期	是=1， 否=0	0.441	0.497	1.000	—	0.000	—
协变量	性 别	户主性别	男 = 1， 女=0	0.929	0.258	0.940	0.239	0.920	0.271
	年 龄	户主年龄	具体数值	54.412	11.360	53.901	11.722	54.814	11.062
	家庭 规模	家庭人口数 (人)	具体数值	4.434	1.642	4.210	1.499	4.611	1.727
	抚养负 担比	家庭成员非 劳动力人数 占家庭总人 数的比值	具体数值	0.335	0.251	0.337	0.258	0.333	0.245
	省 份	农户所在 地区	宁夏=1， 甘肃=2， 湖南=3	2.281	0.806	2.263	0.835	2.295	0.783

8.1.4 模型设计

8.1.4.1 断点回归模型

考虑到退耕还林补贴到期的特点及方法适用性，本章采用断点回归设计对退耕还林补贴到期与多维相对贫困变动的因果关系进行实证检验。这一方法的基本思想是在外生政策冲击下形成一个断点，在断点左右两侧样本接受政策处理概率有所不同，通过测算断点左右两侧的样本差异得出因果效应。由于参与首轮退耕还林的农户是根据补贴年限计算退耕还林补贴到期时间，即样本农户是否受到政策处置完全取决于驱动变量的取值情况，因此本章使用精确断点回归(SRD)的方法。

本章的抽样方式能够获得 2015—2021 年期间退耕农户补贴到期状况的相关数据，为了在时间维度上相对完整的观察断点左右两侧样本农户多维相对贫困的状态变化，本章设置 2018 年 12 月补贴到期为断点。根据 Imbens 和 Le-mieux(2008)对精确断点回归的设计思路，本文分别计算断点右侧(2018 年 12 月之前)和左侧(2018 年 12 月之后)样本农户的多维相对贫困指数，并以两者的差值得到局部平均处理效应。

$$\delta = E[Y(1)-Y(0)\,|\,x=0] = \frac{\lim\limits_{x\downarrow 0}E[Y\mid x] - \lim\limits_{x\uparrow 0}E[Y\mid x]}{\lim\limits_{x\downarrow 0}E[D\mid x] - \lim\limits_{x\uparrow 0}E[D\mid x]} \quad (8\text{-}2)$$

式中，被解释变量 Y 为农户多维相对贫困指数。处理变量 D 表示农户退耕还林补贴到期情况。x 为驱动变量，表示农户退耕还林补贴到期距离断点的时间，$x=0$ 代表驱动变量 x 的断点。δ 表示退耕还林补贴到期对农户多维相对贫困的局部平均处理效应，其分子和分母分别表示多维相对贫困和退耕还林补贴是否到期在断点处发生的"跳跃"。由于精确断点回归的特性，样本受到政策处理的概率只能为 0 或 1。

8.1.4.2 双重差分模型

已有研究表明，双重差分模型可用于综合验证断点回归结果的稳健性（张川川等，2015）。因此，本章设置同样的处理变量 D 将样本分为两组，分别考察这两组样本在退耕还林补贴到期前（$T=0$）和退耕还林补贴到期后（$T=1$）农户多维相对贫困的变化趋势，通过进一步测算其差距获得平均处理效应。回归方程如下：

$$Y = \beta_0 + \beta_1 D + \beta_2 T + \alpha DT + \beta_3 X + \mu \quad (8\text{-}3)$$

式中，交互项 DT 的系数 α 为双重差分估计量，X 为协变量，μ 表示随机误差项。

8.2 实证结果分析

8.2.1 退耕农户的多维相对贫困发生率

为了更全面地从整体和分样本层面考察退耕农户多维相对贫困的状态，通过 A-F 方法对退耕农户各维度及多维相对贫困发生率进行测算。结果如表8-3 显示，从总体来看，全部样本农户的多维相对贫困发生率达到 48.5%，其中退耕还林补贴到期农户比未到期农户的多维相对贫困发生率高出 6%。从各个维度来看，补贴到期农户的相对贫困发生率均高于未到期农户。以上结果说明补贴到期可能会对退耕农户的多维相对贫困产生影响，为后续利用断点回归设计进行实证检验提供特征性事实。

表 8-3　各维度及多维相对贫困发生率的测算结果

维　度	全样本	补贴到期样本	补贴未到期样本
多维相对贫困发生率	0.485	0.519	0.459
相对收入贫困发生率	0.590	0.605	0.579
教育水平贫困发生率	0.280	0.289	0.273
充分就业贫困发生率	0.188	0.248	0.140
健康养老贫困发生率	0.224	0.229	0.221
生活水平贫困发生率	0.452	0.474	0.434
主观感知贫困发生率	0.212	0.218	0.205
样本量	896	395	501

注：本表是在 $k=30\%$ 临界值下测度。

8.2.2　退耕补贴到期对农户多维相对贫困的影响效应

8.2.2.1　初步图形观察结果

在实施精确断点回归前，本章以 1 个月为箱体（bin），利用可视化分布图直观地展示驱动变量分别与退耕还林补贴到期概率、多维相对贫困指数的关系①。图 8-1 和图 8-2 显示，在断点"2018 年 12 月"右侧，结果变量均发生明显的向上跳跃，初步表明退耕还林补贴到期对农户多维相对贫困的影响情况，下文将进一步对该跳跃是否在数值上显著进行检验。

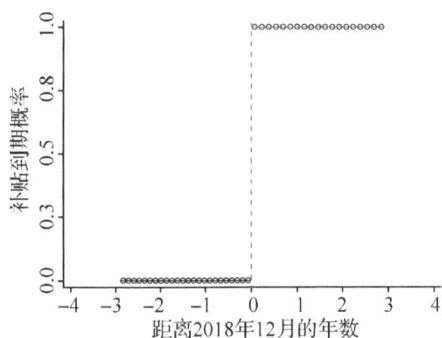

图 8-1　退耕还林补贴到期概率
在断点前后的变化

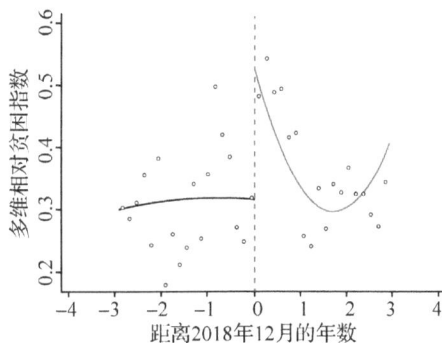

图 8-2　多维相对贫困指数
在断点前后的变化

---

①　限于篇幅，本章没有展示驱动变量与各个维度相对贫困指数关系的可视化图形。如有需要，可向作者索取。

8.2.2.2 精确断点回归的估计结果

本章的精确断点回归采用非参数方法作为基准回归，其优点在于不依赖具体的函数形式，并可以选择最优带宽。表 8-4 第（1）列汇报了未加入协变量、最优带宽及三角核函数的估计结果。同时表 8-4 第（2）、（3）列显示通过设定不同带宽检验估计结果是否基本一致，表 8-4 第（4）~（6）列进一步使用矩形核函数检验估计结果的稳健性。

表 8-4　基于 SRD 的估计结果

估计量及设定	三角核			矩形核		
	最优带宽	带宽 0.5 年	带宽 2 年	最优带宽	带宽 0.5 年	带宽 2 年
未加入协变量	（1）	（2）	（3）	（4）	（5）	（6）
多维相对贫困指数	0.221***	0.199***	0.140***	0.239***	0.207***	0.117***
	(0.054)	(0.069)	(0.040)	(0.054)	(0.070)	(0.040)
相对收入	0.252***	0.302**	0.193**	0.253***	0.327***	0.164**
	(0.092)	(0.118)	(0.078)	(0.096)	(0.124)	(0.077)
教育水平	0.168	0.138	0.087	0.158	0.158	0.035
	(0.102)	(0.136)	(0.080)	(0.102)	(0.135)	(0.076)
充分就业	0.198**	0.181	0.045	0.219**	0.228*	0.027
	(0.093)	(0.116)	(0.075)	(0.097)	(0.119)	(0.080)
健康养老	0.045	0.103	0.055	0.061	0.105	0.059
	(0.057)	(0.085)	(0.049)	(0.050)	(0.081)	(0.048)
生活水平	0.228***	0.220***	0.202***	0.238***	0.232***	0.198***
	(0.046)	(0.057)	(0.036)	(0.048)	(0.059)	(0.038)
主观感知	0.285***	0.312**	0.203***	0.266***	0.354***	0.169**
	(0.096)	(0.129)	(0.075)	(0.095)	(0.127)	(0.070)
加入协变量	（7）	（8）	（9）	（10）	（11）	（12）
多维相对贫困指数	0.179***	0.152**	0.115***	0.192***	0.140*	0.099**
	(0.059)	(0.080)	(0.039)	(0.059)	(0.081)	(0.039)
相对收入	0.221**	0.253*	0.160**	0.243**	0.264*	0.138*
	(0.093)	(0.130)	(0.075)	(0.099)	(0.132)	(0.074)
教育水平	0.076	0.042	0.037	0.066	0.061	0.023
	(0.110)	(0.145)	(0.080)	(0.110)	(0.143)	(0.075)

（续）

估计量	三角核			矩形核		
及设定	最优带宽	带宽 0.5 年	带宽 2 年	最优带宽	带宽 0.5 年	带宽 2 年
充分就业	0.169*	0.249**	0.021	0.183*	0.296**	0.008
	(0.095)	(0.110)	(0.073)	(0.100)	(0.123)	(0.083)
健康养老	0.045	0.054	0.068	0.019	0.069	0.071
	(0.061)	(0.097)	(0.049)	(0.066)	(0.097)	(0.047)
生活水平	0.226***	0.215***	0.203***	0.241***	0.227***	0.202***
	(0.049)	(0.061)	(0.036)	(0.051)	(0.064)	(0.038)
主观感知	0.232**	0.238*	0.172**	0.243**	0.269*	0.165**
	(0.106)	(0.142)	(0.075)	(0.102)	(0.143)	(0.070)

注：*、**和***分别表示系数在10%、5%和1%的水平上显著；括号内的数值为标准误，下表同。

　　在选择不同核函数估计的情况下，退耕还林补贴到期对农户相对收入、充分就业、生活水平及主观感知维度的最优带宽估计结果均显著为正，且对多维相对贫困指数的估计结果在1%的水平上也显著为正，说明退耕还林补贴到期在一定程度上加剧了农户多维相对贫困程度。其可能的原因是，其一，补贴到期直接降低退耕农户的收入水平及减少一项长期稳定的收入来源。相对于未补贴到期的农户，补贴到期农户在家庭资源重新配置过程中会新增人力、物力、财力的投入，同时市场风险和外部环境不确定性使其难以获得稳定的收益，因而补贴到期后极易导致农户降低相对收入水平。其二，由于务农存在间歇性、季节性及非稳定性特点，大多数农户的农业经营收入缺乏有效保障（党夏宁，2010）。补贴到期后可能在一定程度上影响农户的农业生产投入，并且相对于非农就业务农增收缓慢，这往往会造成农户降低其农业生产积极性。农户在进行非农就业的过程中还可能会面对转移就业成本增加以及因劳动市场信息不对称带来的待业风险，不利于实现农户家庭劳动力的充分就业，同时可能加大农户的经济压力，生活水平也随之受到一定的影响。其三，补贴到期农户无论是与补贴到期前的生活水平进行纵向对比，或是与同村未退耕农户进行横向比较，都容易产生较大的心理落差和相对剥夺感，进而提高其主观贫困感知。

　　此外，如表8-4显示，在不同函数估计和带宽的情况下，退耕还林补贴到期对农户教育水平和健康养老的估计结果均不显著。这可能是由于近年来国家大力推进公共服务均等化，逐步将农村教育、医疗和养老等纳入公共财政覆盖范围，并且保障水平不断提高；对于特殊群体，国家还建立了农村最低保障等"托底"制度所致。

为降低扰动项方差，提升对被解释变量的解释力，得到更准确的估计结果，本章参照已有文献的做法（秦雪征等，2018），在稳健性检验中汇报加入协变量的估计结果，见表8-4第（7）~（12）列。由表8-4可知，加入协变量与未加入协变量的估计结果基本一致，说明断点回归结果具有较好的稳健性。

8.2.2.3 有效性检验

SRD估计结果的有效性还取决于两个假设条件，一是驱动变量无法受到个体操控；二是协变量在断点两侧具有连续性。对于第一个假设检验，本章采用McCrary（2008）检验方法，结果如图8-3所示，在2018年12月断点前后的核密度函数估计值的置信区间几乎重合，且断点前后的密度差异为0.016，说明样本个体的分布是连续平滑，不存在对驱动变量的操控，故符合第一个假设条件。对于第二个假设检验，本章利用局部线性回归的思想，用协变量替代被解释变量，结果显示[1]，不论带宽是否进行调整，协变量在断点前后均没有发生显著的变化，故证实其假设。

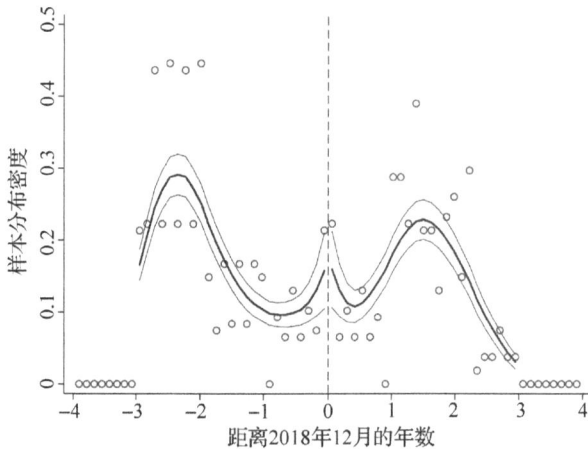

图8-3 样本密度分布在断点前后的变化

注：基于McCrary建议的DCdensity程序绘制本图。

---

[1] 限于篇幅，结果未呈现。如有需要，可向作者索取。

8.2.3　双重差分的估计结果

根据表 8-5 的回归结果可见，如果将局部影响扩大到全样本，退耕还林补贴到期对多维相对贫困及各维度相对贫困指标的平均处理效应比局部平均处理效应更低，但影响方向和显著性没有改变，再次证实了 SRD 估计结果的稳健性。

表 8-5　基于 DID 的估计结果

变　量	未加入协变量	加入协变量
多维相对贫困指数	0.066***(0.021)	0.075***(0.020)
相对收入	0.121**(0.048)	0.137***(0.046)
教育水平	0.022(0.046)	0.039(0.045)
充分就业	0.079*(0.043)	0.073*(0.042)
健康养老	0.015(0.032)	0.028(0.030)
生活水平	0.072***(0.023)	0.068***(0.023)
主观感知	0.088**(0.044)	0.098**(0.044)

8.3　异质性分析

由于农户在个体特征、资源禀赋及收入水平等方面存在差异，退耕还林补贴到期对不同农户群体多维相对贫困的影响可能会有所不同，本章将进一步从年龄和不同收入层面探讨退耕补贴到期对不同农户群体的多维相对贫困影响效应。

年龄对农户生产生活决策和行为的影响较大，补贴到期后不同年龄阶段农户承担风险能力和应对方式不同，可能使得补贴到期对其多维相对贫困程度影响不尽相同。本章参照杨进和陈志钢(2016)的研究，将 60 岁以上的农户划分为老年农户组，60 岁及以下农户划分为中青年农户组，选择最优带宽的非参数估计结果见表 8-6。可见，无论是否加入协变量，退耕补贴到期对老年农户和中青年农户充分就业、生活水平、主观感知及多维相对贫困均产生了显著的正向影响，而在相对收入维度仅对老年农户产生显著正向影响。从系数值来看，老年农户的相对收入、充分就业、主观感知、生活水平以及多维相对贫困的系数估计值显著大于中青年农户，这意味着退耕还林补贴到期后老年农户多维相对贫困问题会更加突出。可能的原因是，相对于老年农户，中青年农户在劳动投入效率、生计转型能力及应对风险能力等方面更具有比较优势，因而相对会有较多的方式和渠道来缓解退耕补贴到期带来的影响。

表 8-6　年龄异质性估计结果

变　量	老年农户(60 岁以上)		中青年农户(60 岁及以下)	
	(1)	(2)	(3)	(4)
多维相对贫困指数	0.314***(0.101)	0.244**(0.116)	0.150***(0.054)	0.112*(0.061)
相对收入	0.433***(0.150)	0.354**(0.147)	0.153(0.110)	0.134(0.112)
教育水平	0.080(0.155)	0.067(0.161)	0.099(0.097)	0.064(0.097)
充分就业	0.234*(0.134)	0.372**(0.177)	0.212**(0.095)	0.177*(0.106)
健康养老	0.206(0.137)	0.114(0.087)	0.073(0.093)	0.042(0.111)
生活水平	0.240***(0.069)	0.228***(0.063)	0.163***(0.040)	0.162***(0.041)
主观感知	0.373***(0.131)	0.279**(0.136)	0.320**(0.135)	0.171*(0.103)
协变量	未加入	加　入	未加入	加　入
样本量	269		627	

　　为了探讨退耕还林补贴到期对不同收入层次农户多维相对贫困的影响程度，本章以总收入的中位数为标准，进一步将样本农户分为低收入组和中高收入组，估计结果见表 8-7。结果表明，无论协变量加入与否，补贴到期对低收入农户和中高收入农户的主观感知均产生显著正向影响，而在相对收入、充分就业、生活水平及多维相对贫困的影响效应上仅对低收入农户显著为正。可能原因在于，相对于中高收入农户，低收入农户自身要素禀赋、信息和社会资源处于劣势，难以掌握与劳动力市场需求相匹配的劳动技能，使得补贴到期对其充分就业和生活水平造成的不利冲击更大，会进一步扩大与其他农户的相对收入差距，最终加剧低收入农户的多维相对贫困程度。

表 8-7　收入异质性估计结果

变　量	低收入农户(在收入中位数以下)		中高收入农户(在收入中位数以上)	
	(1)	(2)	(3)	(4)
多维相对贫困指数	0.145***(0.045)	0.117***(0.044)	0.014(0.046)	0.020(0.045)

续表

变 量	低收入农户 （在收入中位数以下）		中高收入农户 （在收入中位数以上）	
	（1）	（2）	（3）	（4）
相对收入	0.216***（0.081）	0.223***（0.079）	−0.069（0.083）	−0.032（0.084）
教育水平	0.022（0.102）	0.008（0.130）	0.093（0.097）	0.102（0.118）
充分就业	0.194*（0.115）	0.248**（0.124）	0.210（0.206）	0.070（0.217）
健康养老	0.097（0.065）	0.075（0.064）	−0.078（0.051）	−0.010（0.055）
生活水平	0.244***（0.035）	0.231***（0.036）	0.024（0.069）	0.054（0.065）
主观感知	0.308**（0.138）	0.282**（0.143）	0.248**（0.114）	0.210*（0.113）
协变量	未加入	加　入	未加入	加　入
样本量	448		448	

8.4 结论与启示

本章基于首轮退耕还林补贴到期的现行政策背景，利用甘肃、宁夏和湖南三地的896份农户实地调查数据，构建多维相对贫困指标体系，并通过采用A-F双界限方法测度退耕农户各维度及多维相对贫困发生率。在此基础上，运用精确断点回归方法估计退耕还林补贴到期对农户多维相对贫困的影响效应，并进一步考察补贴到期对不同农户群体多维相对贫困的影响效应。研究结果表明：第一，补贴到期农户各维度及其多维相对贫困发生率均高于未到期农户；第二，补贴到期对相对收入、充分就业、生活水平、主观感知维度及多维相对贫困的局部平均处理效应均显著为正。第三，异质性分析发现，补贴到期对老年和低收入农户多维相对贫困的正向影响效应相对更强。

根据研究结论，提出以下政策启示：

（1）制定有效降低相对贫困指数的保障措施。建议以发展当地退耕还林后续产业和特色农林业为依托，通过多元化参与模式建立产业与退耕农户的利益联结机制，并搭建外出务工、非农经营和生态公益岗位的对接平台，引导补贴到期农户从事非农就业；通过制定各种惠农政策，为农户农业生产环节提供配套保障措施，降低其农业经营成本，进一步提高农户生活水平和满意度。与此同时，向退耕农户提供职业技能培训和新型农林业生产经营技术支持，助力退耕区劳动力转移、农林业增产和农林产品提质，有效减轻其多维相对贫困程度。

（2）建立防止返贫的动态监测和帮扶机制。充分考虑退耕农户的差异性，各类帮扶政策应适度向更易陷入多维相对贫困的老年群体和低收入家庭倾斜，并且将存在返贫风险的退耕农户纳为生态公益岗位的优先对象。另外，通过政府专岗平台、其他公益性岗位和托底安置等方式让生计转型能力和资源禀赋处于相对弱势的退耕农户实现稳定就业，逐步提高其生活质量，降低多维相对贫困程度。

（3）完善退耕还林后续政策。一方面，建议政府应在补贴到期后，对位于各级各类生态功能区或生态脆弱区的退耕地，继续通过相应生态补偿项目给予退耕农户生态补偿，并对其余退耕地赋予农户一定的退耕地处置权。另一方面，结合退耕还林所处区位的生态保护重要性，探索退耕还林生态产品价值实现机制和市场化补偿机制，进而有效保障农户利益、巩固退耕还林成果并减少相对贫困，实现保护生态和改善民生的双赢。

第9章

退耕补贴到期对农户福利的影响研究

　　退耕补贴作为退耕还林工程的重要政策之一，在前期弥补了退耕农户由于退耕还林而产生的机会成本。据中国国际经济交流中心课题组等(2014)统计，退耕补贴约占退耕农户人均纯收入的10%。退耕补贴在一定程度上有利于退耕农户家庭实现增收(李卫忠等，2007)。同时，退耕补贴在帮助农户维持基本生活(杨均华，2020)、增加农户收入来源、改善农户生活水平(王立安等，2013)等多个方面都具有不可或缺的作用，从多个层面推动了退耕农户福利水平的提升(丁屹红和姚顺波，2017)。

　　2018年中央一号文件指出，要坚持农民的主体地位，不断提升农民的获得感、幸福感、安全感。退耕农户作为退耕还林的关键主体和直接受益者，其福利水平可以实现有效提升既是我国坚持以人为本的重要体现，也是实现乡村振兴战略的客观需求。目前，长达16年的首轮退耕还生态林补贴已于2021年年底全面到期。在退耕补贴到期后，退耕农户作为"理性经济人"，可能会积极调整生计策略以谋求利益最大化，进而影响其客观福利；同时，补贴停止致使退耕农户家庭收入减少，也会对农户心理产生一定的负面冲击，进而影响其主观福利。因此，有必要从农户福利视角评估补贴到期的影响。

　　基于以上研究背景，本章节利用实地调研数据拟回答以下问题：第一，补贴到期后，退耕农户的总福利水平是否会发生变化？第二，如果退耕农户的总福利水平受到影响，其主观福利与客观福利以及具体的各表征指标又会发生怎样的变化？第三，补贴到期是否会因退耕农户禀赋差异，从而对退耕农户福利水平产生异质性影响？本文的研究结果可为退耕还林后续政策制定有效巩固退耕还林成果、实现生态效益和社会经济的可持续发展以及稳固退耕农户的福利水平促进乡村战略的实施提供重要的经验依据，具有重要的理论和现实意义。

9.1　理论分析

退耕补贴不仅弥补了退耕农户退耕还林的机会成本，而且是退耕农户一个稳定的收入来源，在促进和改善退耕农户福利方面发挥着重要作用。退耕补贴到期后，退耕农户的家庭收入发生变化，作为经济理性农户，为实现有限资源配置下的利益最大化，会采取多种生计调整策略，这一过程可能会使得退耕农户的福利水平产生波动。此外，由于农户自身资源禀赋以及对补贴到期的承受能力不同，不同群体退耕农户的福利水平受补贴到期的影响也会存在差异。因此，首先通过对退耕补贴到期对退耕农户总福利、客观福利与主观福利的影响以及对不同退耕农户群体的影响差异进行理论分析，进而提出和确定反映退耕农户福利的指标维度。

9.1.1　退耕补贴到期对退耕农户总福利的影响

Sen(1999)的可行能力理论从人的自由与能力视角出发，为福利测算提供了科学依据。Sen认为衡量个人福利的核心在于个人是否具备能力去采取有价值的行为以达到人生的价值目标，福利既包括收入、消费支出等经济福利，又包括感觉、自由、权利等非经济福利。联合国发表的《千年生态系统评估报告》将人类福祉细分为收入与物质需求、健康、安全保障、良好的人际关系与选择和行为的自由五个功能性活动，且这一福利度量维度在农户福利相关研究中被广泛借鉴（刘秀丽等，2014；丁屹红和姚顺波，2017；黄志刚和黎洁，2021）。鉴于本文是针对原贫困地区退耕农户在首轮退耕还生态林补贴到期前后福利状态的研究，千年生态系统评估报告的农户福利分类与本文的研究区域与研究群体相契合，故本研究基于农户理性行为假设、Sen的可行能力理论，借鉴《千年生态系统评估报告》的农户福利分类并结合实地调研情况，从收入与物质需求、健康、安全保障、良好的人际关系和选择和行为的自由五个方面，分析补贴到期对退耕农户总福利的影响。

"收入与物质需求"包含稳定的收入水平与维持家庭正常生活的基础物质需求。退耕补贴到期，退耕农户的转移性收入减少，家庭总收入会受到影响；基于绝对收入假说，即当期收入影响当期消费，退耕农户的收入变动将会引起其消费结构的改变（赵娅娅等，2021），进而影响物质生活，使得退耕农户"收入与物质需求"这一维度的福利水平发生变化。

"选择和行为的自由"主要是指农户能够顺利实现生计策略的调整与职业

类型的转变。在退耕农户面临补贴到期、收入下滑的冲击时，出于福利最大化考虑，将会积极调整生计策略、向边际报酬率更高的非农就业转变，或进一步调整家庭劳动力资源配置以促进非农收入的增加。这一过程使得退耕农户"选择和行为的自由"维度的福利状态受到影响。

"安全保障"是指农户拥有改善生活的发展条件与能力。退耕农户在补贴到期后会以保障家庭成员的生存与发展为目的，积极拓宽经营渠道、丰富收入来源，提高生活保障，从而影响到退耕农户"安全保障"维度的福利状态。

"良好的人际关系"主要衡量农户人际关系网的效度与家庭关系的和谐度。退耕补贴到期后，随着就业方式的改变，退耕农户原本较为稳定的社会关系网被打破（Gao et al.，2019），致使当期人际关系满意度受到影响，进而使得退耕农户"良好的人际关系"这一维度的福利水平发生变化。

"健康"主要指农户拥有健康的身体状态。依据前景理论，决策主体在面对相同数量的收益与损失时，对前者规避、对后者偏好。因此，退耕补贴到期所导致的收入下滑将加剧退耕农户对生病就医费用的忧虑（Gertler and Gruber，2002），更不必说购买营养品以维持更好的身体健康状态。因此，退耕农户"健康"这一维度的福利水平可能会受到补贴到期的影响。

基于以上分析，本文选择上述的收入与物质需求等五个维度来衡量退耕补贴到期后退耕农户的总福利水平变化。

9.1.2　退耕补贴到期对退耕农户客观福利的影响

经济福利表征评价主体拥有"物的数量"，可以直接或间接地采用货币来衡量，以收入为主要衡量因素（孙鹏飞，2021），被视为客观福利。依据农户行为理论，退耕农户在补贴停止后，为维持家庭原有的生计水平，会积极调整家庭资源配置以谋求利益最大化。退耕补贴到期将有极大可能刺激退耕农户转变就业方式，选择非农劳动，以此应对补贴到期可能造成客观福利下滑的风险。农业经营与非农就业之间存在显著的边际报酬差距。农业生产经营的边际报酬较小，继续从事农业经营的比较收益和预期收益均会下降，从而降低了退耕农户放弃农业生产转而从事非农就业的机会成本，推动了退耕农户向非农就业转移（汪阳洁等，2012）。因此，退耕补贴到期会促使退耕农户进行生计策略调整、向非农就业转移，以此实现增收、改善生活条件，进而提高客观福利。

9.1.3　退耕补贴到期对退耕农户主观福利的影响

主观福利作为主体对自己当前生活状态的一种主观判断，以及与自己的过去或周围人相比较而获得的主观感受（Diener，2007；吴菲和王俊秀，2017），可以从体验效用和决策效用两个方面进行解释（Kahneman and Daniel，1997）。退耕补贴到期对退耕农户主观福利的影响也可以从以下两个方面进行分析。

第一，体验效用通过退耕农户横向和纵向对比得以体现。一方面作为经济理性的农户，会依据福利最大化原则，对退耕补贴到期前后的收益作出评价。与退耕补贴到期前相比，退耕补贴到期后的退耕农户失去了一项稳定的转移性收入，并使退耕地的机会成本难以得到弥补。另一方面，退耕农户也会受同群情境下比较性信息的反馈，对退耕与未退耕的农户收益做出评价。与非退耕农户相比，退耕农户从退耕还生态林地上取得的经济效益较低，不仅无法继续享有退耕补贴，也无法享有非退耕地的各种农业支持补贴。可见，退耕补贴到期后退耕农户无论是从横向或纵向对比，体验效用均有所降低，进而导致主观福利受到影响。

第二，决策效用通过退耕农户调整生计策略得以体现。退耕补贴到期后，作为追求福利最大化的农户可能将家庭生产资料重新配置，通过非农就业转移和生产结构优化实现增收（Xie et al.，2018），进而改善主观福利。但农户生产资料再分配的过程可能面对转移就业成本的增加以及外出务工所带来的风险，而失去补贴后的退耕农户承担相应成本和风险的能力将随之被削弱（Liu et al.，2018）。此外，发展中国家农村地区劳动力市场和基础设施不完善甚至缺乏（Liang et al.，2012），这将进一步制约退耕补贴到期农户短期内成功实现劳动力的转移和生产结构的调整。可见，退耕补贴到期在一定程度上会抑制退耕农户的决策效用，从而对主观福利产生消极影响。

9.1.4 异质性分析

以上分析表明，退耕补贴到期可能会对退耕农户的总福利、主观福利与客观福利产生影响。但农户资源禀赋与家庭经济状况存在差异，而退耕农户之间的异质性特征会使其在受到退耕补贴到期的冲击时做出不同的决策行为以追求福利最大化，进而使得不同退耕农户的福利水平变动情况不同。对于经济水平较高的退耕农户，补贴收入占比相对较小，在退耕补贴到期后更有能力通过调整劳动力资源配置来积极应对转移性收入减少带来的影响；而经济条件差、家庭负担重的退耕农户，则需要花费更长时间调整生计策略，应对风险的能力也相对较弱，退耕补贴到期对其的影响也会更大。同时，退耕补贴按退耕实际面积发放，与退耕农户的退耕规模紧密相连，这也使得不同退耕规模的退耕农户在补贴到期时受到的负向收入的冲击程度不同，进而福利水平的变动情况也会不同。因此，本研究需对全样本退耕农户按照贫困与非贫困和不同退耕规模进行分组，进一步探究分析退耕补贴到期对异质性退耕农户福利的影响差异，保证研究的完整性，也更具实际意义。

具体地，首先依据分位数思想，以样本农户退耕规模中位数为界，将退耕农户分为中等及以上退耕规模组农户与小退耕规模组农户；其次，以是否为建档立卡贫困户为分类依据将退耕农户划分为贫困组农户和非贫困组农户。

9.2　研究区域与数据来源

研究依据湖南省、甘肃省及宁夏回族自治区 3 省(自治区)原贫困地区首轮退耕农户的实地调研数据，探究退耕补贴到期对退耕农户福利的影响。研究区域的选取原因如下：①研究区域多为生态脆弱地区，也是较早实施首轮退耕还林工程的重点地区，退耕面积较大。②研究区域普遍曾为国家级贫困地区，退耕补贴对于退耕农户改善生活水平、实现增收至关重要，因此补贴到期可能对研究区域退耕农户生活产生影响。③研究区域分别位于黄河流域与长江流域，首轮退耕还林补贴标准不完全一致，同时，南北方退耕农户的生产生活方式也不尽相同，补贴标准与研究区域区位条件具有差异性。因此，调研样本具有典型性与代表性。

根据研究需要，本章进行了相应数据的筛选，共获取有效样本 931 份，其中湖南省 475 份、甘肃省 248 份、宁夏回族自治区 208 份。

表 9-1 为调查样本农户基本特征情况。在户主特征方面，退耕样本农户中户主大多为男性，占比约为 91.8%。全样本农户户主年龄均值为 56.4 岁，补贴到期组户主年龄均值为 55.7 岁，补贴未到期组户主年龄均值为 57.2 岁。从健康状况来看，全样本农户中 72.0% 的户主身体状况良好，补贴到期组和未到期组户主身体健康的农户占比分别为 68.7% 和 72.0%。样本中约有 51.1% 的户主从事非农劳动，其中在本村工作的比例为 82.3%；补贴到期组户主从事非农劳动的比例略高于补贴未到期组，且补贴到期组户主更愿意选择外出工作。全样本农户中约有 13.6% 的户主为党员，7.7% 的户主为村干部，且补贴到期组户主为党员或村干部的比例高于补贴未到期组，一定程度上说明了在首轮退耕还林工程中党员和村干部起到了积极参与的模范带头作用。样本农户户主受教育年限平均为 6.2 年，即小学文凭，学历较低。

在家庭特征方面，退耕农户家庭总人口均值为 4.5 人，劳动力人口均值为 2.8 人，其中农业劳动力人口均值为 1.6 人、非农劳动力人口均值为 1.2 人，非农劳动力人口数略低于农业劳动力人口数；家庭需抚养儿童数均值为 0.4 人，需赡养 60 岁以上老人数均值为 0.8 人。全样本农户中，约有 54.6% 的农户为建档立卡贫困户，约有 38.9% 的农户有家庭成员接受过技能培训。

在土地特征方面，样本农户土地总面积均值约为 21.98 亩，其中耕地面积、林地面积和退耕地面积均值分别为 8.58 亩、4.86 亩和 8.55 亩；补贴到期组农户平均每户拥有耕地 8.80 亩、林地 5.75 亩、退耕地 9.43 亩，补贴未到期组农户平均每户拥有耕地 8.34 亩、林地 3.87 亩、退耕地 7.58 亩；对比可知，补贴到期组农户平均每户拥有耕地亩数、林地亩数、退耕地亩数均大于补贴未到期组农户平均每户拥有亩数。

就上述指标而言，本次调研结果基本符合《全国农业普查》官方统计数据，说明此次调研样本具有一定的代表性。

表 9-1 样本农户特征描述性统计

指　标	指标含义	所有农户		补贴到期农户		补贴未到期农户	
		平均数	标准差	平均数	标准差	平均数	标准差
户主性别	男＝1，女＝0	0.918	0.274	0.930	0.255	0.905	0.293
户主年龄		56.410	11.320	55.700	11.641	57.200	10.925
健康状况	健康＝1，其他＝0	0.720	0.457	0.687	0.464	0.720	0.449
职业类型	务农＝1，其他＝0	0.489	0.500	0.492	0.500	0.485	0.500
工作地点	本村＝1，其他＝0	0.823	0.382	0.804	0.398	0.845	0.362
是否为党员	是＝1，否＝0	0.136	0.343	0.141	0.349	0.131	0.338
是否为村干部	是＝1，否＝0	0.773	0.267	0.800	0.271	0.745	0.263
文化程度	受教育年限	6.170	3.750	6.277	3.851	6.050	3.627
家庭规模	家庭人口数	4.530	1.733	4.320	1.552	4.760	1.888
是否有家庭成员接受技能培训	是＝1，否＝0	0.389	0.488	0.461	0.499	0.309	0.463
家庭劳动力人口数		2.780	1.252	2.650	1.142	2.910	1.351
农业劳动力人口数		1.590	1.260	1.480	1.167	1.710	1.342
非农劳动力人口数		1.190	0.915	1.170	0.884	1.210	0.950

（续）

指　标	指标含义	所有农户		补贴到期农户		补贴未到期农户	
		平均数	标准差	平均数	标准差	平均数	标准差
是否为贫困户	是=1，否=0	0.546	0.498	0.533	0.499	0.560	0.497
需抚养儿童数		0.380	0.710	0.420	0.732	0.340	0.685
60 岁以上老人数		0.780	0.844	0.720	0.832	0.870	0.850
土地总面积（亩）		21.980	19.255	23.970	22.616	19.800	14.403
耕地面积（亩）		8.580	9.309	8.800	9.408	8.340	9.202
林地面积（亩）		4.860	12.819	5.750	15.932	3.870	8.012
退耕地面积（亩）		8.550	11.723	9.430	13.519	7.580	9.380

9.3　模型构建与变量选取

9.3.1　福利指标体系的构建

　　Sen 的可行能力福利理论考虑了除经济效用之外的更多的福利维度，为农户福利的测度提供了科学依据。千年生态系统评估报告给出了相对较为全面的人类福祉分类，国内农户福利相关研究也多采用划分为收入与物质需求、健康、安全保障、良好的人际关系与选择和行为的自由五个维度的农户福利分类。本文在理论分析补贴到期对退耕农户总福利影响的基础上，也确定从上述五个维度反映退耕农户的福利状态和变化。但由于上述每个维度都有其丰富内涵，如何结合我国农村发展实际情况选取具体表征指标尤为关键。为此，进一步进行文献分析，整理归纳出近年来农户福利指标选择及依据，为本文退耕农户福利具体指标体系选取和构建提供文献依据（表 9-2）。

表 9-2　不同学者的农户福利指标体系构建

福利维度	指标构成	研究者
收入与物质需求	人均纯收入、收入满意度、生产资料满意度、资源获取能力	张旭锐等（2021）
	收入水平、生产资料满意度、资源获取能力	刘秀丽等（2014）
	恩格尔系数、衣食住行消费占比	丁屹红等（2017）
	家庭总收入、家庭耐用消费品数量	黄志刚等（2021）
	家庭年收入、生活满意度	唐琼等（2017）
	人均纯收入、收入满意度	杨莉等（2010）

（续）

福利维度	指标构成	研究者
	家庭收入、生活成本、经济状况满意度	刘成铭等（2020）
健　康	健康满意度、医疗支出占比、医疗基础满意度	张旭锐等（2021）
	医疗支出占比、副食品消费占总食品支出比例	丁屹红等（2017）
	医疗支出占比、恩格尔系数	黄志刚等（2021）
	医疗费用	朱珈锜等（2021）
安全保障	环境安全、资源安全	张旭锐等（2021）
	资源安全、环境安全、居住安全	刘秀丽等（2014）
	收入来源多元化	丁屹红等（2017）
良好的人际关系	家庭关系满意度、人情消费支出占比、邻里关系满意度	张旭锐等（2021）
	家庭关系满意度	刘秀丽等（2014）
	总负担系数、家庭关系满意度、家庭地位满意度	杨莉等（2010）
	与邻里之间关系的良好程度	伽红凯等（2014）
	家庭关系满意度、邻里关系满意度	唐琼等（2017）
选择和行为的自由	非农收入	张旭锐等（2021）
	家庭非农收入、外出务工时间占总劳动时间比例	丁屹红等（2017）
	家庭收入多样性、家庭非农劳动时间、公共服务满意度	黄志刚等（2021）

从表9-2可以看出，从每个维度的构成指标来看，在相同或相似的福利维度下，不同学者选取的表征指标有相同之处，也存在一定程度上的差别。

在"收入与物质需求"维度方面，从表征指标被选取的次数来看，人均收入指标、收入满意度指标和生存性支出占比指标被选取的频率较高。因此，结合本文研究内容，初步拟选用人均收入、收入满意度、生活满意度、生存性支出占比作为该维度的表征指标。

在"健康"维度方面，从表征指标被选取的次数来看，医疗支出占比指标被选取的频率最高。因此，初步拟选用医疗支出占比作为该维度的表征指标。

在"安全保障"维度方面，从所选取的指标来看，环境安全和资源安全指标被选取的频率最高，但就本研究而言，收入来源多元化指标与本文研究内容更为契合。因此，初步拟选用收入来源多元化作为该维度的表征指标。

在"良好的人际关系"维度方面，从表征指标被选取的次数来看，家庭关系满意度与邻里关系满意度指标被选取的频率最高。因此，初步拟选用家庭关系满意度、邻里关系满意度作为该维度的表征指标。

在"选择和行为的自由"维度方面，就指标被选取次数而言，非农收入与非农劳动时间指标被选取的频率最高。因此，初步拟选用非农收入、非农劳动时间作为该维度的表征指标。

在依据文献基础初选反映退耕农户福利具体指标的基础上，结合本文的研究目的，进一步分析退耕补贴到期的影响，最终确定农户福利构成指标。

于退耕农户而言，退耕补贴影响了退耕农户收入结构、消费结构、劳动力资源分配等多个方面，故而，在退耕补贴到期后，退耕农户的福利水平会在多个维度发生变动。

在"收入与物质需求"方面，退耕补贴到期后，退耕农户一项长期稳定的转移性收入直接减少，可能会对退耕农户的基础生活保障产生影响，进而影响了退耕农户在收入满意度、生活满意度方面的主观感受（杜温鑫，2020）。同时，退耕补贴到期对退耕农户的家庭总收入产生直接影响（刘天婕等，2022），也会使得退耕农户的收入与消费水平失衡，促使退耕农户重新调整生产要素分配以及消费结构，进而影响退耕农户人均收入和家庭生存性支出占比。基于此，选取人均收入、收入满意度、生活满意度、生存性支出占比来反映退耕农户的"收入与物质需求"。

在"健康"方面，退耕补贴到期导致退耕农户转移性收入下降，会在一定程度上降低退耕农户的总支出水平（赵娅娅等，2021）。对于农户而言，疾病成本包括劳动供给下降导致的收入减少和医疗费用的增加。Gertler and Gruber（2002）指出，在社会保障不健全的情况下，若家庭可支配收入降低和消费开支减少，会显著增加家庭的疾病成本。相对地，即使在医疗支出维持原有水平的情况下，也会因家庭总支出水平的下降，进一步加剧家庭的医疗负担（马超等，2021），进而对家庭医疗支出占比产生影响。基于此，选取医疗支出占比来反映退耕农户的"健康"。

在"安全保障"方面，刘天婕等（2022）的研究发现，退耕农户在面临退耕补贴到期所造成的收入损失时，可以通过调整生计策略降低自身的生计脆弱性，并实现收入结构的均衡化与多样化。多种收入来源能够有效确保资金流动性，当某种收入来源减少时，其他收入来源仍可帮助农户缓解潜在的收入下滑，形成强有力的安全保障（Hung and Hager，2019）。与依赖单一收入渠道相比，形成多样化收入来源的农户能更好地抵抗外部不确定性和风险冲击（李玉山等，2021）。基于此，选取收入来源多样性来反映退耕农户的"安全保障"。

在"良好的人际关系"方面，基于行为经济学中的前景理论，农户对损失的感知往往更为敏感，是影响其未来行为决策的重要驱动因素（庄晋财和齐佈云，2022）。同时，农户的人际关系又会随其行为决策产生相应变化（Gao et al.，2019）。具体而言，受退耕补贴到期的影响，退耕农户可能进行非农就业转移以应对收入损失的冲击。在进行生计转型后，为了适应新环境下生存和发展的需要，退耕农户会由原来以"血缘和地缘"为主的强关系向"业缘"为主的弱关系转变（李树良，2017），在此过程中，退耕农户原有的人际关系往往伴随着松动和疏远（Gao et al.，2019），致使家庭关系满意度与邻里关系满意度受到负面影响。基于此，选取家庭关系满意度与邻里关系满意度来反映退耕农户的"良好的人际关系"。

在"选择和行为的自由"方面，理性农户会对在农业生产中投入的时间价值与在同等时间下可以从其他活动中获得的经济价值进行比较（蔡荣和蔡书凯，2014；李忠旭和庄建，2021），以便选择可以实现家庭福利最大化的生计策略，而退耕农户有能力顺利实现生计策略的调整也是这一维度福利水平较高的重要表现。退耕补贴到期后，在现有耕地面积不变的情况下，将过多的劳动力投入于小规模农地耕种会导致家庭劳动力分配不合理、劳动效率低下等问题，因此退耕农户为应对补贴收入减少的冲击，可能会充分合理地利用家庭资源、向边际报酬率更高的非农就业转变，增加非农收入，进而提升家庭经济水平（周晓时，2017；孔祥智和穆娜娜，2018）。基于此，选取非农劳动时间和人均非农收入来反映退耕农户的"行为和选择的自由"。

因此，研究基于 Sen 的可行能力理论、参考不同学者在千年生态系统评估报告农户福利维度下的福利指标构成，并结合理论分析，选取符合农户福利各维度定义的表征指标，最终确定退耕农户福利指标体系（表9-3）。

表9-3　农户福利指标

福利分类	表征指标	变量	指标含义
收入与物质需求	人均收入	$y1$	家庭总收入/家庭总人口
	收入满意度	$y2$	五量级（1~5）
	生活满意度	$y3$	五量级（1~5）
	生存性支出占比[*]	$y4$[*]	衣、食、水电、燃料支出/总支出
健康	医疗支出占比[*]	$y5$[*]	医疗实际支出/总支出

（续）

福利分类	表征指标	变 量	指标含义
安全保障	收入来源多样性	y6	总收入来自转移性、财产性、生产经营性、工资性收入类别的个数（1~4）
良好的人际关系	家庭关系满意度	y7	五量级（1~5）
	邻里关系满意度	y8	五量级（1~5）
选择和行为的自由	非农劳动时间	y9	家庭成员一年内非农劳动总月份
	人均非农收入	y10	家庭非农总收入/家庭人口

注：＊为逆指标，指标数值越小，则农户福祉程度越高；五量级：非常满意＝5，较为满意＝4，一般满意＝3，较为不满＝2，非常不满意＝1；下同。

9.3.2 退耕补贴到期对农户总福利影响的模型构建

若要准确测算退耕农户的福利水平，不仅需要建立完善的指标体系，还需要选择合理适用的赋权方法。熵权法依据变量变异性的大小来确定各个福利表征指标的客观权重，有效避免了主观性核算误差，使测算结果更为可靠，本研究采用熵权法测度退耕农户福利各表征指标的权重，并加权计算得到退耕农户总福利得分。考虑到退耕农户在补贴到期前后的福利水平差异，不仅受到退耕补贴到期的影响，还会受到农户禀赋差异、其他政策、社会经济水平等多个共时性因素的影响。因此，本研究采用倾向匹配得分法，分离出退耕补贴到期对退耕农户总福利的净影响效应。

9.3.2.1 熵权法

"信息熵"可以根据各指标所提供的"信息"对其重要性进行计算，从而解决多指标加权核算问题。具体而言，某个指标的信息熵越小，则指标值的变异程度越大，相应地，该指标可提供的信息量就越多，在综合评价中所能起到的作用就越大，那么被赋予的权重也就越大。具体步骤如下：

第一，对退耕农户福利各表征指标进行归一化处理。由于正向指标越大，农户福利水平越高；而负向指标越大，农户福利水平越低。因此，对于正、负向指标需要采用不同的算法进行数据标准化处理。其中，x_{ij} 为第 i 个农户的第 j 个福利指标的数值（$i=1, 2, \cdots, n$；$j=1, 2, \cdots, m$）；

正向指标：

$$x'_{ij} = \frac{x_{ij} - \min\{x_{1j}, \cdots, x_{nj}\}}{\max\{x_{1j}, \cdots, x_{nj}\} - \min\{x_{1j}, \cdots, x_{nj}\}} \tag{9-1}$$

负向指标：

$$x'_{ij} = \frac{\max\{x_{1j}, \cdots, x_{nj}\} - x_{ij}}{\max\{x_{1j}, \cdots, x_{nj}\} - \min\{x_{1j}, \cdots, x_{nj}\}} \quad (9\text{-}2)$$

数据标准化后可能会出现 0 元素，从而影响后续熵值的计算结果，因此需要对标准化后的数值做平移处理，平移的幅度越小越接近真实情况，研究将平移幅度定为 0.0001。为方便起见，归一化后的数据 x'_{ij} 仍记为 x_{ij}。

第二，计算第 j 项福利指标下第 i 个样本值占该指标的比重：

$$p_{ij} = \frac{x_{ij}}{\sum_{i=1}^{n} x_{ij}}, \ i = 1, \cdots, n, \ j = 1, \cdots, m \quad (9\text{-}3)$$

第三，计算第 j 项福利指标的熵值：

$$e_j = -k \sum_{i=1}^{n} p_{ij} \ln(p_{ij}), \ j = 1, \cdots, m \quad (9\text{-}4)$$

其中，$k = \dfrac{1}{\ln(n)} > 0$，满足 $e_j \geq 0$。

第四，计算信息熵冗余度（差异）：

$$d_j = 1 - e_j, \ j = 1, 2, \cdots, m \quad (9\text{-}5)$$

第五，计算各项福利指标的权重：

$$w_j = \frac{d_j}{\sum_{j=1}^{m} d_j}, \ j = 1, \cdots, m \quad (9\text{-}6)$$

最后，计算各退耕农户福利的综合得分：

$$s_i = \sum_{j=1}^{m} w_j x_{ij}, \ i = 1, \cdots, n \quad (9\text{-}7)$$

其中，x_{ij} 为归一化后的数据。

9.3.2.2　倾向匹配得分法

倾向匹配得分法以"反事实推断模型"为理论框架，借助倾向得分值模拟随机实验过程，将处理组（补贴到期组农户）和对照组（补贴未到期组农户）的样本按照相似度进行匹配，进而有效控制样本间不可观测的个体异质性因素所带来的估计偏差，估计退耕补贴到期对退耕农户福利的净影响。具体思路如下：

首先，计算倾向得分值。在条件期望独立假设条件下，选取影响退耕农户福利的可观测变量（控制变量），如户主年龄、劳动力人口、受教育年限等作为特征变量，采用 Logit 模型计算出每个农户的倾向性得分：

$$P(X_i) = Pr(D_i = 1 \mid X_i) \tag{9-8}$$

其次，根据倾向得分进行匹配。不同的匹配方法可能导致结果有所差异（Caliendo and Kopeinig，2005），但若是不同匹配方法下估计结果差异较小，则说明该模型具有稳定性。研究采用一对三近邻匹配法、半径匹配法和核匹配法，按照倾向得分将补贴到期农户与得分接近的未到期农户配对，匹配成功后的补贴到期组为处理组，补贴未到期组为对照组。

最后，计算 ATT 估计值。通过比较处理组与对照组的因变量值，即可估计出退耕补贴到期对退耕农户福利的平均处理效应（ATT），这样获得的处理效应可以有效减少选择性偏差带来的内生性问题。模型设定形式如下：

$$\text{ATT} = E\{E[Y_{1i} \mid D_i = 1, P(X_i)] - E[Y_{0i} \mid D_i = 0, P(X_i)] \mid D_i = 1\} \tag{9-9}$$

其中，X_i 表示影响退耕农户 i 退耕补贴是否到期的特征变量；$P(X_i)$ 表示退耕农户退耕补贴是否到期的条件概率，即倾向得分；$D_i \in \{0, 1\}$ 表示退耕农户退耕补贴是否到期，即 $D_i = 1$ 为补贴到期，$D_i = 0$ 为补贴未到期；Y_{1i} 和 Y_{0i} 分别表示第 i 个退耕农户补贴到期和未到期的福利水平。

9.3.3 退耕补贴到期对农户总福利影响的变量选取

根据 2021 年甘肃、宁夏、湖南三省（自治区）退耕农户调研数据，退耕农户补贴到期年份大多在 2019 年，且其他年份到期的退耕农户占比较小，故研究剔除了 2018 年之前到期的退耕农户样本，并将少数于 2018 年到期的退耕农户样本通过固定价格进行调整，最终共得到 745 份有效样本，其中补贴到期农户 312 户，未到期农户 433 户。研究将退耕补贴到期年份固定于 2019 年，探究补贴到期农户与未到期农户的总福利水平差异。

9.3.3.1 被解释变量

退耕农户总福利。本研究首先采用熵权法测算得到退耕农户福利各表征指标的权重（表9-4）。全样本退耕农户福利各维度的权重大小依次为选择和行为的自由（49.1%）、收入与物质需求（42.2%）、良好的人际关系（4.6%）、安全保障（2.9%）和健康（1.2%）。说明选择和行为的自由、收入与物质需求两项功能性活动对退耕农户福利水平的变动有较大影响。从福利各具体表征指标来看，权重排名前三的依次为人均非农收入（25.6%）、人均收入（25.4%）、非农劳动时间（23.5%），三者权重加和为 74.5%，说明这三项福利指标对退耕农户总福利水平有较大影响。"收入与物质需求"衡量了退耕农户的家庭收入与生活水平，而"选择和行为的自由"衡量了退耕农户的生计调整能力，这两项于退耕农户追求并实现家庭福利最大化至关重要，而人均收入、人均非农收入与非农劳动时间正是这两个维度的主要表征指标，故所占比重较高。

在此基础上，根据综合得分法加权计算退耕农户总福利得分。退耕农户总福利得分均值为 0.248，标准差为 0.069，最小值为 0.093，最大值为 0.701，说明总体上退耕农户在补贴到期当年总福利水平较低。

表 9-4 样本农户福利指标的权重

福利分类	福利指标	变量	指标权重	维度权重
收入与物质需求	人均收入	$y1$	0.254	0.422
	收入满意度	$y2$	0.064	——
	生活满意度	$y3$	0.044	——
	生存性支出占比*	$y4$*	0.061	——
健康	医疗支出占比*	$y5$*	0.012	0.012
安全保障	收入来源多样性	$y6$	0.029	0.029
良好的人际关系	家庭关系满意度	$y7$	0.017	0.046
	邻里关系满意度	$y8$	0.029	——
选择和行为的自由	非农劳动时间	$y9$	0.235	0.491
	人均非农收入	$y10$	0.256	——

9.3.3.2 核心解释变量

本章采用 PSM 模型探究退耕补贴到期对退耕农户总福利的影响，因此，研究选择分组虚拟变量作为核心解释变量，即 D_i，退耕补贴到期组 $D_i = 1$，退耕补贴未到期组 $D_i = 0$。

9.3.3.3 控制变量

根据实地调研情况与以往文献研究（张旭锐和高建中，2021；黄志刚和黎洁，2021；吴乐等，2020），本研究选取户主特征（性别、年龄、健康状态、职业类型、受教育年限）、家庭特征（家庭总人口、是否有家庭成员接受过技能培训、家庭劳动力占比）、区域特征（省份）作为控制变量，具体见表 9-5。

在户主特征方面，样本农户中有 92.0% 的户主为男性，仅有 8.0% 的户主为女性。样本农户户主平均年龄为 55.04 岁，存在老龄化现象；在实地走访中了解到，青壮年群体因农村就业渠道少且劳动报酬较低，会更愿意选择外出务工；同时，有适学孩童的家庭也大多会选择在邻近有教育资源的县市租房居住，只在农忙时回村务农；而这两种现象都会导致农村常住人口呈现老龄化。对于样本农户户主健康状况，在本次统计中仅区分健康和非健康，其中有 68.8% 的户主身体状态良好，31.2% 的户主存在健康问题，患病类型多为高血压，风湿和腰椎间盘突出等常见慢性病。样本农户户主的平均文化程度为小学毕业，最高学历为大学毕业，同时也存在未受过学校教育的户主；其中，拥有本科学历的户主大多为年轻村官。

在家庭特征方面，样本农户家庭规模平均数为 4.6 人，即家庭人口在 4～5 人，最大值为 11，最小值为 1。家庭成员参加过技能培训的农户占比为 37.3%，培训内容多为讲授耕种与养殖技巧，可以看出，政府试图通过技能培训引导农户改变生计策略，拓宽农民的就业途径，但从覆盖比例来看，当地政府应进一步增加农户的技能培训种类与次数。样本农户劳动力占比均值为 62.1%，以家庭规模均值 4～5 人为例，即 5 口之家有 3 个劳动力。据实地走访情况可知，农村劳动力的年龄范围较大，存在身体较为健康的七旬老人仍在务农的现象，但这些年龄偏大的家庭劳动力为家庭带来的劳动报酬是极为有限的，因此为维持并进一步提高家庭总收入，家中青壮年劳动力在家庭土地资源配置紧缩或农业收入低微的情境下会更倾向外出打工以谋求家庭收入最大化。

在区域特征方面，实地调研农户均来自湖南、宁夏和甘肃三省（自治区），且甘肃和宁夏调研地比邻，退耕农户的生计策略、土地资源和经济条件等较为相似，因此将甘肃和宁夏的退耕农户样本合为一类。样本中有 59.3% 的退耕农户来自宁夏或甘肃，40.7% 的退耕农户来自湖南，样本地区分布较为均匀。

表 9-5　变量描述性统计分析

分　类	变　量	变量含义	变量类型	均　值	标准差	最大值	最小值
核心变量	D_i	分组虚拟变量	到期 = 1，未到期 = 0	0.418	0.494	1	0
	$x1$	性　别	男 = 1，女 = 0	0.920	0.272	1	0
	$x2$	年　龄	连续变量	55.040	11.310	86	25
户主特征	$x3$	健康状况	健康 = 1，其他 = 0	0.688	0.464	1	0
	$x4$	职业类型	纯农业 = 1，其他 = 0	0.509	0.500	1	0
	$x5$	受教育年限	连续变量	6.091	4.262	16	0
	$x6$	家庭总人口数	连续变量	4.649	1.772	11	1
家庭特征	$x7$	是否接受过家庭技能培训	是 = 1，否 = 0	0.373	0.484	1	0
	$x8$	劳动力占比	连续变量	0.621	0.268	1	0
地　区	$x9$	省　份	湖南 = 1，其他 = 0	0.407	0.492	1	0

9.3.4 退耕补贴到期对农户主观与客观福利影响的模型构建

主观福利通常依据人们对当下生活质量的感受和主观评价来度量，当期数据的准确性更高，因此，本研究利用 2019 年截面数据，采用 PSM 模型探究补贴到期对退耕农户主观福利各具体表征指标的净影响。同时，采用熵权法测算退耕农户补贴到期当年的客观福利综合得分与主观福利综合得分，并利用 PSM 模型探究补贴到期对退耕农户主观福利、客观福利的净影响。PSM 模型的操作步骤已在前文做了详尽介绍，在此不再赘述。

对于客观福利各具体表征指标，若想精准分离出退耕补贴到期对其产生的净影响，利用一般的回归方程是难以实现的。因此，本研究利用面板数据（2018 年和 2020 年两期数据），采用 PSM-DID 模型，同时消除时间趋势下社会经济变化与样本特征差异带来的影响，更科学地识别退耕补贴到期对退耕农户客观福利各具体表征指标的净影响。

双重差分法的运用前提是样本的处理组与对照组具有平行趋势，即：在未受到退耕补贴到期的冲击时，处理组与对照组农户的变动趋势应大致相同。为满足这一前提，需要利用倾向匹配得分模型，将具有相似倾向分数的退耕农户进行匹配，以确保到期组与未到期组农户之间具有同质性和长期趋势一致性。在此基础上，进一步采用双重差分模型来估计补贴到期对退耕农户客观福利各构成指标的净影响。PSM-DID 模型的具体步骤如下：

一是将退耕农户划分为补贴到期组（处理组）与补贴未到期组（对照组）；二是选取影响退耕农户福利的控制变量，利用 Logit 回归计算倾向分数，将具有相同倾向分数的处理组与对照组样本进行匹配；三是对处于共同支撑范围内的样本进行双重差分，得到补贴到期对退耕农户客观福利各构成指标的净影响。双重差分模型设定如下：

$$Y_{iij} = \alpha_0 + \alpha_1 D_i + \alpha_2 T_t + \alpha_3 D_i \times T_t + \alpha_4 X + \varepsilon_{it} \tag{9-10}$$

其中，Y_{iij} 是第 i 个退耕农户在 t 期的客观福利表征指标，i 代表退耕农户，t 代表时间，j 代表不同客观福利表征指标。为使数据变得更加平稳并削弱模型的异方差性，对人均收入和人均非农收入两个客观福利指标变量取对数。交互项 $D_i \times T_t$ 为分组与分期虚拟变量的交互项，用 DiD 表示，到期 $D_i = 1$，未到期 $D_i = 0$；到期前 $T_t = 0$，到期后 $T_t = 1$。其系数 α_3 是本章要考察的核心内容，反映了在控制其他因素后，退耕补贴到期对退耕农户客观福利各构成指标影响的净效应。X 表示影响退耕农户福利的相关控制变量，ε_{it} 为模型残差项。

9.3.5　退耕补贴到期对农户主观及客观福利影响的变量选取

主观福利与客观福利。依据退耕农户总福利测算步骤，分别测算退耕农户的主观福利与客观福利。主观福利由收入满意度、生活满意度、家庭关系满意度和邻里关系满意度构成，且均为五量级，量级越大，满意度越高。客观福利由人均收入、生存性支出占比、医疗支出占比、收入来源多样性、非农劳动时间和人均非农收入构成，其中生存性支出占比和医疗支出占比为逆指标，即指标数值越小，退耕农户福祉程度越高。

由表 9-6 可知，主观福利各表征指标的权重大小依次为收入满意度（41.6%）、生活满意度（28.5%）、邻里关系满意度（18.7%）和家庭关系满意度（11.2%）；其中，仅收入满意度和生活满意度两项指标权重加和就达到 70.1%。

客观福利各表征指标的权重大小依次为人均非农收入（30.2%）、人均收入（30.0%）、非农劳动时间（27.8%）、生存性支出占比（7.2%）、收入来源多样性（3.4%）和医疗支出占比（1.4%），其中对退耕农户客观福利有较大影响的指标为人均收入、人均非农收入与非农劳动时间，权重加和为 88.0%。

退耕补贴到期当年，退耕农户主观福利得分均值为 0.712、标准差为 0.198；客观福利得分均值为 0.163、标准差为 0.074；说明补贴到期当年退耕农户的主观福利水平较高且分布较为分散，同时退耕农户的客观福利处于较低水平。

表 9-6　样本农户福利指标的权重

福　利	指标构成	变　量	权　重
主观福利	收入满意度	$y2$	0.416
	生活满意度	$y3$	0.285
	家庭关系满意度	$y7$	0.112
	邻里关系满意度	$y8$	0.187
客观福利	人均收入	$y1$	0.300
	生存性支出占比 *	$y4$ *	0.072
	医疗支出占比 *	$y5$ *	0.014
	收入来源多样性	$y6$	0.034
	非农劳动时间	$y9$	0.277
	人均非农收入	$y10$	0.302

　　主观福利各具体表征指标变量。退耕补贴到期当年，全样本退耕农户各主观福利表征指标的满意度均值由高到低依次为家庭关系满意度(4.427)、邻里关系满意度(4.178)、生活满意度(3.790)和收入满意度(3.586)，见表9-7。说明退耕农户对家庭关系和邻里关系的满意度相对较高，但对收入和生活的满意度仅为一般偏较为满意，且主观福利指标中收入满意度的标准差最大，分布最为分散。

　　客观福利各具体表征指标变量。对于全样本退耕农户各客观福利表征指标变量而言，其在补贴到期前与补贴到期后的变化情况为人均收入均值由16493.41增加至16980.12，人均非农收入均值由13630.42增加至14289.12，二者的两期差值基本一致，可在一定程度上说明总收入的提高可能源于非农收入的增加；且二者的标准差在补贴到期后均有明显上升，说明补贴到期后退耕农户收入分布更为分散。家庭非农劳动时间在补贴到期后由14.724个月增加至16.043个月，这也表明补贴到期后退耕农户更愿意通过非农劳动或增加非农劳动时间的方式来实现家庭增收。收入来源多样性均值在补贴到期后也有些许上升，由2.385上升至2.772，说明退耕农户也在逐步拓展增收渠道。从支出占比变化情况来看，生存性支出占比与医疗支出占比的均值在补贴到期后减少，可说明在补贴到期后退耕农户的家庭消费结构有所调整。

表 9-7　样本农户福利指标的描述性统计

福　利	指标构成	变　量	期　限	均　值	标准差	最大值	最小值
主观福利	收入满意度	$y2$	到期当年	3.586	1.046	5	1
	生活满意度	$y3$	到期当年	3.790	0.965	5	1
	家庭关系满意度	$y7$	到期当年	4.427	0.751	5	1
	邻里关系满意度	$y8$	到期当年	4.178	0.879	5	1
客观福利	人均收入	$y1$	到期前	16493.410	15219.400	146469.400	1484.240
			到期后	16980.120	21875.820	219790.300	1502.880
	生存性支出占比*	$y4$*	到期前	0.526	0.151	0.962	0.044
			到期后	0.364	0.204	0.797	0.001
	医疗支出占比*	$y5$*	到期前	0.105	0.149	0.275	0
			到期后	0.092	0.153	0.205	0
	收入来源多样性	$y6$	到期前	2.385	0.782	4	1
			到期后	2.772	0.882	4	1
	非农劳动时间	$y9$	到期前	14.724	13.690	66	0

（续）

福 利	指标构成	变 量	期 限	均 值	标准差	最大值	最小值
			到期后	16.043	14.146	72	0
	人均非农收入	y10	到期前	13630.420	11747.860	95600	0
			到期后	14289.120	16233.300	84090	0

受变量性质限制，并尽可能较全面和准确地反映退耕补贴到期对农户福利的影响，本章采用 PSM-DID 模型探究补贴到期对退耕农户客观福利各具体表征指标的净影响，因此，模型的核心解释变量为分组虚拟变量与分期虚拟变量的交互项，用 did 表示；而在分析补贴到期对退耕农户客观福利、主观福利以及主观福利各具体表征指标的净影响时采用 PSM 模型，模型的核心解释变量为分组虚拟变量，用 D 表示。两个模型所选取的控制变量均与前文保持一致。

9.4 实证分析

9.4.1 退耕补贴到期对农户总福利影响的结果分析

9.4.1.1 共同支撑域与平衡性检验

为检验农户样本的匹配质量，需要分析补贴到期组与补贴未到期组农户样本倾向得分的共同支撑域。若分组样本倾向得分区间的重叠度高，则说明共同支撑范围大，样本匹配结果良好。研究在采用 Logit 模型测算得出退耕农户的倾向得分后，利用一对三近邻匹配法将倾向得分相近的退耕农户进行匹配，由图 9-1 可知，匹配后补贴到期组与补贴未到期组农户倾向得分的共同支撑域较大，匹配损失的样本量较少，说明退耕农户样本具有良好的代表性。

采用不同的匹配方法可能会使得样本匹配后的共同支撑域存在差异性，从而导致样本损失的数量发生变化，因此需要对比分析采用不同方法匹配后所损失的样本数量。由表 9-8 可知，半径匹配法与核匹配法对照组和处理组损失样本数均为 0，一对三近邻匹配对照组损失 46 个样本，处理组损失 3 个样本，总计损失 49 个样本。总体而言，三种匹配方法匹配后样本损失数均较小，匹配结果良好。

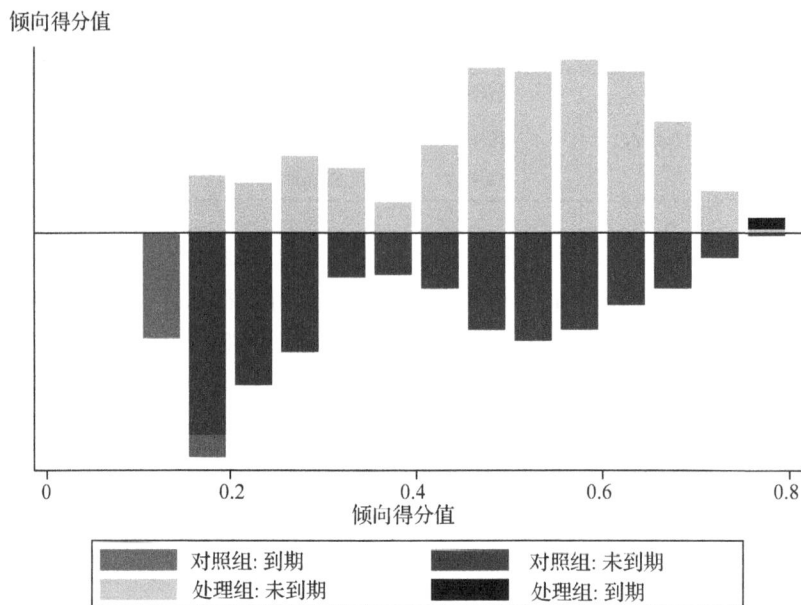

倾向得分值

| 对照组：到期 | 对照组：未到期 |
| 处理组：未到期 | 处理组：到期 |

图 9-1　农户样本倾向得分密度函数图

表 9-8　农户样本匹配结果

匹配方法	一对三近邻匹配法			半径匹配法			核匹配法		
样本类型	未匹配样本	匹配样本	总计	未匹配样本	匹配样本	总计	未匹配样本	匹配样本	总计
对照组	46	387	433	0	433	433	0	433	433
处理组	3	309	312	0	312	312	0	312	312
总　计	49	696	745	0	745	745	0	745	745

　　补贴到期组与补贴未到期组退耕农户之间控制变量是否满足均衡分布是检验倾向得分估计结果的一个重要标准，所以，在样本匹配后需要对其平衡性进行检验。由选取的控制变量的标准化偏差图 9-2 可以直观看出，一对三近邻匹配后的控制变量的标准化偏差均在 0 值附近分布；说明处理组农户与对照组农户之间无显著系统性差异，匹配结果良好。

　　其次，样本在匹配后的标准化偏差须低于 20% 才能符合匹配标准。由表 9-9 可以看出，匹配后的控制变量的标准化偏差与匹配前相比，有大幅减小，由 $-25.6\% \sim 71.7\%$ 降低至 $-9.8\% \sim 6.2\%$，符合匹配标准。这说明处理组与对照组控制变量分布的差异得到了有效降低，样本选择偏误得到了有效控制，样本匹配合理。且匹配后所有控制变量 T 检验的 P 值均显著大于 0.1，即不能拒绝"处理组与对照组的农户之间无差异"的原假设，进一步说明处理组与对照组农户之间具有同质性和长期趋势一致性。

　　需要说明的是采用半径匹配法和核匹配法进行样本匹配后，控制变量的标准化偏差图和变量误差消减状况与一对三近邻匹配法的估计结果相近，且均通过 PSM 模型平衡性检验。但考虑到篇幅，在此仅展示一对三近邻匹配法的平衡性检验结果。

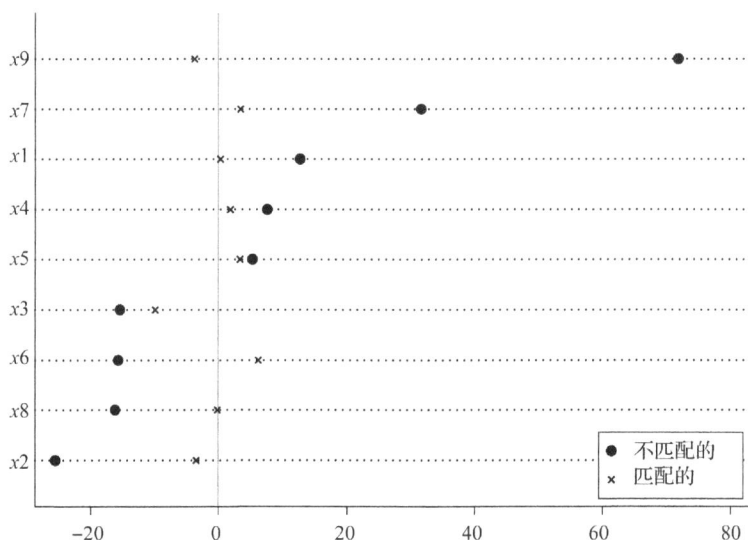

图 9-2　控制变量的标准化偏差图

表 9-9　变量误差消减状况

变量	匹配	均　值		标准偏误	误差消减	T 检验	
		处理组	对照组	（%）	（%）	t	$p > \lvert t \rvert$
$x1$	匹配前	0.939	0.905	12.6	97.6	1.680	0.095
	匹配后	0.939	0.938	0.3		0.040	0.967
$x2$	匹配前	53.413	56.305	−25.6	86.5	−3.470	0.001
	匹配后	53.508	53.898	−3.4		−0.430	0.666
$x3$	匹配前	0.644	0.716	−15.4	36.1	−2.080	0.038
	匹配后	0.651	0.696	−9.8		−1.120	0.225

（续）

变 量	匹 配	均　值		标准偏误	误差消减	T 检验	
		处理组	对照组	（%）	（%）	t	p>| t |
x4	匹配前	0.532	0.494	7.6	75.8	1.020	0.309
	匹配后	0.531	0.522	1.8		0.230	0.820
x5	匹配前	6.192	5.991	5.3	36.7	1.720	0.475
	匹配后	6.149	6.021	3.3		0.390	0.694
x6	匹配前	4.484	4.758	−15.7	60.6	−2.080	0.038
	匹配后	4.502	4.394	6.2		0.800	0.423
x7	匹配前	0.462	0.310	31.6	89.2	4.280	0.000
	匹配后	0.456	0.440	3.4		0.410	0.682
x8	匹配前	0.597	0.640	−16.2	99.2	−2.190	0.029
	匹配后	0.595	0.595	−0.1		−0.020	0.987
x9	匹配前	0.785	0.457	71.7	94.8	9.520	0.000
	匹配后	0.783	0.800	−3.7		−0.520	0.604

9.4.1.2　净效应测算和稳健性检验

研究估计了补贴到期对退耕农户总福利的平均处理效应，模型的估计结果见表 9-10。运用 3 种不同方法匹配后所获得的估计结果基本一致，表明估计结果具有良好的稳健性。因此，本章参考已有文献（黄志刚和黎洁，2021），选取三者的算数平均值表征影响效应。由平均处理效应（ATT）的均值可知，经过倾向匹配得分的反事实估计后，退耕补贴到期显著正向影响退耕农户总福利，平均处理效应为 0.015，表明在考虑了农户选择性偏差后，退耕补贴到期对退耕农户总福利存在提高作用，这也间接反映退耕补贴到期会促使补贴到期组农户优化资源配置以谋求福利最大化。

表 9-10　补贴到期对农户总福利的处理效应

匹配方法	ATT	t 统计量
一对三近邻匹配法	0.015	2.420
半径匹配法	0.014	2.560
核匹配法	0.015	2.600
ATT 均值	0.015	——

9.4.2　退耕补贴到期对农户客观福利影响的结果分析

利用 PSM 模型得到补贴到期对退耕农户客观福利的平均处理效应(ATT)。由表 9-11 可知，一对三近邻匹配法、半径匹配法、核匹配法的估计结果相近，倾向匹配得分模型通过稳健性检验。三种匹配方法下补贴到期对退耕农户客观福利的平均处理效应为 0.047，表明在控制其他因素影响下，退耕补贴到期对退耕农户客观福利提升起到促进作用。在此基础上，探究补贴到期对客观福利各具体表征指标的净影响，以进一步验证和解释补贴到期对退耕农户客观福利的影响。

表 9-11　补贴到期对农户客观福利的处理效应

匹配方法	ATT	t 统计量
一对三近邻匹配法	0.047	6.930
半径匹配法	0.047	7.770
核匹配法	0.047	7.800
ATT 均值	0.047	——

为满足研究需求并进一步提高估计结果的准确性，本章节筛选出符合要求的 744 份农户样本，其中补贴未到期组农户样本 432 份、补贴到期组农户样本 312 份，分别作为对照组和处理组。依据选取的控制变量，利用 Logit 模型计算退耕农户的倾向得分，并运用一对三近邻匹配法将具有相似倾向得分的退耕农户进行匹配，共得到匹配样本 711 份，其中处理组样本 309 份，对照组样本 402 份。

为检测农户样本匹配是否达到预期效果，本文利用平衡性检验验证倾向得分匹配的有效性。由标准化偏差图 9-3 可以直观看出，匹配后的控制变量的标准化偏差均在 0 值附近分布，说明处理组农户与对照组农户之间无显著差异，匹配结果良好。其次，由表 9-12 可以看出，匹配后所有控制变量 T 检验的 p 值均显著大于 0.1，即不能拒绝"处理组与对照组的农户之间无差异"的原假设，说明处理组与对照组农户之间具有同质性和长期趋势一致性，满足 DID 模型的使用前提。

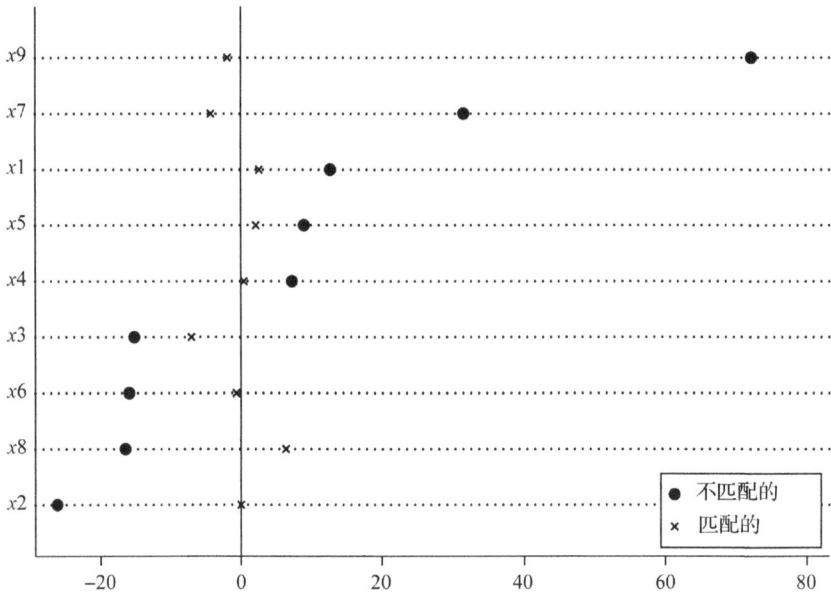

图 9-3 控制变量的标准化偏差图

表 9-12 变量误差消减状况

变 量	匹 配	均 值		标准偏误	误差消减	T 检验	
		处理组	对照组	（%）	（%）	t	P>｜t｜
x1	匹配前	0.939	0.905	12.7	79.3	2.380	0.017
	匹配后	0.938	0.931	2.6		0.500	0.617
x2	匹配前	53.413	56.373	−26.3	99.9	−5.020	0.000
	匹配后	53.502	53.500	0.0		0.000	0.997
x3	匹配前	0.644	0.715	−15.3	53.8	−2.920	0.004
	匹配后	0.652	0.684	−7.0		−1.220	0.221
x4	匹配前	0.532	0.495	7.3	94.1	1.400	0.163
	匹配后	0.530	0.528	0.4		0.080	0.939
x5	匹配前	6.314	5.970	9.0	76.0	1.770	0.078
	匹配后	6.324	6.220	2.2		0.370	0.709
x6	匹配前	4.486	4.764	−16.0	95.9	−3.000	0.003
	匹配后	4.506	4.517	−0.7		−0.120	0.907

（续）

变　量	匹　配	均　值		标准偏误	误差消减	T 检验	
		处理组	对照组	（%）	（%）	t	P>|t|
x7	匹配前	0.462	0.310	31.5	86.4	6.020	0.000
	匹配后	0.455	0.476	-4.3		-0.720	0.470
x8	匹配前	0.597	0.642	-16.5	61.0	-3.150	0.002
	匹配后	0.594	0.577	6.5		1.130	0.257
x9	匹配前	0.785	0.456	72.1	97.4	13.510	0.000
	匹配后	0.783	0.792	-1.9		-0.370	0.711

在对全样本进行匹配后，对共同支撑范围内中的处理组与对照组样本进行双重差分，客观福利各具体表征指标的估计结果如表 9-13 所示。

模型结果显示：退耕补贴到期对人均总收入（lny1）、收入来源多样性（y6）、非农劳动时间（y9）和人均非农收入（y10）存在显著正向影响，估计系数分别为 0.538、1.186、3.127 和 0.440，且均在 1% 水平上显著。这表明，退耕补贴到期一定程度上促进了退耕农户人均总收入、人均非农收入、非农劳动时间的增加，以及收入来源的多样化。可能的原因是，退耕补贴到期使得退耕农户的生计策略有所调整，促使退耕农户转向劳动报酬更高的非农劳动，或选择在非农忙时期就近打零工，并通过增加非农劳动时间、提高非农收入进而提高家庭总收入。退耕补贴到期对生存性支出占比（y4*）存在显著负向影响，估计系数为 -0.365 且在 1% 水平上显著，表明退耕农户在补贴到期后生存性支出占比减少，退耕农户的消费结构发生改变。退耕补贴到期对退耕农户医疗支出占比（y5*）不存在显著影响。总体而言，除医疗支出占比指标外，退耕补贴到期对客观福利其他各表征指标均存在显著影响，从估计系数来看，退耕农户非农劳动时间受退耕补贴到期的影响最大。这些结果说明在补贴到期后退耕农户为追求福利最大化，在调整生计策略时更倾向于选择非农就业或增加非农劳动时间来获取更高薪酬，以此增加非农收入，并丰富收入来源的多样性，最终表现为补贴到期对退耕农户客观福利产生正向影响。

表 9-13　PSM-DID 模型回归结果

变量	lny1	y4*	y5*	y6	y9	lny10
DiD	0.538***	-0.365***	-0.012	1.186***	3.127**	0.440***
	(0.106)	(0.015)	(0.016)	(0.071)	(1.227)	(0.120)
x1	0.188*	0.015	0.008	-0.100	-0.694	0.247**
	(0.099)	(0.014)	(0.015)	(0.066)	(1.149)	(0.112)
x2	0.013***	0.000	0.000	0.004***	0.143***	0.015***
	(0.003)	(0.000)	(0.000)	(0.002)	(0.030)	(0.003)
x3	0.075	0.005	-0.027***	-0.041	0.138	0.065
	(0.058)	(0.008)	(0.009)	(0.039)	(0.675)	(0.066)
x4	-0.597***	-0.016**	0.001	-0.184***	-5.678***	-0.766***
	(0.055)	(0.008)	(0.008)	(0.037)	(0.639)	(0.062)
x5	0.011*	-0.001	-0.001	0.004	0.278***	0.006
	(0.007)	(0.001)	(0.001)	(0.004)	(0.075)	(0.007)
x6	0.019	0.004*	-0.007***	-0.087***	2.448***	0.069***
	(0.016)	(0.002)	(0.002)	(0.011)	(0.184)	(0.018)
x7	0.0404	-0.043***	-0.005	0.142***	-2.829***	-0.028
	(0.055)	(0.008)	(0.008)	(0.037)	(0.642)	(0.063)
x8	1.621***	0.046***	-0.026	0.588***	16.537***	1.703***
	(0.118)	(0.017)	(0.017)	(0.079)	(1.368)	(0.133)
x9	-0.711***	-0.034***	0.035***	-0.479***	-5.728***	-0.780***
	(0.065)	(0.009)	(0.010)	(0.044)	(0.755)	(0.073)
样本量	1481	1481	1481	1481	1481	1481
R^2	0.3522	0.4581	0.0460	0.3848	0.3059	0.3399

注：***，**，*分别表示估计结果在1%，5%，10%水平上显著；括号内为标准误差，下同。

　　由表9-13可以看出，控制变量对退耕农户客观福利各具体表征指标的影响效应也存在差异。在退耕农户户主特征方面，户主性别（x1）对退耕农户人均收入、人均非农收入存在显著正向影响，估计系数分别为0.188和0.247；在实地走访中了解到，户主为女性的农户多为丧偶或离异家庭，且户主年龄普遍偏大、多从事农业劳动，与户主为男性的农户相比，这类农户通常家庭收入来源单一、提高家庭收入的能力较弱。户主年龄（x2）对退耕农户人均收入、收入来源多样性、非农劳动时间、人均非农收入存在显著正向影响，估计系数分别为0.013、0.004、0.143和0.015；可能是因为户主年龄偏大的农户通常是人口众多的大家庭，有较为充足的劳动力，更有能力改善家庭经济条件。户主健康状态($x3$)对退耕农户医疗支出占比存在显著影响，估计系数为-0.027。职业类型($x4$)对人均收入、生存性支出占比、收入来源多样性、非农劳动时间和人均非农收入存在显著负向影响，估计系数分别为-0.597、-0.016、-0.184、-5.678和-0.766，即户主纯务农的农户人均收入和人均非农收入低、收入来源和非农劳动时间少，同时，生存性支出占比低；可能的原因是，户主从事农业生产的边际报酬较低，且这类农户的家庭生计类型多为纯务农，均不利于提高家庭总收入，但又由于从事农业生产经营更容易实现粮食上的自给自足，因此在食品方面的消费支出自然就比较低，进而降低了家庭生存性支出占比。户主受教育年限($x5$)对退耕农户人均收入和非农劳动时间存在显著正向影响，估计系数分别为0.011和0.278。在退耕农户家庭特征方面，家庭规模($x6$)对除人均收入外的客观福利各表征指标均存在显著影响，估计系数分别为0.004、-0.007、-0.087、2.448和0.069。家庭成员是否接受过技能培训($x7$)对收入来源多样性存在显著正向影响，估计系数为0.142。劳动力占比($x8$)对除医疗支出占比外的客观福利各表征指标均存在显著影响，估计系数分别为1.621、0.046、0.588、16.537和1.703。以上结果与现有的研究结论相一致（陈光等，2022；杜温鑫，2020；于元赫和吴健，2022）。

9.4.3　退耕补贴到期对农户主观福利影响的结果分析

对处于共同支撑范围内的样本农户估计主观福利及各表征指标的平均处理效应(ATT)，以此来分析补贴到期对退耕农户主观福利及各表征指标变量的影响。近邻匹配法、半径匹配法、核匹配法的估计结果相近，说明倾向匹配得分模型具有稳健性。研究将三种匹配方法下的 ATT 值求取算术平均数，估计结果如表 9-14 所示。

表 9-14　补贴到期对农户主观福利的处理效应

匹配方法		主观福利	$y2$	$y3$	$y7$	$y8$
一对三近邻匹配法	ATT	-0.160	-0.696	-0.698	-0.282	-0.445
	t 统计量	-9.670	-7.770	-8.510	-4.280	-5.800
半径匹配法	ATT	-0.165	-0.791	-0.725	-0.289	-0.476
	t 统计量	-10.810	-9.760	-9.410	-4.660	-6.660
核匹配法	ATT	-0.164	-0.770	-0.725	-0.289	-0.474
	t 统计量	-10.780	-9.750	-9.410	-4.670	-6.650
ATT 均值		-0.163	-0.752	-0.716	-0.287	-0.465

从主观福利来看，在控制其他因素影响下，退耕补贴到期对退耕农户主观福利有显著下降作用，平均处理效应为 -0.163。说明退耕农户对过去长达16年的退耕补贴已产生依赖心理，且在退耕补贴到期后，无论是与到期前相比较，还是与同村未参与退耕的农户相比较，补贴到期组农户都会产生心理落差，进而对当前的收入满意度、生活状态与幸福感做出消极评价，最终表现为退耕农户的主观福利在补贴到期后大幅下降。

从主观福利各构成指标来看，在控制其他因素影响的情况下，退耕补贴到期对退耕农户收入满意度($y2$)、生活满意度($y3$)、家庭关系满意度($y7$)和邻里关系满意度($y8$)均存在显著负向影响，平均处理效应分别为 -0.752、-0.716、-0.287 和 -0.465。

其中，退耕补贴到期对退耕农户收入满意度与生活满意度的负向影响程度最大。这表明，即使从客观福利各构成指标分析得出在补贴到期后退耕农户的实际人均收入、人均非农收入均有所增加，且家庭生存性支出占比减少，但从主观福利各构成指标来看，补贴到期仍旧降低了退耕农户的主观福利。可能的原因是，退耕补贴到期使得退耕农户的转移性收入降低，当期既得利益减少，收入稳定性下降；且短期内调整生计策略较为困难，会产生一定的经济成本和时间成本，也会导致退耕农户当期的生活水平降低，同时受比较心理影响，退耕农户的负面情绪也会被进一步放大。因此，在补贴到期当年退耕农户的收入满意度和生活满意度均呈现大幅下降。补贴到期后，退耕农户的家庭关系满意度和邻里关系满意度下降程度次之，且家庭关系满意度下降程度小于邻里关系满意度。在实际调研中了解到，补贴到期后，退耕农户开始逐渐转向非农就业，劳动力外出打工的比例也随之增加，而就业选择的改变会使得亲人、邻里朋友之间的联系减少，尽管在网络普及、信号全覆盖的现代社会，时空距离依然会使得人们的情感需求得不到完全满足，致使退耕农户家庭、邻里关系满意度降低。

9.4.4 异质性分析

9.4.4.1 退耕补贴到期对贫困与非贫困退耕农户福利的影响

建档立卡贫困户的识别是以农户收入为基本依据，综合考虑住房、教育、健康等基本家庭情况而定。退耕农户是否为建档立卡贫困户直接反映了退耕农户家庭经济条件和资源禀赋差异，也反映出退耕补贴对于贫困和非贫困退耕农户的重要程度不同，进而使得退耕补贴到期对两类退耕农户福利水平的影响会存在差异。研究补贴到期对这两类退耕农户福利的影响，可以为政府巩固拓展脱贫成果，防止返贫并实现可持续脱贫提供实证依据。

　　基于分组样本农户匹配结果，运用 PSM 模型，对处于共同支撑范围内的样本农户依次估计总福利、客观福利、主观福利的平均处理效应（ATT）。研究将一对三近邻匹配、核匹配和半径匹配方法下的 ATT 值求取算术平均数，估计结果如表 9-15 所示。

表 9-15　补贴到期对贫困与非贫困退耕农户福利的影响

匹配方法		总福利		客观福利		主观福利	
		贫困户	非贫困户	贫困户	非贫困户	贫困户	非贫困户
一对三近邻匹配法	ATT	0.025	0.050	0.059	0.086	−0.175	−0.149
	t 统计量	2.530	3.420	5.160	5.210	−7.680	−6.200
半径匹配法	ATT	0.024	0.061	0.057	0.100	−0.169	−0.148
	t 统计量	2.700	4.430	5.710	6.350	−7.830	−6.660
核匹配法	ATT	0.025	0.062	0.057	0.101	−0.170	−0.149
	t 统计量	2.720	4.490	5.740	6.400	−7.850	−6.590
ATT 均值		0.025	0.058	0.058	0.096	−0.171	−0.149

　　模型研究结果表明，从影响方向来看，退耕补贴到期对贫困组农户和非贫困组农户的总福利均有显著提升作用，平均处理效应分别为 0.025 和 0.058，且非贫困组农户总福利的提升幅度略大。在实际走访中了解到，贫困组农户致贫原因多为因病致贫、因学致贫或因缺少劳动力致贫，说明贫困组农户家庭可能面临着所需负担老人、稚儿或在读学生的比例高、家庭劳动力少等问题，使得贫困组农户对退耕补贴的依赖性更高。但同时，退耕补贴到期正处于脱贫攻坚时期，国家对贫困农户的帮扶力度更大，有利于贫困农户通过更多的转移性收入弥补退耕补贴停止带来的家庭总收入的下滑，且国家的产业扶贫等政策有利于拓宽贫困农户的收入渠道、在一定程度上帮助贫困农户实现本村就业，均有利于贫困农户在补贴到期后提高总福利水平。然而，与非贫困农户相比，贫困农户的自身资源较差、承受危机的能力较弱，从而在补贴到期后需要花费更长的时间来调整生计策略以应对收入减少的冲击，最终导致总福利提升幅度低于非贫困组农户。

　　从客观福利及其各表征指标来看，PSM 模型结果显示：退耕补贴到期对贫困组农户和非贫困组农户的客观福利均有显著提升作用，平均处理效应分别为 0.058 和 0.096，且非贫困组农户客观福利提升幅度稍大一些。运用

PSM-DID 模型估计补贴到期对贫困与非贫困退耕农户客观福利各具体表征指标影响的结果见表 9-16。除医疗支出占比指标外，退耕补贴到期对两组退耕农户客观福利各构成指标均存在显著影响，且非贫困组农户各项正指标受影响程度更大；同时，两组退耕农户的逆指标生存性支出占比受退耕补贴到期的影响程度无明显差异。补贴到期后，退耕农户会通过积极调整生计策略来弥补收入损失。然而，与非贫困组农户相比，贫困组农户通常家庭负担重且缺少劳动力，可供其选择的改善家庭福利水平的途径非常有限。因此，贫困组农户大多会让家庭中已处于非农务工状态的劳动力增加劳动时间，或务农劳动力就近兼业打零工，以此来增加家庭收入；相对的，非贫困组农户家庭则可以选择增加家庭非农劳动力比例，或外出打工谋求更高的薪资报酬，以此实现家庭客观福利水平的提升。同时，在经济水平低的农村，农户常年秉持勤俭节约的消费观念和生活习惯，不论是否为建档立卡贫困户，他们均以尽可能低的消费支出维持家庭基本生活，因此，两组农户家庭生存性支出占比受补贴到期的影响程度无明显差异。

从主观福利及其各表征指标来看，PSM 模型结果显示：退耕补贴到期对贫困组农户和非贫困组农户的主观福利均有显著下降作用，平均处理效应分别为-0.171 和-0.149，且贫困组农户主观福利下降幅度大于非贫困组农户。运用 PSM-DID 模型估计补贴到期对贫困与非贫困退耕农户主观福利各具体表征指标影响的结果见表 9-17。由表 9-17 可知，退耕补贴到期对贫困组农户与非贫困组农户主观福利各构成指标均存在显著负向影响；且对比分析两类退耕农户各表征指标的 ATT 值后发现，贫困组农户各指标下降幅度均大于非贫困组农户，说明退耕补贴到期对贫困组农户主观感知的负面冲击更大，该类退耕农户各维度的主观福利下降明显。

表 9-16　补贴到期对贫困与非贫困退耕农户各客观福利指标的影响

变　量	贫困户		非贫困户	
$\ln y1$	$0.381^{*\,**}$	(0.124)	0.698^{***}	(0.170)
$y4^{*}$	$-0.366^{*\,**}$	(0.020)	-0.363^{***}	(0.023)
$y5^{*}$	-0.025	(0.024)	0.000	(0.019)
$y6$	1.090^{***}	(0.101)	1.310^{***}	(0.064)
$y9$	2.783^{*}	(1.690)	3.299^{*}	(1.749)
$\ln y10$	0.285^{**}	(0.126)	0.591^{***}	(0.200)

表 9-17 补贴到期对贫困与非贫困退耕农户各主观福利指标的影响

匹配方法		贫困户				非贫困户			
		y2	y3	y7	y8	y2	y3	y7	y8
一对三近邻匹配法	ATT	-0.798	-0.800	-0.314	-0.550	-0.725	-0.667	-0.245	-0.414
	t 统计量	-6.490	-6.780	-3.320	-5.600	-5.650	-5.470	-2.770	-3.540
半径匹配法	ATT	-0.813	-0.760	-0.275	-0.480	-0.737	-0.634	-0.272	-0.400
	t 统计量	-7.080	-7.000	-3.080	-4.990	-6.230	-5.630	-3.230	-3.740
核匹配法	ATT	-0.813	-0.765	-0.281	-0.484	-0.739	-0.637	-0.290	-0.405
	t 统计量	-7.070	-7.040	-3.140	-5.020	-6.200	-5.620	-3.340	-3.680
ATT 均值		-0.808	-0.775	-0.290	-0.505	-0.734	-0.646	-0.269	-0.406

9.4.4.2 退耕补贴到期对不同退耕规模农户福利的影响

退耕补贴金额与退耕农户退耕面积(即退耕规模)紧密相关,退耕面积越大,退耕农户得到的补贴也越多,在退耕补贴到期后,其福利水平受到影响的可能性也越大。因此,退耕补贴到期对不同退耕规模退耕农户福利水平的影响也会不同。研究补贴到期对不同退耕规模退耕农户福利及其各表征指标的影响差异,有利于政府有针对性地开展帮扶工作,助力不同退耕规模农户在补贴到期后生计策略的调整,具有重要的现实意义。

本文以退耕面积中位数为界,将样本农户分为两组,0.15~4.3 亩为小退耕规模组,4.4~132.8 亩为中等及以上退耕规模组;基于分组样本农户匹配结果,运用 PSM 模型,对处于共同支撑范围内的样本农户依次估计总福利、客观福利、主观福利的平均处理效应(ATT),结果见表 9-18。

表 9-18 补贴到期对不同退耕规模农户福利的影响

匹配方法		总福利		客观福利		主观福利	
		小规模	中高规模	小规模	中高规模	小规模	中高规模
一对三近邻匹配法	ATT	0.035	0.018	0.060	0.064	-0.138	-0.185
	t 统计量	2.830	2.010	4.500	6.750	-5.620	-8.080
半径匹配法	ATT	0.038	0.014	0.062	0.062	-0.133	-0.188
	t 统计量	3.580	1.710	5.460	6.640	-6.080	-8.760
核匹配法	ATT	0.038	0.015	0.062	0.062	-0.134	-0.187
	t 统计量	3.560	1.770	5.450	6.670	-6.140	-8.700
ATT 均值		0.037	0.016	0.061	0.063	-0.135	-0.187

退耕补贴到期对两组退耕农户总福利、客观福利、主观福利均存在显著影响，小退耕规模组农户平均处理效应依次为 0.037、0.061 和 -0.135，中等及以上退耕规模组农户平均处理效应依次为 0.016、0.063 和 -0.187。表明退耕补贴到期对两组退耕农户总福利与客观福利均有提升作用，但同时对其主观福利有显著降低作用。

退耕补贴到期对小退耕规模组农户总福利提升作用更大，同时对中等及以上退耕规模组农户客观福利提升作用与主观福利下降作用也更大；说明中等及以上退耕规模组农户主观福利下降幅度过大中和了部分客观福利的提升幅度，使得中等及以上退耕规模组农户总福利提升幅度小于小退耕规模组农户。这可能是因为退耕规模越大，退耕农户在补贴到期后减少的转移性收入就越多，心理落差也就越明显，最终表现为主观福利的大幅下降。

运用 PSM-DID 模型估计补贴到期对不同退耕规模农户客观福利各具体表征指标影响的结果见表 9-19。除非农劳动时间指标外，退耕补贴到期对小退耕规模组农户客观福利的构成指标均存在显著影响；除医疗支出占比指标外，退耕补贴到期对中等及以上退耕规模组农户客观福利的构成指标均存在显著影响。退耕规模越大，退耕补贴到期对正指标农户人均收入、收入来源多样性、非农劳动时间和人均非农收入的正向影响效应越大，对逆指标生存性支出占比的负向影响效应越小。这可能是因为补贴到期后中等及以上退耕规模组农户总收入缩减较大，又由于非农就业劳动报酬率通常高于农业劳动报酬率，农户为应对冲击会自发地减少农业劳动力投资，转而选择劳动报酬率更高的非农就业，进而提高人均非农收入，最终也会促使总收入显著提高。同时，在实地走访中了解到，退耕规模大的退耕农户家庭总人口普遍较多，家庭劳动力相对充足，在补贴到期后更有能力及时调整家庭生计策略，且选择非农兼业或增加非农就业劳动力人数的可能性也更高，因此，补贴到期后中等及以上退耕规模组农户的收入、收入来源多样性以及家庭劳动力非农就业总时间的增加更为显著。同时，由于中等及以上退耕规模组农户人口规模大，其家庭生存性支出通常高于人口规模较小的小退耕规模组农户，且人口较多的农户家庭消费结构不易调整，故而小退耕规模组农户家庭生存性支出占比受退耕补贴到期的影响程度更大。

运用 PSM 模型估计补贴到期对不同退耕规模农户主观福利各具体表征指标影响的结果见表 9-20。由表 9-20 可知，退耕补贴到期对两组退耕农户主观福利的构成指标均存在显著负向影响，且中等及以上退耕规模组农户的收入满意度、生活满意度及家庭关系满意度的下降幅度更大，而邻里关系满意度的下降幅度稍小一些。整体而言，与两组退耕农户主观福利平均处理效应的对比结果一致。

表 9-19　补贴到期对不同退耕规模农户各客观福利指标的影响

变　量	小规模		中高规模	
$\ln y1$	0.469 ***	(0.151)	0.549 ***	(0.149)
$y4^*$	-0.371 ***	(0.022)	-0.356 ***	(0.022)
$y5^*$	-0.045 *	(0.024)	0.009	(0.020)
$y6$	1.062 ***	(0.104)	1.195 ***	(0.096)
$y9$	2.490	(1.851)	3.576 **	(1.659)
$\ln y10$	0.467 ***	(0.177)	0.500 ***	(0.162)

表 9-20　补贴到期对不同退耕规模农户各主观福利指标的影响

匹配方法		小规模				中高规模			
		$y2$	$y3$	$y7$	$y8$	$y2$	$y3$	$y7$	$y8$
一对三近邻匹配法	ATT	-0.723	-0.641	-0.203	-0.520	-0.884	-0.822	-0.310	-0.458
	t 统计量	-5.790	-5.510	-2.130	-4.400	-7.030	-7.070	-3.440	-4.710
半径匹配法	ATT	-0.684	-0.578	-0.232	-0.500	-0.878	-0.835	-0.346	-0.477
	t 统计量	-6.090	-5.440	-2.710	-4.650	-7.610	-7.590	-3.980	-5.090
核匹配法	ATT	-0.695	-0.585	-0.232	-0.504	-0.875	-0.828	-0.341	-0.480
	t 统计量	-6.180	-5.500	-2.700	-4.690	-7.580	-7.520	-3.920	-5.130
ATT 均值		-0.701	-0.601	-0.222	-0.508	-0.879	-0.828	-0.332	-0.472

9.5　研究结论与政策建议

农户福利水平得到改善既是生态治理追求的重要目标之一，同时也是实现乡村振兴的前提条件。随着退耕补贴全面到期，亟待探究退耕补贴到期对退耕农户福利的影响以及对不同退耕农户群体福利的异质性影响。本研究利用湖南、甘肃和宁夏三省（自治区）原贫困地区 931 份退耕农户样本数据，基于 Sen 的可行能力理论、参考千年生态系统评估报告的福利分类并在实地调查和理论分析基础上，构建退耕农户福利指标体系；在采用熵权法测算出退耕农户福利水平的基础上，借助 PSM 模型和 PSM-DID 模型，分别实证检验了退耕补贴到期对退耕农户总福利、客观福利与主观福利及各表征指标的净影响。最后，从退耕规模和是否为建档立卡贫困户两个方面，分组探究退耕补贴到期对不同组别退耕农户福利的影响差异。结合理论分析与实证分析，本研究得出以下结论：

(1)退耕农户各项功能性活动中"行为与选择的自由""收入与物质需求"于改善退耕农户总福利至关重要。熵权法测算得到"选择和行为的自由"所赋权重为49.9%、"收入与物质需求"所赋权重为42.2%，两项权重加和达92.1%。根据综合得分法加权计算得到退耕农户总福利得分均值为0.248，说明总体上退耕农户在补贴到期当年总福利水平较低。在退耕补贴到期对退耕农户总福利的影响方面，补贴到期对农户总福利存在显著影响，平均处理效应为0.015。

(2)退耕补贴到期对提高退耕农户客观福利有促进作用，但同时也显著降低了退耕农户的主观福利。补贴到期对退耕农户客观福利与主观福利的净效应分别为0.047与-0.163。

在客观福利的构成指标方面，退耕补贴到期对各项正指标均呈显著正向影响，其中对非农劳动时间的影响程度最大，估计系数为3.127；对收入来源多样性的影响程度次之，估计系数为1.186；对人均收入和人均非农收入的影响程度相对较小，估计系数分别为0.538、0.440。基于前文理论分析，结合实证结果，可在一定程度上表明退耕补贴到期促使退耕农户向非农就业转移增加非农就业时间，从而增加人均非农收入，进而实现了人均收入的提升。退耕补贴到期对逆指标生存性支出占比呈显著负向影响，估计系数为-0.365；但对逆指标医疗支出占比无显著影响。

在主观福利的构成指标方面，退耕补贴到期对各项指标均呈显著负向影响。其中，对收入满意度和生活满意度的影响程度最大，对邻里关系满意度的影响程度次之、对家庭关系满意度的影响程度最小；平均处理效应分别为-0.752、-0.716、-0.465与-0.287。

(3)退耕补贴到期对异质性退耕农户福利的影响存在差异。退耕补贴到期对贫困与非贫困退耕农户总福利、客观福利、主观福利均存在显著影响，贫困组农户平均处理效应依次为0.025、0.058和-0.171，非贫困组农户平均处理效应依次为0.058、0.096和-0.149。说明退耕补贴到期对贫困组农户总福利与客观福利的提升作用更小，同时对其主观福利的降低作用更大。

退耕补贴到期对不同退耕规模农户总福利、客观福利、主观福利均存在显著影响，小退耕规模组农户平均处理效应依次为0.037、0.061和-0.135，中等及以上退耕规模组农户平均处理效应依次为 0.016、0.063 和−0.187。说明退耕补贴到期对小退耕规模组农户总福利的提升作用更大，但对其客观福利的提升作用更小，同时对中等及以上退耕规模组农户主观福利的下降作用更大。

结合本文的研究结果，提出以下建议：

(1)进一步拓宽退耕农户增收渠道，为退耕农户提供更多的就业机会，从而实现其客观福利的可持续增长。地方相关部门应经常组织就业市场需求大且农户容易学习的技能培训，并鼓励广大退耕农户积极参加，以此提高退耕农户非农就业的能力；同时，相关部门可以与劳务需求大、劳动力流动快的企业和用人单位搭建劳动力输送渠道，提供就业信息，增加退耕农户的就业机会，帮助退耕农户有效就业。此外，地方政府还可以通过招商引资，积极发展本土产业和退耕还林后续产业，改善退耕农户就业环境，助力退耕农户实现就近就业、增加收入来源。

(2)地方相关部门应关注并结合已脱贫的退耕农户的实际情况，制定针对性的帮扶政策，促进脱贫退耕农户的收入持续增加，生活更有保障，从而提升其主观福利。例如，对缺乏劳动力的已脱贫退耕农户给予更多方面的生活补贴，而对有劳动力但家庭负担重的退耕农户提供更多就业和兼业的机会等。进一步完善乡村配套设施、改善退耕农户生活环境、提高退耕农户生活满意度。

(3)完善退耕还林后续相关政策，有针对性地满足不同退耕规模农户在补贴到期后对退耕地的意愿与需求。政府应在补贴到期后及时出台后续相关政策，对位于各级各类生态功能区或生态脆弱区的退耕地，继续通过相应生态补偿项目给予退耕农户生态补偿；并对其余退耕地应赋予退耕农户一定的处置权，以提高退耕农户的主观福利。

第10章

退耕补贴到期对农户土地利用
行为及意愿影响研究

　　农户是退耕还林的核心主体，退耕还林工程效益的稳定发挥离不开广大退耕农户的参与和配合（谢晨等，2014）。在现行政策背景下，随着2021年年底首轮退耕还生态林补贴全面到期，退耕农户在失去补贴收入后，其收入结构、就业结构和生计策略面临调整，使其土地利用决策行为表现出不确定性，进而导致补贴到期后退耕还林工程的可持续性难以得到有效保证（Wang et al.，2019）。因此，关注补贴真实到期后退耕农户的土地利用意愿与行动逻辑，对退耕还林成果的巩固、农村资源有效利用、乡村振兴战略的全面推进都至关重要。

　　依据2019年出台的《中华人民共和国土地管理法》，我国土地可以被划分为农业种植用地、城市建设开发用地以及未被开发利用的土地。退耕还林工程主要是对农业用地利用方式的改变，将陡坡耕地退耕还林。这样，农业用地主要包括：农地、退耕地、林地以及草地。基于研究目标，本章重点考察补偿到期后农户对退耕地的利用行为及退耕补贴到期所产生的影响，并从农户生计策略调整视角，分析退耕补贴到期对农户农地利用行为的影响。

　　在退耕地利用方面，目前大多数学者在补贴期内或临近补贴到期时点上，对退耕农户的复耕意愿及其驱动因素进行研究（Wu et al.，2021；杨娜等，2018；周银花等，2021）。但是随着社会经济的不断发展变化，补贴期内退耕农户的复耕意愿与补贴到期后退耕农户的实际应对行为可能存在较大差异，根据补贴期内农户对退耕地的利用意愿来判断退耕农户在补贴到期后的实际利用行为是不合理的（陈儒等，2016；王余丁和黄燕燕，2017）。那么，补贴到期后，农户究竟对退耕地采取了什么样的利用行为？对退耕地进一步的利用意愿如何？补贴到期如何影响农户退耕地利用行为及意愿？目前，学术界尚缺乏对这些问题的系统研究。

在农地利用方面，目前学者大多仅考虑退耕还林政策的实施对退耕农户农地利用的影响。并通过研究发现，退耕补贴会对退耕农户农地利用行为产生一定的影响，主要体现在对农地的流转行为、种植行为以及投入行为上（Lyu and Xu，2020；蓝菁等，2017；韦惠兰和白雪，2019）。但目前退耕补贴已大范围到期，退耕农户的农地利用行为是否会发生改变？补贴到期对退耕农户农地利用行为的影响如何？目前，也鲜见这方面的实证研究。

因此，本研究从退耕补贴到期视角出发，基于湖南、宁夏和甘肃三省（自治区）901户退耕农户的实地调研数据，在分析补贴到期背景下退耕农户对退耕地和农地利用决策行为与意愿现状、动因及理论分析的基础上，实证分析补贴到期对退耕农户退耕地和农地利用行为和意愿的影响，并进一步探究退耕补贴到期对不同生计策略、不同退耕规模农户的影响。基于研究结论，提出有助于巩固退耕还林成果的政策建议，以期为后续退耕还林政策制定以及优化利用农村土地资源提供借鉴依据。

10.1　补贴到期背景下退耕农户退耕地和农地利用行为与意愿

10.1.1　退耕农户退耕地利用行为及意愿现状

本章基于湖南、甘肃和宁夏三省（自治区）原贫困地区901户退耕农户的实地调研数据，其中，按照2020年退耕还林补贴是否到期划分，到期组共467户，未到期组共434户，依据文献研究并结合实地调研情况，具体从退耕农户的复耕行为及意愿、流转行为及意愿、管护行为及意愿3个方面分析其退耕地利用行为及意愿的现状，观察补贴到期与未到期的退耕农户在退耕地利用行为及意愿方面的差异。

10.1.1.1　退耕农户退耕地复耕行为及意愿现状

调查结果表明，901户受访退耕农户中，有11户存在退耕地复耕行为，占总样本的1.22%，

其中10户表示其复耕原因是复耕可以提高家庭收入，有1户表示除了农耕外没有获得其他收入的能力，因此在补贴到期后需要对退耕地进行复耕，扩大农地耕种面积。这在一定程度上说明，退耕地的边际收益降低是影响退耕农户复耕的一个重要原因。而绝大部分退耕农户无复耕行为的原因调查结

果见表 10-1。

表 10-1　农户无复耕行为的原因

	频　率	百分比	累积百分比
法律政策不允许	465	48.8	48.8
羊群效应	29	3.0	51.9
同伴效应	113	11.9	63.8
退耕地难以恢复成耕地	276	29.0	92.8
年龄大，身体不允许	50	5.3	98.0
其　　他	19	2.0	100.0
总　　计	952	100.0	

由表 10-1 可见，48.8% 的农户目前无复耕行为的主要原因在于法律政策不允许，另外，退耕地恢复成本高、农户之间的互相影响也是其目前无复耕行为的主要原因，而年龄大、身体条件不允许等内在原因影响较小，这在一定程度上说明是外在因素制约了退耕农户的复耕行为。

按现行政策，退耕还生态林补贴已于 2021 年全面到期。调查时点上进一步对农户退耕地复耕意愿的调查结果表明，26.2% 的退耕农户有复耕意愿，其中，补贴已到期的退耕农户中有意愿复耕的占总退耕补贴到期农户 32.25%，远大于补贴未到期退耕农户中有意愿复耕的占比（19.62%），由此可见，退耕农户存在重新利用退耕地的需求。农户对退耕地有无复耕意愿的原因的调查结果见表 10-2、表 10-3。

表 10-2　农户无复耕意愿的原因

	频　率	百分比	累积百分比
耕地质量差，农作物收入低	100	14.4	14.4
复耕的成本比较高，需要花费时间和金钱	204	29.4	43.9
保护环境，复耕破坏生态环境	150	21.6	65.5
响应国家政策，并认为政府会继续提高退耕补贴	128	18.5	84.0
种林地管护时间较少，年轻人可外出务工	83	12.0	96.0
其　　他	28	4.0	100.0
总　　计	693	100.0	

表 10-3 农户有复耕意愿原因

	频　率	百分比	累积百分比
生态林生产周期长，见效慢，造林成果难以转化为经济效益	30	12.2	12.2
退耕地种植能提高家庭收入	132	53.9	66.1
退耕补贴到期后，家庭难以支付管理林地的费用	71	29.0	95.1
其　　他	12	4.9	100.0
总　　计	245	100.0	

统计结果表明，复耕的成本较高以及复耕会破坏生态环境是农户暂时没有意愿复耕的主要原因；而退耕地种植能提高家庭收入是农户有意愿复耕的主要原因，占比达到 53.9%，表明在退耕地的边际收益降低，退耕地复耕可以提高家庭收入的情况下，部分退耕农户会根据家庭资源禀赋的实际情况将退耕地进行复耕，以追求退耕地收益和家庭收益最大化。

10.1.1.2　退耕农户退耕地流转行为及意愿现状

调查时点上 5 户农户有退耕地流转行为，主要是将退耕地流转给政府发展旅游业。农户未有退耕地流转行为的主要原因是目前征用退耕林地的企业或其他组织较少。

对目前无退耕地流转行为的退耕农户进一步进行的流转意愿调查结果表明，有退耕地流转意愿的占 41.02%，同时，补贴到期的退耕农户有意愿流转退耕地的占总退耕补贴到期农户的 41.34%，而补贴未到期的退耕农户有流转意愿的占总退耕补贴未到期农户的 40.66%，二者占比相近，初步表明退耕补贴到期可能对退耕农户退耕地流转意愿影响相对较小。此外，对有流转意愿的退耕农户的流转意向进行了调查，统计结果见表 10-4。

表 10-4 农户退耕地流转意向统计

	频　率	百分比	累积百分比
企　　业	122	33.1	33.1
村中大户	98	26.6	59.6
政　　府	130	35.2	94.9
其　　他	19	5.1	100.0
总　　计	369	100.0	

由表 10-4 可知，在有意愿流转退耕地的农户中，35.2%的农户想将退耕地流转给政府，33.1%的农户有将退耕地流转给企业的意向，其认为企业和政府都比较可靠，有较好的资金和实力；26.6%的农户有意向将退耕地流转给村中大户，主要是由于相互间的交流更多，农户有一定的安全感。

10.1.1.3 退耕农户退耕地管护行为及意愿现状

退耕农户是否对退耕地进行管护，一定程度上决定了退耕还林的质量。调查时点上 65.7%的退耕农户有管护行为，且补贴未到期的农户相比于补贴已到期的农户有管护行为的比例更高。此外，72.7%的退耕农户有管护的意愿，但补贴到期农户有继续管护意愿的占总补贴到期农户 65.58%，远小于补贴未到期农户中有管护意愿的占比（80.38%），一定程度上意味着退耕补贴到期可能会减弱退耕农户的退耕地管护意愿。退耕农户有无管护意愿的原因见表 10-5、表 10-6。

表 10-5　有管护意愿的原因

	频　率	百分比	累积百分比
家里劳动力较多	151	22.4	22.4
生态林对当地保护环境有好处	361	53.6	76.1
经济林已经成熟，有一定的收益	121	18.0	94.1
其　他	40	5.9	100.0
总　计	673	100.0	

表 10-6　无管护意愿的原因

	频　率	百分比	累计百分比
认为不需要管护	69	28.2	28.2
离家太远	75	30.6	58.8
无管护能力	49	20.0	78.8
生态林不能带来收益	41	16.7	95.5
其　他	11	4.5	100.0
总　计	245	100.0	

由表 10-5 可知，53.6%的退耕农户认为退耕还林对于当地的生态环境有一定的保护作用，22.4%的退耕农户是由于家庭中劳动力较多，因此会对退耕林地进行管护，但是也有 30.6%的退耕农户受到退耕林地离家太远、

20.0%的退耕农户受到无管护能力的制约，使得退耕地管护意愿有所减弱。

10.1.2　退耕农户农地利用行为现状

基于研究目标并结合实地调研，本章节主要从退耕农户农地流转行为和农地投入行为两个方面分析退耕补贴到期背景下退耕农户的农地利用现状。

10.1.2.1　退耕农户农地流转行为现状

按照研究设计，从退耕农户的农地流转行为及规模两个方面分析其农地流转情况。无农地流转的退耕农户占 61.27%，在有农地流转的退耕农户中，流出农地与流入农地的退耕农户占比相当。补贴到期的退耕农户中，未流转、农地流出与农地流入的退耕农户比例相当；在补贴未到期的农户中，无流转行为的退耕农户占比最高(86.41%)，而有流入与流出的退耕农户占比相当。表 10-7 结果初步表明：退耕补贴到期农户与未到期农户的农地流转行为差异较大，补贴到期可能会使得退耕农户更加倾向于流出或流入农地。

表 10-7　退耕农户的农地流转行为

行　　为	未流转	流　　入	流　　出
补贴到期农户	177(37.90%)	136(29.12%)	154(32.98%)
补贴未到期农户	375(86.41%)	25(5.76%)	34(7.83%)
总样本	552(61.27%)	161(17.87%)	188(20.86%)

为了进一步探究补贴到期背景下有流转行为的退耕农户在农地流转规模方面是否存在差异，本研究借鉴吕晓等(2020)学者的做法，以流转面积占农地总面积的比重作为农地流转规模指标，具体统计结果见表 10-8。

表 10-8　退耕农户的农地流转规模

流转规模	流　　入				流　　出			
	≤0.25	0.25~0.5	0.5~0.75	>0.75	≤0.25	0.25~0.5	0.5-0.75	>0.75
补贴到期农户	5 (3.68%)	42 (30.88%)	54 (39.71%)	35 (25.74%)	9 (5.84%)	46 (29.87%)	31 (20.13%)	68 (44.16%)
补贴未到期农户	20 (80%)	4 (16%)	1 (4%)	0 (0%)	22 (64.71%)	9 (26.47%)	0 (0%)	2 (5.88%)

由表 10-8 可知，农地流出规模方面，补贴到期的退耕农户中有 35.71%会选择流出一半以下的农地，而补贴未到期的退耕农户中有 91.18%会选择转出较少农地，即补贴到期的退耕农户更加倾向于流出较多农地；农地流入规模

方面，补贴到期的退耕农户农地流入程度主要集中在 25%~75%，而补贴未到期的退耕农户的农地流入程度集中于 50% 以下。

通过以上分析发现，与补贴未到期的退耕农户相比，补贴到期的退耕农户更加倾向于农地的流出或流入，而且流转规模也相对较大。这其中是否存在退耕补贴到期的影响，还需进一步的理论分析与实证验证。

10.1.2.2 退耕农户农地投入行为现状

在 901 个农户样本中，去掉将农地全部流转出去的退耕农户，有 777 户对农地仍有种植投入，按照 2020 年退耕还林补贴是否到期划分，其中补贴到期组共 397 户，未到期组共 380 户。

按照研究设计，从农地劳动力投入及资本投入两个方面分析退耕农户的农地投入情况。对于退耕农户在农地上的劳动力投入，选择农户在每亩农地上的投入时间(包括雇工时间)来衡量。但是在调研过程中发现退耕农户无法准确的说明具体投工天数，仅能说明投工天数的范围，因此借鉴马思灜(2018)的赋值方法来衡量退耕农户农地劳动力投入强度：将亩均投工在 5 天以下的农户赋值为 1，亩均投工在 5~8 天赋值为 2，亩均投工在 8~15 天赋值为 3，亩均投工在 15~20 天赋值为 4，亩均投工在 20 天以上赋值为 5。所得统计分析结果见表 10-9。

表 10-9　退耕还林农户的农地劳动力投入

	1	2	3	4	5	平均数
到期农户	25.4%	23.9%	17.4%	16.6%	16.6%	2.75
未到期农户	16.3%	25.3%	19.2%	17.9%	21.3%	3.03
总样本农户	21.0%	24.6%	18.3%	17.2%	18.9%	2.89

从整体上来看，调研地区退耕农户的劳动力投入强度处于较低水平，在实地调研过程中了解到，目前部分地区农业劳动逐渐被机器所代替，农户的农地劳动力投入减少。对比补贴到期与未到期退耕农户农地劳动力投入可以发现：补贴到期农户在农地投入劳动力程度要小于补贴未到期农户。

同样，借鉴彭文英等(2019)的赋值方式，衡量退耕农户的农地资本投入强度，当农户亩均投入资本在 300 元及以下赋值为 1，亩均投入资本在 300~400 元赋值为 2，亩均投入资本在 400~450 元赋值为 3，亩均投入资本在 450~500 元赋值为 4，亩均投入资本在 500 元以上赋值为 5。所得统计分析结果见表 10-10。

表 10-10 退耕还林农户的农地资本投入行为

	1	2	3	4	5	平均数
到期农户	23.9%	18.4%	15.6%	19.1%	22.9%	2.99
未到期农户	16.1%	13.7%	21.8%	22.6%	25.8%	3.28
总样本农户	20.1%	16.1%	18.4%	20.8%	24.6%	3.14

从整体来看，样本退耕农户的农地资本投入水平相对较高，通过调查发现，所调研区域土地质量较差，因此需要投入较多的资金，才能在一定程度上保证农地的产出。相比于补贴未到期的退耕农户，补贴到期的退耕农户对于农地资本投入的程度较低。

以上两个描述性统计分析结果初步表明，补贴到期的退耕农户与未到期的退耕农户在农地劳动力投入和资本投入方面均存在差异，这其中是否存在退耕补贴到期的影响，也需要进一步的理论分析和实证验证。

10.2 理论分析与研究假设

10.2.1 退耕补贴到期对农户退耕地利用行为及意愿的影响

前述统计分析结果表明，由于样本农户有退耕地复耕行为和流转行为的较少，无法进一步利用相应的计量分析模型实证验证补贴到期的影响，因此本研究后续在理论分析基础上，仅从农户复耕意愿、流转意愿、管护意愿和管护行为 4 个方面，进一步探究退耕补贴到期对退耕农户退耕地利用行为及意愿的影响。

退耕补贴到期意味着政府与退耕农户之间的土地合约到期，退耕农户的家庭转移性收入减少，进而对其家庭总收入产生直接影响（王庶和岳希明，2017；刘天婕等，2022）。同时，贫困地区退耕农户对于土地以及农业生产仍存在较强的依赖性，退耕补贴到期不仅使得退耕地的机会成本难以得到弥补，同时也无法使退耕农户享有相应的农业保护补贴，进而可能使退耕农户对退耕地产生较强烈的复耕意愿。据此，提出第一个假设：

H1：退耕补贴到期对退耕农户的退耕地复耕意愿具有正向影响。

退耕补贴到期后，部分退耕农户存在既无法支付由复耕所带来的高额投入又无法在短期内实现生计转型的现象（Lin and Yao，2014），这使得退耕农户更加倾向于通过将退耕地进行流转获得流转金以及经营分红，以期增加家庭的整体收入，弥补退耕补贴到期带来的收入损失（杜温鑫，2020）。据此，提出第二个假设：

H2：退耕补贴到期对退耕农户的退耕地流转意愿具有正向影响。

退耕补贴到期后，一方面退耕农户失去了管护退耕地的经济激励，另一方面促使退耕农户进行生计策略选择上的调整，选择收益较高的非农就业，对土地经营的投入相对减少（喻永红，2015），最终减少对于退耕地的管护。据此，提出第三个假设：

H3：退耕补贴到期对退耕农户的退耕地管护行为及意愿具有负向影响。

10.2.2　退耕补贴到期对农户农地利用行为的影响

农户行为理论和众多研究均表明，为了规避风险并追求利益最大化，农户会依据自身及家庭生产策略情况，做出流入或流出农地使用权的行为（张溪，2021），也会在一定程度上改变自身的农地投入行为（乃吉木丁·艾孜孜等，2016），且众多学者认为农户是否参与农地流转、农地流转方向和规模以及农户的农地投入行为，是农户在特定的家庭内部环境及外部政策环境双向影响下作出的决策（陈俭军，2017；林善浪等，2018；包婷婷和张勇，2021）。

退耕还林作为一项直接使得退耕农户土地利用面积和形式发生变化的政策，对农村劳动力转移、土地流转和农地投入都产生了一定程度的影响（李敏和姚顺波，2016；熊旭阳，2018）。但在现行政策背景下，退耕补贴已全面到期。补贴到期后，面对长期、稳定发放的补贴收入减少冲击，退耕农户作为相对独立的经济利益主体，出于维持原有生计水平的考虑并为了有效规避风险，在生计策略调整过程中，会更倾向于从事非农就业，家庭劳动力会更多地被配置到边际收益更高的非农部门，进而提升其非农收入，实现增收（吴方卫和康姣姣，2020）。同时，由于退耕农户家庭投入到农业中的劳动力减少，不可避免地造成部分农地闲置，为了减少资源浪费，退耕农户更加倾向于流出闲置的农地，这不仅会有相应的租金收入，有效应对资金约束以及转移就业成本的需要（刘传江等，2021），还有更多的精力投入非农就业。可见，退耕补贴到期可能在一定程度上促使退耕农户流出农地，并减少对农地的劳动力投入。而随着农村劳动力的大量转移，使得闲置农地数量增多，为了减少农地资源的闲置并在短期内完成交易，以非农就业为主的退耕农户可能会压缩农地租金，这也使得耕有余力的退耕农户租入农地的成本进一步下降，进一步促进了农地的流入。此外，退耕补贴到期还缩小了农业生产资本投入所需要的资金来源，变相地增加了农业生产成本（黄杰龙等，2021）。补贴到期后退耕农户的收入减少，资金约束加剧，对比农业经营的长周期、低收益和高风险的特性与非农就业收入的高收益、低风险性，退耕农户可能倾向于减少对于农地的资金投入。

基于此，本章提出以下假设：

H4：补贴到期对退耕农户农地流入行为及规模具有正向影响。

H5：补贴到期对退耕农户农地流出行为及规模具有正向影响。

H6：补贴到期对退耕农户农地劳动力投入具有负向影响。

H7：补贴到期对退耕农户农地资本投入具有负向影响。

10.2.3　退耕补贴到期对异质性农户土地利用行为及意愿的影响

已有研究表明，退耕还林会对退耕农户的生计策略产生显著的影响（韦惠兰和白雪，2019），农户因生计策略不同会进一步导致其土地利用行为的选择不同（杨伦等，2019）。补贴到期后，对于以非农就业为主的退耕农户来说，更可能通过增加非农就业时间、寻找收益更多的非农工作或流出农地来弥补收入损失（许彩华等，2022），以实现收入的增加。对于以农业收入为主的退耕农户来说，在短时间内实现生计转型和生产习惯的转变存在一定的困难，可能面临转移就业所需的资金约束和渠道不足，因而更可能着眼于进一步的农业生产结构调整，选择扩大农地种植面积，弥补该部分收入损失，增加其农业收入（张文娥等，2020）。因此退耕补贴到期可能对于不同生计策略退耕农户的土地利用行为的影响存在一定的差异。

众所周知，退耕补贴的金额依据农户退耕规模的实际亩数发放，退耕规模越大，退耕补贴期内所能够获得的补贴收入越多。相对地，补贴到期后，退耕规模越大的退耕农户其收入损失也越多，这也意味着不同退耕规模农户将根据自身情况和家庭资源禀赋做出不同的决策选择以应对补贴到期的影响，这将体现于退耕农户对退耕地的处置和农地利用的差异上。据此提出以下假设：

H8：对于生计策略不同的退耕农户来说，退耕补贴到期对其土地利用行为及意愿的影响存在差异性。

H9：对于退耕规模不同的退耕农户来说，退耕补贴到期对其土地利用行为及意愿的影响存在差异性。

10.3 研究设计

10.3.1 研究区域与数据来源

本章选取湖南省、宁夏回族自治区以及甘肃省原贫困地区作为研究区域，选择理由如下：第一，调研区域实施退耕还林工程较早，是我国退耕还林以及保障生态安全的重点区域，退耕还林面积较大，巩固退耕还林成果任务艰巨。第二，研究区域补贴到期时间不一致，多集中于2018—2021年到期，且样本农户中截至2020年到期农户与未到期农户的数量相当，样本具备一定平衡性。第三，研究区域均曾是贫困地区，退耕补贴是退耕农户的重要收入来源，巩固脱贫成果、实现可持续脱贫任务艰巨。第四，研究区域分别位于黄河流域和长江流域，补贴标准不完全相同，可充分考虑到退耕还林工程的地域差异性，样本具有全面性。

本研究的数据主要为通过2021年7~8月实地走访调查所获得的一手数据。所调研的区域为湖南、宁夏以及甘肃三省(自治区)，包括了怀化市(中方县、芷江县、沅陵县)、湘西州(古丈县、花垣县)、固原市(彭阳县、西吉县、原州区)、平凉市(静宁县、庄浪县)和天水市(麦积区)5个市11个县区25个乡镇，并在每个乡镇中随机抽取1~3个参加首轮退耕还林的行政村，在每个行政村中抽取20~30个参与首轮退耕还林农户家庭进行调查和交流。本次调查采用调查问卷的形式开展，主要调查了退耕农户的家庭基本情况、土地及养殖业情况、家庭消费情况以及农户主观意向4个方面，通过对回收问卷的整理及质量检查，筛选出有效问卷901份。

10.3.2 模型构建与变量选择

10.3.2.1 补贴到期对农户退耕地利用行为及意愿影响的模型构建

退耕农户的退耕地利用行为和意愿均用是或否来表示，属于0~1变量，满足二元Logit回归模型的因变量只有事件A发生和不发生两种分类。因此本部分在实证验证退耕补贴到期对退耕农户退耕地利用行为和意愿的影响时，运用二元Logit回归模型。

本部分实证分析设定的二元Logit回归模型为：

$$\text{logit}(p) = \ln(p/(1-p)) \tag{10-1}$$

其中，p为退耕农户对退耕地利用行为及意愿发生的概率，当采用OLS

模型描述时难以有效处理 p 接近于 0 或 1 的情形，采用上述单调变换对 p 进行处理后，$\text{Logit}(p)$ 会放大在 $p=0$ 或 $p=1$ 附近存在的较小变化，$p/(1-p)$ 为退耕农户退耕地利用行为及意愿发生与否的比值。Logit 模型的通常形式为：

$$\text{logit}(y_i) = \ln\left(\frac{p(y=1)}{1-p(y=1)}\right) = \beta_0 + \beta_1 x_1 + \beta_2 x_2 + \cdots + \beta_k x_k \quad (10\text{-}2)$$

其中，y_i 为退耕农户的退耕地利用行为及意愿，具体分为：退耕地复耕意愿、退耕地流转意愿、退耕地管护行为及意愿。若退耕农户存在某一行为及意愿则记为 1，反之记为 0；式中 x_i 为自变量；β_i 为待估参数，衡量了解释变量对退耕农户退耕地利用行为及意愿选择的影响。

依据前文对参与首轮退耕农户的退耕地利用行为与意愿现状分析结果，本章选择退耕农户复耕意愿、流转意愿、管护意愿和管护行为作为被解释变量，描述性统计分析结果见表 10-11。

表 10-11　被解释变量描述

变量名称及符号	变量含义及赋值	均　值	标准差
退耕地复耕意愿($Y1$)	有 = 1；无 = 0	0.262	0.440
退耕地流转意愿($Y2$)	有 = 1；无 = 0	0.410	0.492
退耕地管护意愿($Y3$)	有 = 1；无 = 0	0.727	0.446
退耕地管护行为($Y4$)	有 = 1；无 = 0	0.656	0.475

表 10-11 显示，有 26.2% 的退耕农户有退耕地复耕意愿，会选择将林地通过复耕重新转化为耕地；41.0% 的退耕农户希望可以通过退耕地流转获取租金收入；目前有管护行为的退耕农户占 65.6%，有管护意愿的退耕农户占 72.7%。

核心解释变量为退耕补贴是否到期。借鉴已有文献并结合实地调研情况，选取户主特征、家庭特征、退耕地特征、行为态度、主观规范、感知行为控制、区域特征 7 个方面共 17 个控制变量。核心解释变量及控制变量的描述性统计如表 10-12 所示：

表 10-12　核心解释变量及控制变量描述

	变量名称	符　号	均　值	标准差	备　注
核心解释变量	补贴是否到期	D	0.52	0.50	2020 年前补贴到期 = 1；补贴未到期 = 0

（续）

变量名称		符　号	均　值	标准差	备　注
户主特征	户主性别	Sex	0.92	0.27	男 = 1；女 = 0
	户主年龄	Age	56.09	11.26	
	户主健康情况	Hea	0.70	0.46	健康 = 1；不健康 = 0
	户主受教育程度	Edu	6.18	3.73	户主上学年限
	户主生计策略	Live	0.50	0.50	非务农 = 0；务农 = 1
	户主是否为干部	Lea	0.08	0.26	是 = 1；否 = 0
	户主是否为党员	Par	0.13	0.34	是 = 1；否 = 0
家庭特征	劳动力占比	Pop	0.65	0.25	劳动力人数/家庭总人数
	是否接受技能培训	Tra	0.40	0.49	是 = 1；否 = 0
退耕地特征	退耕地离家远近	Hdis	1.51	0.50	远 = 1；近 = 2
	退耕地离水源远近	Wdis	2.44	0.80	近 = 1；远 = 2；无水源 = 3
	退耕地离公路远近	Rdis	1.39	0.49	远 = 1；近 = 2
	土壤肥力	Fre	1.98	0.68	好 = 1；中 = 2；差 = 3
主观规范	政府退耕还林宣传力度	Pub	2.64	1.18	五级量表
感知行为控制	退耕还林政策满意度	Pol	3.80	1.05	五级量表
行为态度	退耕补贴对家庭收入影响	Inf	3.06	1.16	五级量表
区域特征	地区	Pro	0.51	0.50	南方 = 1；北方 = 0

10.3.2.2　补贴到期对农户农地流转行为影响的模型构建

由于本章中所涉及的退耕农户农地流转行为决策包括两个过程，第一是流转选择决策，即决定是否流出或流入农地；第二是流转选择强度，即决定流出或流入的规模（文中用流入流出面积占农地总面积的比重表征），这是退耕农户流转行为决策的两个连续的阶段。通过前文的描述性统计分析发现，所调查样本中较多的退耕农户无流转行为，若剔除这些样本，使用 OLS 方法对退耕补贴到期的影响进行估计，将会导致所得到的结果存在较大的估计误差；若对这些样本不进行剔除处理，将忽略了农地流转行为及强度之间的选择差异，也会导致估计出现误差。目前，在学术界研究包含选择及强度两个行为过程的最具权威性的方法是 Heckman 两阶段模型，因此本部分研究采用 Heckman 两阶段模型分析退耕补贴到期对退耕农户农地流转行为及规模的影响程度。

流转选择决策方面。利用实地调研数据，采用 probit 模型描述退耕农户是否存在将农地流出或流入的实质性行为。是否选择流出或流入可以用如下方程表示：

$$p_i^* = z_i\gamma + \mu_i \tag{10-3}$$

其中，p_i^* 为选择农地流出或流入行为发生的概率，如果退耕农户选择了将农地流出或流入，则 $p_i = 1$，反之 $p_i = 0$。z_i 是解释变量，γ 是待估参数，μ_i 是随机扰动项。

流转选择强度方面。选择 $p_i = 1$ 的样本，采用 OLS 的方法对方程进行估计，并在变量选择过程中，加入第一阶段得到的转化比率 λ，以此来纠正样本选择性偏差，即：

$$y_i = X_i\beta + \lambda\alpha + \eta_i \tag{10-4}$$

其中，y_i 为农地流转面积占农地总面积的比重，α、β 为待估参数，X_i 为第一阶段解释变量的严格子集，且包含至少一个排他性的识别变量。

当在模型的运行结果中，λ 的估计系数不为 0 且显著，则说明选择 Heckman 两阶段模型可以很好地解决样本的选择误差，对于研究该问题是合适的。

对于退耕农户的农地流转行为，可以对农地流入行为和流出行为分别进行研究，且均采用 Heckman 两阶段模型进行估计。在第一阶段中，将退耕农户是否存在农地流入（流出）行为作为被解释变量，若退耕农户存在农地流入（流出）行为，则被解释变量赋值为"1"，反之为"0"，来探究退耕补贴到期对退耕农户的农地流转行为的影响；在第二阶段中，将退耕农户的农地流入（流出）规模作为被解释变量，来探究退耕补贴到期对退耕农户农地流转规模的影响。

具体被解释变量定义及描述性统计见表 10-13。

表 10-13　被解释变量描述

变量名称及符号	含　义	均　值	标准差
农户是否存在农地流入（$Y5$）	是 = 1；否 = 0	0.179	0.383
农户农地流入规模（$Y6$）	流入农地面积/现有农地总面积（%）	0.545	0.238
农户是否存在农地流出（$Y7$）	是 = 1；否 = 0	0.209	0.407
农户农地流出规模（$Y8$）	农地流出面积/农地总面积（%）	0.607	0.304

表 10-13 展示了退耕农户 2020 年农地流转行为及规模，由表 10-13 可知，2020 年有 20.9%的退耕农户选择将农地流出，平均流出面积占农地总面积的 60.7%；而有 17.9%的退耕农户选择流入部分农地，平均流入面积占农地总面积的 54.5%。

核心解释变量为退耕补贴是否到期 D。借鉴已有研究（陈飞和翟伟娟，2015；罗仁福等，2019；樊文婷，2021），并结合实地调研情况，本文设置的控制变量包括户主特征、家庭特征、农地特征以及区域特征 4 个方面，需要说明的是，对于退耕农户农地流出行为及规模和流入行为及规模在具体控制变量的选取上存在一定的差异。

退耕农户农地流入行为及规模方面，在第一阶段控制变量选取中，户主特征选择户主年龄、受教育程度、是否为村干部、户主生计策略以及对于非农就业机会满意度来反映；家庭特征选择家庭中是否有成员参加技能培训以及家庭劳动力人数占比来反映；同时考虑到退耕农户农地利用行为可能受农户所在区域特征的影响，本文还引入区域虚拟变量来控制区域固定效应。在第二阶段中，选择户主性别、是否为党员以及对非农就业机会满意度作为识别变量，通过吕晓等（2020）年研究发现上述变量对退耕农户是否存在农地流出行为有直接影响，但是对农地流出程度没有直接影响。

退耕农户农地流出行为及规模方面，在第一阶段控制变量选择中，户主特征包括户主年龄、健康程度、受教育程度、户主生计策略；家庭特征选择家庭中是否有成员参加技能培训来表征；农地特征选择农地离水源的远近和农地的土壤肥力反映；并引入区域虚拟变量以控制区域固定效应。在第二阶段中，根据黄枫和孙世龙（2015）的研究发现，户主是否为党员可以作为识别变量，对影响退耕农户农地流入程度的因素做进一步的控制。

具体核心解释变量和控制变量定义及描述性统计见表 10-14。

表 10-14　核心解释变量及控制变量描述

	变量指标	符　号	均　值	标准差
户主特征	户主性别	Sex	0.92	0.27
	户主年龄	Age	56.09	11.26
	户主健康程度	Hea	0.70	0.46
	户主受教育程度	Edu	6.18	3.71
	户主是否为党员	Par	0.13	0.34
	户主是否为村干部	Lea	0.08	0.27
	户主生计策略	Live	0.50	0.50
	非农就业机会满意度	OppS	3.38	1.03

（续）

	变量指标	符　号	均　值	标准差
家庭特征	是否接受技能培训	Tra	0.39	0.49
	家庭劳动力人数占比	Pop	0.66	0.25
农地特征	农地离水源远近	Wdis	2.44	0.80
	农地土壤肥力	Fre	1.98	0.68
区域虚拟变量	地　区	pro	0.51	0.50

10.3.2.3　补贴到期对农户农地投入行为影响的模型构建

因前文反映退耕农户农地劳动力投入和资本投入程度的取值为"1~5"的有序分类变量，所以本章采用多元有序 Logit 模型研究退耕补贴到期对退耕农户农地投入行为的影响程度。模型表达式如下：

$$\text{logit}[p(y \leqslant n)] = \ln\left[\frac{p(y \leqslant n)}{1 - p(y \leqslant n)}\right] = \alpha_n + \sum_{i=1}^{m}\beta_i x_i \tag{10-5}$$

由上式估计出参数 β 后，可以得到退耕农户农地劳动力投入或资本投入处于第 n 个等级的累计概率：

$$p(y \leqslant n) = \frac{\exp(\alpha_n + \sum_{i=1}^{m}\beta_i x_i)}{1 + \exp(\alpha_n + \sum_{i=1}^{m}\beta_i x_i)} \tag{10-6}$$

从而得出解释变量对于退耕农户农地劳动力投入大小或资本投入大小的影响程度。

被解释变量为退耕农户的农地劳动力投入程度（$Y9$）和资本投入程度（$Y10$），描述性统计分析结果如下：

表 10-15　被解释变量描述性统计

变量名称	符　号	全样本		补贴到期		补贴未到期	
		均　值	标准差	均　值	标准差	均　值	标准差
农地劳动力投入	$Y9$	2.89	1.42	2.75	1.43	3.03	1.39
农地资本投入	$Y10$	3.13	1.46	2.99	1.50	3.28	1.40

由表 10-15 可知，退耕农户农地劳动力投入程度均值为 2.89，农地资本投入程度均值为 3.13，说明退耕农户的农地劳动力投入程度和资本投入程度均总体高于中等水平。具体来看，补贴到期的退耕农户农地劳动力投入均值

(2.75)低于补贴未到期的退耕农户农地劳动力投入均值(3.03)，同时补贴到期的退耕农户农地资本投入均值(2.99)低于补贴未到期的退耕农户农地资本投入均值(3.28)。这表明补贴是否到期可能会对退耕农户的劳动力投入和资本投入程度产生一定的影响，具体影响程度还需进一步通过实证分析予以验证。

本部分重点关注退耕补贴到期是否对退耕农户农地投入产生影响，因此选取退耕补贴是否到期作为核心解释变量，具体探究退耕补贴到期对退耕农户农地劳动力投入及资本投入的影响程度。

既往的研究结果和研究经验表明，户主特征(杨钰蓉等，2019)、家庭特征(彭文英等，2019)、农地特征(乃吉木丁·艾孜孜等，2016)、地区特征以及退耕还林情况(黄杰龙等，2021)等都有可能影响到退耕农户的农地投入行为，因此本文也从上述五个方面寻找相关指标作为控制变量。

具体核心解释变量及控制变量的描述性统计见表 10-16。

表 10-16 核心解释变量与控制变量描述

分　类	名　称	符　号	均　值	标准差
核心解释变量	退耕补贴是否到期	D	0.51	0.50
户主特征	户主性别	Sex	0.92	0.27
	户主年龄	Age	56.13	11.15
	户主健康状况	Hea	0.71	0.45
	非农就业机会满意度	OppS	3.37	1.02
家庭特征	是否接受过培训	Tra	0.41	0.49
农地特征	农地离家远近	Hdis	1.51	0.50
	农地离水源远近	Wdis	2.41	0.81
	农地离公路远近	Rdis	1.39	0.49
	农地土壤肥力	Fre	1.96	0.67
	农地地块数	Num	7.45	5.63
	农地收益稳定性满意度	StaS	2.93	1.04
退耕还林情况	退耕还林政策满意度	PolS	3.74	1.13
	退耕补贴对收入影响程度	Inf	3.05	1.19
地区特征	南北方	Pro	0.53	0.50

10.4 实证分析

10.4.1 补贴到期对农户退耕地利用行为及意愿影响的估计结果

本章利用二元 Logit 回归模型对所调查的有效样本农户进行退耕补贴到期对其退耕地利用行为及意愿的影响分析，通过建立退耕农户的退耕地复耕意愿、流转意愿、管护意愿和管护行为 4 个决策模型，来解释并讨论退耕补贴到期对退耕农户退耕地利用行为及意愿的影响，回归结果见表 10-17。

表 10-17 二元 Logit 模型回归结果

变 量	复耕意愿		流转意愿		管护意愿		管护行为	
	系 数	边际效应	系 数	边际效应	系 数	边际效应	系 数	边际效应
D	0.578 ***	0.100	0.032	0.008	−0.964 ***	−0.179	−0.596 ***	−0.129
Sex	0.501	0.086	0.194	0.046	0.459	0.085	0.378	0.082
Age	−0.042 ***	−0.007	0.006	0.001	−0.023 ***	−0.004	0.009	0.002
Hea	−0.189	−0.033	−0.113	−0.027	0.055	0.010	0.138	0.020
Edu	−0.059 **	−0.010	0.029	0.007	−0.010	−0.002	0.067 ***	0.014
Live	0.774 ***	0.133	−0.072	−0.017	0.290 **	0.054	0.407 **	0.088
Lea	−0.676 *	−0.117	−0.133	−0.032	0.012	0.002	0.572	0.124
Par	0.438 *	0.075	−0.355	−0.085	0.251	0.047	0.677 **	0.147
Pop	1.010 ***	0.174	0.152	0.036	0.891 ***	0.166	0.969 ***	0.210
Tra	0.106	0.018	0.551 ***	0.131	−0.075	−0.014	0.106	0.023
HDis	0.100	0.017	0.540 ***	0.129	0.078	0.014	0.249	0.054
WDis	−0.231 **	−0.040	−0.480 ***	−0.114	0.053	0.010	−0.317 ***	−0.069
RDis	0.407 **	0.070	0.066	0.016	−0.285	−0.053	0.010	0.002
Fre	0.040	0.007	0.026	0.006	−0.158	−0.029	−0.089	−0.019
Pub	0.029	0.005	0.053	0.013	0.057	0.011	−0.039	−0.008
PolS	−0.041	−0.007	−0.381 ***	−0.091	0.167 **	0.031	−0.131	−0.029
Inf	0.147 *	0.025	0.041	0.010	0.162 **	0.030	−0.096	−0.021
pro	1.125 ***	0.194	−1.331 ***	−0.317	0.928 ***	0.172	1.166 ***	0.253

注：＊＊＊、＊＊、＊分别表示在 10%、5%、1%水平上显著。

　　模型结果表明，在退耕农户退耕地复耕意愿方面，退耕补贴到期对其影响系数为 0.578，且 $p<0.01$，即退耕补贴到期使得退耕农户的退耕地复耕意愿更为强烈，从边际效用来看，补贴到期会使退耕农户的退耕地复耕意愿增强 10.0%，这与 H1 所做假设相符。进一步说明退耕补贴到期不利于退耕还林成果的有效巩固，也表明了在所调研区域内，退耕农户对于土地的依赖性依然较强，退耕地尤其是还生态林地效益低，退耕农户在补贴到期后，面对失去补贴收入的情况，会更加倾向于通过退耕地复耕来发挥退耕地原有的经济价值。此外，控制变量中，户主的年龄、受教育程度和是否为村干部以及退耕地离水源的远近对退耕农户的退耕地复耕意愿有显著的负向影响，而户主的生计策略和是否为党员、劳动力占比、退耕地离公路远近、退耕农户认为退耕补贴对于家庭收入的影响程度以及地区变量对退耕农户的退耕地复耕意愿有显著的正向影响。这与现有学者的研究结论相一致（袁青，2017；任林静和黎洁，2018）。

　　在退耕地流转意愿方面，退耕补贴到期的系数没有通过显著性检验，说明退耕补贴是否到期并不能直接影响到退耕农户对于退耕地流转的意愿。进一步地实地调查表明，对退耕地进行管护经营的投入成本高，收益低，再加上退耕农户更倾向于非农就业获得更高收益，所以无论退耕补贴是否到期，退耕农户都希望将退耕地流转，以获得租金收入和经营分红，因而，补贴是否到期对退耕农户的退耕地流转意愿不会产生很大影响。而在控制变量中，退耕农户家庭成员是否接受过技能培训和退耕地离家的远近对退耕农户的退耕地流转意愿有显著的正向影响；相反，退耕地离水源的远近、农户对退耕还林政策的满意度以及地区特征变量对退耕农户的退耕地流转意愿有显著的负向影响。这与之前学者的研究结论相符（杜温鑫，2020）。

　　在退耕地管护意愿方面，退耕补贴到期的系数在 1% 的水平上显著，影响程度为 -0.964，即退耕补贴到期使得退耕农户的退耕地管护意愿明显减弱，从边际效用来看，退耕补贴到期会使得退耕农户的退耕地管护意愿减弱 17.9%，这与 H3 所做假设相符。主要原因在于补贴到期后退耕农户损失了补贴收入，不能从退耕林地上获得相应的经济效益，而退耕农户作为理性人，受到收入降低的影响，会更加倾向于减少对退耕地的人财物投入，释放更多的劳动力投入到可以增加家庭收入的生产活动中，从而对退耕地的管护意愿减弱。在控制变量中，退耕地的管护意愿受到户主年龄的显著负向影响以及户主生计策略、劳动力占比、农户对退耕还林政策的满意度和地区特征变量的显著正向影响。这与目前大部分学者的研究结果相同(杨娜等，2018；廖沛玲等，2019)。

在退耕地管护行为方面，退耕补贴到期在1%的统计水平上对退耕农户退耕地管护行为有显著的负向影响，系数为−0.596，从边际效用来看，退耕补贴到期会使得退耕农户的退耕地管护行为选择概率降低12.9%。该结果与退耕补贴到期对退耕农户退耕地管护意愿的影响结果相一致，且与H3所做假设相符。在控制变量方面，户主受教育程度、生计策略和是否为党员以及地区特征变量对退耕农户的退耕地管护行为有显著的正向影响，而退耕地离水源的距离对退耕农户的退耕地管护行为有显著的负向影响。

10.4.2 补贴到期对农户农地流转行为影响的估计结果

本部分利用 Heckman 两阶段模型对 901 个退耕农户样本进行回归分析，通过建立退耕农户农地流入行为及规模、农地流出行为及规模两个决策模型，来分析退耕补贴到期对其土地流转行为及规模的影响，估计结果见表 10-18。

表中 p 值分别为 0.0079 和 0.0016，说明两个模型均在 1% 的水平上显著，整体计量效果有效。并且 λ 的系数均不为 0，在 10% 的统计水平上显著，说明参与首轮退耕还林的农户发生农地流转行为及土地流转规模两阶段决策相互依赖，利用 Heckman 两阶段模型进行退耕补贴到期影响的探究是较为合适的。

表 10-18 两阶段农地流转行为决策估计

变 量	农地流入决策		农地流出决策	
	行为(Y5)	规模(Y6)	行为(Y7)	规模(Y8)
D	0.992***	0.665***	1.034***	0.615***
	(0.119)	(0.185)	(0.113)	(0.162)
Age	−0.015***	−0.005*	0.002	0.002
	(0.005)	(0.003)	(0.005)	(0.002)
Hea	−0.058	——	−0.218*	−0.003
	(0.119)		(0.113)	(0.053)
Edu	−0.031**	−0.011	−0.002	0.013**
	(0.015)	(0.007)	(0.015)	(0.006)
Sex	0.335	——	——	——
	(0.219)			

（续）

变　量	农地流入决策		农地流出决策	
	行为（Y5）	规模（Y6）	行为（Y7）	规模（Y8）
Par	-0.217	——	0.405 ***	——
	(0.172)		(0.145)	
Live	0.265 **	0.111 *	-0.286 ***	-0.197 ***
	(0.111)	(0.061)	(0.107)	(0.063)
Tra	0.030	-0.051	0.029	0.096 **
	(0.108)	(0.042)	(0.105)	(0.045)
Pop	-0.072	0.117	——	——
	(0.234)	(0.092)		
WDis	——	——	0.122 *	0.062 *
			(0.071)	(0.035)
Fre	——	——	-0.026	0.018
			(0.077)	(0.033)
pro	-0.031	-0.052	0.228 **	0.069
	(0.125)	(0.051)	(0.125)	(0.060)
OppS	-0.062	——	-0.007	0.011
	(0.051)		(0.051)	(0.022)
常数项	-0.681 *	-0.201	-1.709 ***	-0.830
	(0.429)	(0.323)	(0.509)	(0.491)
λ	0.359 *		0.320 *	
p	0.0079		0.0016	

注：***、**、*分别表示在10%、5%、1%水平上显著。

在农地流入行为方面，退耕补贴到期对退耕农户的农地流入行为选择的影响系数为0.992，且 $p<0.01$，即退耕补贴到期对退耕农户农地流入行为选择有显著的正向影响，与 H4 的假设相符。这说明在所调研的退耕农户样本中，补贴到期会促使部分退耕农户倾向于选择流入土地，增加农地种植面积，进而增加农业收入，弥补退耕补贴收入缺口。此外，在控制变量中，户主的年龄以及受教育程度均会对退耕农户的农地流入行为产生显著的负向影响，而户主的生计策略会对其产生显著的正向影响，这与黎毅等学者（2020）的结论相一致。

在农地流入规模方面，退耕补贴到期在1%的显著性水平上正向影响退耕农户的农地流入规模，且影响系数为 0.665，即退耕补贴到期会在一定程度上使得部分退耕农户加大农地流入规模。这说明虽然在补贴到期之前，退耕农户也会存在农地的部分流入，但退耕补贴到期会在一定程度上刺激农地流入规模，使得退耕农户流入更多的农地进行农业生产活动。此外，在控制变量中户主的年龄对其有显著的负向影响，而户主的生计策略会对其有显著的正向影响，这与之前学者的研究结果相符(朱建军等，2020；万晶晶和钟涨宝，2020)。

在农地流出行为方面，退耕补贴到期对退耕农户的农地流出行为选择有显著的正向影响，且影响系数为 1.034，$p<0.01$，即退耕补贴到期促使部分退耕农户更倾向选择将农地流出，获取租金收入，与 H5 的假设相符。这说明有部分退耕农户在退耕补贴到期后会倾向于选择将更多的精力投入到非农就业中，而将之前补贴期内所兼顾种植的农地进行流转处理，增加租金收入的同时节省劳动力，以获得更加稳定、利益更大的非农收入。在控制变量中，户主是否为党员以及农地离水源的远近均对其有显著的正向影响，而户主的健康程度和户主生计策略显著减弱了退耕农户农地流出行为的选择概率。这与之前张军和郑循刚(2020)的研究结论相似。

在农地流出规模方面，退耕补贴到期在 1% 的统计水平上对退耕农户的农地流出规模有显著的正向影响，影响系数为 0.615。该结果说明退耕补贴到期会促使退耕农户家庭流出更多的农地，这样不仅可以获得更多的土地租金，也可以更多的解放农业劳动力。在控制变量方面，户主的受教育程度、家庭成员是否接受过技能培训以及农地离水源的远近对其有显著的正向影响，而户主生计策略对其有显著的负向作用，此结论与退耕农户农地流出行为选择研究结论相似。

但将退耕补贴到期对退耕农户的农地流入行为选择和流出行为选择进行比较可以发现：退耕补贴到期对于退耕农户农地流入行为的影响程度要略小于对退耕农户农地流出行为的影响程度。因此总体来看，退耕补贴到期促进了退耕农户的农地流出行为的选择。

10.4.3　补贴到期对农户农地投入行为影响的估计结果

本部分利用多元有序 Logit 模型，对目前仍然存在农地种植行为的 777 户退耕农户农地劳动力投入程度及资本投入程度进行分析，探究退耕补贴到期对其农地投入行为的影响程度。回归模型结果见表 10-19。

表 10-19　多元有序 Logit 模型结果

变　　量		农地劳动力投入	农地资本投入
核心解释变量	D	-0.330^{**}	-0.507^{***}
户主特征	Sex	-0.114	-0.380
	Age	0.003	0.005
	Hea	-0.126	-0.108
	OppS	-0.223^{***}	0.130^{*}
家庭特征	Tra	-0.221	0.268^{**}
农地特征	Hdis	0.475^{***}	-0.194
	Wdis	0.062	0.102
	Rdis	-0.202	0.119
	Fre	0.238^{**}	-0.273^{***}
	Num	0.026^{**}	0.018
	StaS	-0.184^{**}	0.021
退耕还林情况	PolS	-0.116^{*}	-0.045
	Inf	-0.011	-0.156^{**}
区域特征	pro	-0.377^{**}	-0.981^{***}

文中两个模型的似然比检验结果 p 值均为 0，小于 0.01，说明模型的构建较为合理，可以进行进一步分析。

在农户劳动力投入方面，退耕补贴是否到期在 1% 的统计水平上显著影响退耕农户农地劳动力投入程度，系数为 -0.330，即退耕补贴到期在一定程度上减弱了退耕农户的劳动力投入程度，与假设 H6 相符。这在一定程度上说明了补贴到期会使得退耕农户减少农地劳动投入，更倾向于将劳动力向非农就业转移。在控制变量中，户主对非农就业机会满意度、农地离公路的远近、农地收益稳定性、退耕还林政策满意度以及区域特征变量对退耕农户农地劳动力投入程度有显著的负向影响，但农地离水源的远近、农地的土壤肥力和农地地块数对退耕农户农地劳动力投入有显著的正向影响。

在农地资本投入方面，退耕补贴是否到期对退耕农户的农地资本投入有显著的影响，具体影响系数为 -0.507，说明退耕补贴到期会在一定程度上减弱了退耕农户对于农地的资本投入，这与退耕补贴到期对退耕农户农地劳动力投入的影响方向相一致，且与假设 H7 相符。在控制变量中，家庭成员是否接受技能培训、农地土壤肥力、退耕补贴对于农户家庭收入的影响程度以及区域变量均减弱了退耕农户的农地资本投入程度，只有农地地块数在一定程度上加大了退耕农户对于农地资本投入程度。

为了进一步探究核心解释变量对退耕农户农地劳动力投入及资本投入每个强度取值概率的边际影响，对退耕补贴到期这一核心解释变量进行了边际效应分析，结果见表 10-20。

表 10-20 退耕补贴到期边际效应结果

变　量	D	边际效应	标准差	Z 值	P 值
	$Y9 = 1$	0.052	0.021	2.42	0.015
	$Y9 = 2$	0.030	0.013	2.36	0.018
农地劳动力投入	$Y9 = 3$	-0.006	0.003	-1.79	0.073
	$Y9 = 4$	-0.027	0.116	-2.37	0.018
	$Y9 = 5$	-0.048	00.020	-2.42	0.015
	$Y10 = 1$	0.078	0.021	3.71	0.000
	$Y10 = 2$	0.038	0.011	3.47	0.001
农地资本投入	$Y10 = 3$	0.009	0.0004	2.14	0.032
	$Y10 = 4$	-0.036	0.011	-3.40	0.001
	$Y10 = 5$	-0.089	0.024	-3.74	0.000

边际效应模型结果表明，在退耕农户的农地劳动力投入方面，退耕补贴是否到期在被解释变量取值为 1 和 2 时，边际效应显著且为正数，意味着随退耕补贴到期，退耕农户对于农地投入较少劳动力的可能性增大，但在被解释变量取值为 3、4、5 时，边际效应显著且为负数，意味着随退耕补贴到期，退耕农户对于农地投入较多劳动力的可能性降低，这与表 10-19 的估计结果完全一致。通过边际效应的大小比较发现，退耕补贴到期后，退耕农户更加倾向于对农地投入最低程度的劳动力，这与 H6 假设相一致。

在退耕农户的农地资本投入方面，退耕补贴是否到期在被解释变量取值为 1、2、3 时，边际效应显著且为正数，意味着随退耕补贴到期，退耕农户对于农地投入较少资本的可能性增大，但在被解释变量取值为 4 和 5 时，边际效应显著且为负数，意味着退耕补贴到期后，退耕农户对于农地投入较多资本投入的概率降低，这与表 10-19 回归结果相符。通过比较边际效应大小可知，退耕补贴到期后，退耕农户更加倾向于在农地方面投入最低程度的资本，这与 H7 假设相一致。

10.4.4　补贴到期对异质性退耕农户土地利用行为影响的估计结果

10.4.4.1　不同生计策略

为了分析退耕补贴到期对不同生计策略退耕农户土地利用行为的影响，本部分研究将农户按非农就业时间占比以及非农就业收入占比分为农业组和非农组。

目前学者大多以非农就业收入占比作为农户生计方式的主要划分方法，并认为由于农户的家庭总收入不仅包括农业收入和非农收入，还包括其他转移性收入等，因此当非农就业收入占比≥30%时，即可认为该家庭主要以非农就业收入为主（苏芳等，2009）。但由于非农就业收入相较于农业生产所消耗时间较少而收益较高，所以仅从非农就业收入占比一个方面来划分农户生计策略并不科学合理，因此王春光等学者（2018）提出，可以按非农就业时间来进行划分，当非农就业时间占比≥50%，说明农户家庭将一半以上的时间用于非农就业，即认为该家庭主要以非农就业为主。综合上述学者们的经验，本章为了更加准确区分非农组与农业组，将非农就业时间占比≥50%且非农就业收入占比≥30%的农户家庭定义为非农组农户，其他家庭均为农业组农户，据此展开以下研究。

（1）补贴到期对不同生计策略的退耕农户退耕地利用行为及意愿影响。

本部分所研究的问题是前文农户退耕地利用行为研究的延续，核心问题为实证验证退耕补贴到期对不同生计策略退耕农户退耕地利用行为及意愿的影响，因此，本部分研究所运用的模型以及所涉及的被解释变量、核心解释变量及控制变量与前文一致。具体估计结果见表10-21。

表10-21　退耕补贴到期对不同生计策略农户退耕地利用行为及意愿的影响

退耕地利用行为及意愿	非农组农户		农业组农户	
	系　数	边际效应	系　数	边际效应
Y1（复耕意愿）	-1.067**	-0.056	0.892***	0.198
Y2（流转意愿）	-0.040	-0.010	0.048	0.011
Y3（管护意愿）	-0.730***	-0.157	-1.463***	-0.201
Y4（管护行为）	-0.545**	-0.131	-0.691***	-0.128
控制变量	控　制		控　制	

表10-21的模型结果表明，从退耕农户的退耕地复耕意愿来看，退耕补贴到期对于非农组农户和农业组农户退耕地复耕意愿均有显著的影响，影响系

数分别为 -1.067、0.892，即退耕补贴到期对农业组农户退耕地复耕意愿呈正向影响，表明补贴到期会使得农业组农户退耕地复耕意愿提高 19.8%；而补贴到期对非农组农户退耕地复耕意愿呈负向影响，表明补贴到期会使得非农组农户退耕地复耕意愿减弱 5.6%。实地调研过程中了解到，非农组农户对于土地的依赖性较弱，他们更倾向于通过外出打工的方式来增加家庭收入，再加上目前农地的收益较不稳定，同时退耕地复耕的成本也比较大，所以在补贴到期后，该组退耕农户会选择增加外出务工的时间或寻找更大收益的非农工作来弥补收入损失，而不是通过退耕地复耕来增加收入，进而导致对于退耕地的复耕意愿较弱。而农业组农户大部分都是依靠土地来进行生产活动，并没有因为退耕还林工程改变其生产结构，加之目前各项农业支持补贴较高，所以该组退耕农户更喜欢和有可能通过退耕地复耕来增加农地种植面积，从而增加农业收入。

从退耕农户的退耕地管护行为及意愿来看：对于不同生计策略的退耕农户，退耕补贴到期对其退耕地管护行为及意愿的作用方向均为负向，即无论是非农组农户还是农业组农户，在退耕补贴到期后，退耕农户对于退耕地的管护行为及意愿都有所减弱，但是对于农业组农户的影响更加强烈。主要是由于退耕农户在失去退耕还林补贴后，意识到退耕地失去边际收益，所以对于退耕地的管护也会随之减弱，尤其是对于农业组农户来说，由于其对土地的依赖性较强，因此更加看重于土地是否会带来相应的收益，从而导致补贴到期对其影响程度更大。

(2)补贴到期对不同生计策略的退耕农户农地利用行为影响。

本部分所研究的问题为前文农地利用行为研究的延续，主要关注退耕补贴到期对于不同生计策略退耕农户农地利用行为的影响。因此，本小节研究模型以及所涉及的被解释变量、核心解释变量及控制变量与前文相同。具体模型结果见表 10-22。

表 10-22　退耕补贴到期对不同生计策略农户农地利用行为的影响

农地利用行为	非农组农户	农业组农户
Y5(农地流入行为)	0.615***	1.345***
Y6(农地流入规模)	0.404***	0.651***
Y7(农地流出行为)	1.177***	1.012***
Y8(农地流出规模)	0.514***	0.443*

（续）

农地利用行为	非农组农户	农业组农户
Y9(农地劳动力投入)	-1.262^{***}	0.475^{**}
Y10(农地资本投入)	-1.053^{***}	0.005
控制变量	控　制	控　制

　　模型结果表明，对于非农组退耕农户来说，退耕补贴到期显著影响着退耕农户的农地流转行为及规模，具体来看，退耕补贴到期对退耕农户的农地流入行为选择和规模的影响系数分别为 0.615 和 0.404，显著小于退耕补贴到期对退耕农户农地流出行为和规模的影响程度(1.177 和 0.514)。因此总体来说，对于非农组农户，退耕补贴到期会增强非农组农户的流出行为选择概率以及流出规模。相反，退耕补贴到期对于退耕农户的农地劳动力投入和资本投入呈显著的负向影响，即：补贴到期后非农组农户会减少在农地上的劳动力投入和资本投入。主要是由于非农组农户流出土地或减少在农地上的投入不仅可以增加家庭的财产性收入，也可以在一定程度上节省更多的劳动力投入到非农就业中去。

　　对于农业组退耕农户来说，退耕补贴到期对其土地流转行为及规模均有着显著的正向影响，但是对于农地流入行为和规模的影响程度要强于农地流出行为和规模，因此总体看来，退耕补贴到期会增强农业组农户农地流入行为选择概率以及农地流入规模，促进农业组农户流入更多的农地，增加农业种植面积。同时，退耕补贴到期也对农业组农户的农地劳动力投入有显著的正向影响，即农业组农户在补贴到期后，会一定程度上增加对于农地的劳动力投入。主要原因在于农业组农户对于土地的依赖性更强，会将更多的精力和时间放在农业劳动上，所以在补贴到期后会选择通过增加农地面积或精耕细作，投入更多劳动力，维持家庭总体收入水平的稳定。

　　对比退耕补贴到期对非农组退耕农户和农业组退耕农户的影响结果可知，在农地流入行为及规模方面，退耕补贴到期对农业组退耕农户的影响程度更大，说明退耕补贴到期对于农业组的退耕农户的农地流入行为及规模的促进作用更强；在农地流出行为及规模方面，退耕补贴到期对非农组退耕农户的影响程度更大，说明退耕补贴到期对于非农组的退耕农户的农地流出行为及规模的促进作用更强，这与上述分析相符；在农地投入行为方面，退耕补贴到期对非农组退耕农户的农地投入抑制作用更为强烈，影响效果更为显著。

10.4.4.2　不同退耕规模

为了探究退耕补贴到期对不同退耕规模农户土地利用行为的影响，本部分研究根据农户退耕规模的不同，将退耕农户进行相应的分组。

为了避免过度分组使得样本数目较少，无法得到精准的结论，本部分将所调研的退耕农户样本按照退耕面积的中位数作为临界点，划分为两个部分，即：退耕总面积小于 4 亩的退耕农户为小退耕规模组农户，退耕面积为 4 亩及以上的退耕农户为中等及以上退耕规模组农户。对分组后的样本运用计量分析模型分析退耕补贴到期对退耕农户土地利用行为影响的差异。

（1）补贴到期对不同退耕规模农户退耕地利用行为及意愿影响。

退耕补贴到期对不同退耕规模农户退耕地利用行为及意愿的影响具体模型分析结果见表 10-23。

表 10-23　退耕补贴到期对不同退耕规模农户退耕地利用行为及意愿的影响

退耕地利用	小退耕规模组农户		中等及以上退耕规模组农户	
	系　数	边际效应	系　数	边际效应
Y1（复耕意愿）	0.516*	0.068	0.607***	0.122
Y2（流转意愿）	−0.093	−0.021	0.070	0.017
Y3（管护意愿）	−1.142***	−0.247	−0.839***	−0.125
Y4（管护行为）	−0.561**	−0.128	−0.673***	−0.134
控制变量	控　制		控　制	

从表 10-23 模型结果的整体来看，对于不同退耕规模的农户，退耕补贴到期对退耕农户退耕地利用行为及意愿的影响方向相同，但其影响程度存在较大的差异。

在复耕意愿方面，表现为退耕规模越大，退耕补贴到期对农户退耕地复耕意愿的正向影响越大。通过实地调研过程中与退耕农户的探讨中了解到，无论退耕规模多大，退耕补贴到期均会使得退耕地的边际收益下降，为了使退耕地恢复应有的经济效益，退耕农户对其复耕的意愿会随着补贴到期进一步加强。尤其是对于退耕大户来说，退耕面积越大的农户，退耕还林补贴对于家庭收入的影响越明显，补贴到期带来的冲击越大，导致这类农户群体在补贴到期后更有意向将部分退耕地复耕。

在管护意愿方面，表现为退耕规模越大，退耕补贴到期对农户退耕地管护意愿的负向影响越小。究其原因，无论退耕规模大小，退耕补贴到期都会在一定程度上促使退耕农户重新进行劳动力资源分配，为了获得更加稳定的收入，退耕农户会适当地减少对不产生经济效益的退耕地投入过多的精力和劳动力，因此补贴到期会对不同退耕规模农户的退耕地管护意愿均起着负向作用，但是退耕规模越大的农户，一方面说明其收入渠道相对较多，经济实力相对较强，另一方面其也有一定的生态保护意识，才会将自己更多的农地进行退耕还林，同时，也希望从退耕地获取一些收益，所以即使补贴到期，该部分退耕农户也有着继续管护退耕地的意愿，受到的影响较小。

在管护行为方面，表现为退耕规模越大，退耕补贴到期对农户退耕地管护行为的负向影响越大。其影响方向与退耕补贴到期对不同退耕规模农户退耕地管护意愿的影响方向相同，但影响程度不同，主要原因在于虽然退耕规模较大的农户管护意愿受退耕补贴到期的影响较小，但是一方面农户退耕规模越大，退耕地的管护成本越高，同时退耕补贴到期所造成的家庭收入损失越大，使得退耕农户虽有意愿对其管护，却缺少资金支持；另一方面，退耕规模越大的农户在退耕还林工程中释放的劳动力越多，越有可能进行非农就业，导致虽存在管护意愿，却缺乏劳动力对其进行实际的管护行为。

(2)补贴到期对不同退耕规模农户农地利用行为影响。

退耕补贴到期对不同退耕规模农户农地利用行为的影响具体模型分析结果如表 10-24 所示：

表 10-24　退耕补贴到期对不同退耕规模农户农地利用行为的影响

农地利用行为	小退耕规模组农户	中等及以上退耕规模组农户
Y5(农地流入行为)	0.970***	1.061***
Y6(农地流入规模)	0.496**	0.784***
Y7(农地流出行为)	1.273***	0.936***
Y8(农地流出规模)	0.700**	0.401***
Y9(农地劳动力投入)	−0.332*	−0.462**
Y10(农地资本投入)	−0.389*	−0.638***
控制变量	控　制	控　制

从表 10-24 模型结果的整体来看，对于不同退耕规模农户，退耕补贴到期对于其农地利用行为的影响方向与整体样本保持一致，主要原因在于无论退耕规模大小，退耕补贴到期对退耕农户收入均产生了一定的冲击，所以退耕农户的农地利用应对行为选择较一致，但由于退耕面积不同，在补贴期内所

获得的退耕补贴款存在一定的差异，补贴到期对退耕农户农地利用行为的影响程度也存在着较大的差异。

在农地流转行为选择与规模方面，退耕补贴到期对不同退耕规模组农户的农地流转行为及规模都有显著的正向影响。具体表现为退耕规模越大，退耕补贴到期对退耕农户农地流入行为及规模的影响程度越大，而对退耕农户农地流出行为及规模的影响程度越小。究其原因，对于土地依赖性较强的退耕农户来说，退耕规模越大，在补贴期内可以获得的补贴收入越多，补贴到期对于家庭整体收入影响越大，越倾向于流入更多农地来增加农作物种植面积；但对于土地依赖性较弱的退耕农户来说，退耕规模越大，所剩余的农地面积越小，在补贴到期后，可以流出的农地规模相应越小。

在农地投入方面，退耕补贴到期对不同退耕规模组农户的农地投入程度都有显著的负向影响。具体表现为：退耕规模越大，退耕补贴到期对于退耕农户农地劳动力投入及资本投入程度的抑制作用越明显。深入探究其影响的原因，一方面退耕规模越大的农户，在退耕还林工程实施期内，更加倾向于非农就业，而补贴到期后越倾向于通过增加非农就业时间等方式增加收入，因此对农地的劳动力投入减少；另一方面退耕规模越大，在补贴期内所获得的资金支持越多，而补贴到期对其的冲击力越大，导致会在一定程度上减少对于剩余农地的资本投入。

10.5　结　论

本章选取原贫困地区参与首轮退耕还林农户作为调研对象，基于湖南、宁夏、甘肃 3 个省份的实地调研数据，分析退耕补贴到期对退耕农户土地利用行为及意愿的影响。本章首先运用描述性统计分析与 Logit 回归计量分析相结合的方法，分析了退耕补贴到期农户与未到期农户在退耕地利用行为上的差异性，以及行为选择的原因，并探究了退耕补贴到期对退耕农户退耕地利用意愿及行为的影响；其次利用 Heckman 两阶段模型及多元有序 Logit 模型，进一步探究了补贴到期对退耕农户农地利用行为的影响；最后从不同生计策略、不同退耕规模两个角度，分析了补贴到期对异质性退耕农户土地利用行为的影响。具体研究结论如下：

（1）在退耕补贴到期对退耕农户的退耕地利用行为及意愿的影响方面，退耕补贴到期对退耕农户的退耕地复耕意愿、管护意愿以及管护行为均有着显著的影响。总体表现为退耕补贴到期使得退耕农户退耕地的复耕意愿增加10.0%，同时使退耕农户退耕地的管护行为及意愿减弱了17.9%和12.9%。

（2）在退耕补贴到期对退耕农户农地利用行为的影响方面，退耕补贴到期对退耕农户农地的流转行为及规模均有显著的正向影响，即退耕补贴到期在一定程度上促进了退耕农户进行农地流入或流出的行为选择，影响系数分别为0.992和1.034，也会加大农地流入或流出的规模，影响系数分别为0.665和0.615。总体比较来看，补贴到期会增加退耕农户的农地流出行为选择概率，也会加大农地的流入程度。而退耕补贴到期对于退耕农户农地的投入行为却有着显著的负向作用，在一定程度上抑制了退耕农户的农地劳动力及资本投入，影响系数分别为-0.330和-0.507。

（3）在退耕补贴到期对异质性退耕农户土地利用行为及意愿的影响方面，退耕补贴到期对于不同生计策略的退耕农户土地利用行为及意愿影响方向及程度均存在一定的差异，而对不同退耕规模组农户的土地利用行为及意愿影响方向一致，仅存在影响程度的差异。具体来看：

对于不同生计策略的退耕农户而言：退耕补贴到期对非农组农户的退耕地复耕意愿、管护意愿及管护行为均有显著的负向影响，而对农业组农户的复耕意愿却有着显著的正向作用。同时补贴到期会增加非农组农户的农地流出行为选择概率及流出规模，也减弱了其劳动力投入程度，但对于农业组农户来说，退耕补贴到期会显著促进其农地流入行为选择概率及流入规模，也增加了农地的劳动力投入程度。

对于不同退耕规模农户而言：退耕补贴到期对退耕规模较大的农户退耕地复耕意愿的促进作用较大，同时对其管护行为的抑制作用也较大，而对其退耕地管护意愿的抑制作用较小。在农地利用方面，退耕补贴到期对退耕规模较大的农户农地流入行为选择概率及规模的影响程度越大，而对其农地流出行为选择概率及规模的影响程度越小，同时对其农地劳动力及资本投入程度的负向影响越大。

基于以上研究结论，提出如下政策建议：

（1）建议给予退耕农户一定的退耕地处置权及根据退耕地所处区位不同适度延长补贴时限，来保障退耕农户的根本利益。退耕补贴作为国家给予农户参与退耕还林项目的经济补偿，在补贴到期后，退耕农户对于退耕成果的保护意识有所减弱。为了让退耕还林成果得以有效巩固并同时维护退耕农户的利益，在现行政策背景下，在不严重破坏生态环境的基础上，适度给予退耕农户对退耕地一定的处置权，以保障退耕农户收入的稳定性和利益，或者可以适度继续延长退耕林地的补贴时限，对位于各级生态脆弱区的退耕地通过相应生态补偿项目继续给予退耕农户生态补偿，以巩固生态恢复和保护成果。

（2）政府应加强退耕地及农地流转机制建设，健全退耕地及农地的流转市场，有效保障农户的土地流转权利。政府需要着重加强农户土地流转的后续服务，切实保障流转有效性，同时根据农户的切身需要，积极示范并引导农户进行土地流转。

（3）政府应定期开展农业技能培训，增加农户的农业生产能力，并对农户的农地种植投入优化提供相关的指导及培训。政府可以通过加强精耕细作知识宣传或推动适度规模经营或优化农户农产品种植结构，促进农户的农地产出水平，使得农户的农地利用更加有效，并促进我国农地资源利用效率的有效提升。

（4）建议在补贴到期后，政府应重视退耕农户的政策诉求，结合退耕农户家庭的实际情况，其他各类帮扶政策优先向受补贴到期影响较大的农户群体倾斜，加大对其的帮扶力度，帮助他们度过失去补贴的过渡期。

第11章

农户退耕还林成果保持的驱动因素研究

　　作为世界上投资规模最大、覆盖范围最广、农户参与度最高的生态补偿项目，中国退耕还林工程从 1999 年实施以来已取得了举世瞩目的生态、经济和社会多重成就(Yin et al.，2018；Delang，2019)。根据《中国退耕还林还草二十年(1999—2019)》，中国 20 年间累计退耕还林 3 433.33 万 hm²(5.15 亿亩)，成林面积占全球同期增绿面积的 4% 以上。除此之外，为了保障农户在退耕后的基本生计和收入水平，政府还向农户提供退耕补贴，使 4 100 万农户、1.58 亿农民直接受益，在政策补助上开创了大范围直补农户的先例，是中国生态恢复和生态文明战略的具体实践。

　　退耕还林工程已经累计投入超过 5000 亿元，基本完成了首轮和新一轮共计 2 轮的退耕任务，巩固退耕还林成果将成为退耕还林工程接下来所面临的重要任务与挑战。2023 年中央一号文件提出"巩固退耕还林还草成果，落实相关补助政策"，充分体现了巩固退耕还林成果、推动退耕还林工程可持续运行已然成为后退耕时代亟待解决的重要问题。农户作为生态补偿项目的利益相关者与终端执行者(Alarcon et al.，2017)，其对于成果的保持是生态补偿项目得以巩固和持续运行的基础(Dayer et al.，2018)。在退耕还林工程实施过程中，农户保持退耕成果的表现及其影响因素往往具有一定的内在逻辑性，并会随着不同阶段发生相应的变化(Chen et al.，2009；Wu et al.，2021)。

　　特别地，随着首轮退耕还林补贴政策到期，农户继续参与首轮退耕还林所获得的主要收益将依赖于非农就业、林产品和林副产品收益以及生态效益改善。然而，由于自身特征、资源禀赋等因素的约束，部分退耕农户从事非农就业等谋求生计转型受到严峻挑战，其退耕后替代生计仍未得到根本解决(韦惠兰和白雪，2019)。同时，虽然退耕农户非农就业有助于降低其土地依赖，但从事非农就业所产生的"转移效应"也可能减少退耕农户的营林生产投入，阻碍退耕农户的林地管护，进而影响农户的退耕成果保持意愿(杨娜等，

2018)。可见，非农就业虽然是退耕农户增收的重要渠道之一，但却对退耕还林成果保持具有较大的不确定性。而在林产品和林副产品收益方面，由于退耕树种和政策限制，首轮退耕还林的林产品和林副产品的收益十分有限（喻永红，2015），这也会使农户保持退耕还林成果具有不确定性。最后，生态改善收益因其具有外部性，加之大部分农户在实际农业生产活动中往往会首先考虑经济利益，是否会将生态改善效益纳入退耕还林成果保持决策仍不得而知。

可见，在新的发展背景下，成果保持与退耕农户能够继续依托于退耕还林工程直接或间接增加其收益的渠道之间具有重要且复杂的关系，同时，除上述因素外，退耕农户所处的宏观环境及其个体特征、资源禀赋、认知特征等各种影响因素产生的综合效应对退耕成果保持也具有较大的不确定性（Chen et al.，2009；Wu et al.，2021）。基于此，为了更全面地反映和分析农户退耕还林成果保持情况及影响因素，本研究在前文课题组调查基础上，基于首轮退耕补贴到期背景并从更广泛的视角，结合文献分析，揭示农户退耕还林成果保持趋势变化及其现状和潜在问题，从宏观和微观视角着重探讨影响农户退耕还林成果保持的诸多因素，并尝试构建促进农户退耕还林成果保持的理论逻辑和路径，在此基础上提出退耕还林成果巩固长效机制及针对性的政策建议，为总结我国退耕还林实践经验、完善后续政策、促进退耕还林工程可持续运行提供参考。

11.1 农户退耕还林成果保持现状

广义上，农户退耕还林成果保持是指农户对退耕地所栽种的林木不进行破坏和复耕，并定期进行补植补造、修枝整形、施肥施药与病虫害防治等一系列的保护、维持与管理活动（廖沛玲等，2019；张朝辉，2020），其目的在于提高退耕林木的存活率和质量，使退耕林木发挥更好的生态效益（谢晨等，2014）。农户保持退耕还林成果不仅有助于改善生态环境，还能在一定程度上优化农户的生产结构及农业生产率，推动农业生产方式向精细化转变（Liu and Lan，2018）。迄今为止，学术界对农户退耕还林成果保持的研究主要集中于意愿和行为 2 个方面。

在农户退耕还林成果保持意愿方面，Cao 等（2009）基于陕西省 1768 名退耕农户的调查数据进行分析发现，39.03% 的农户表示愿意在退耕还林工程结束后对成果进行保持，而 23.80% 的农户对保持退耕还林成果呈中立态度；李桦等（2011）基于陕西省和甘肃省 384 名退耕农户的调查数据研究表明，在新一轮补贴下非常愿意、比较愿意和不愿意保持退耕还林成果的农户分别占 30.47%、51.30%和 18.23%；Yang 等（2014）基于陕西、甘肃和四川 3 省 334 名退耕农户的调查数据分析显示，退耕补贴到期后 47.90%的农户态度为肯定会对退耕还林成果进行保持，26.04%为可能会对退耕还林成果进行保持，8.98%态度为不确定；陈儒等（2016）基于全国 17 个省（自治区、直辖市）1757 名退耕农户的调查数据分析表明，59.50%的农户具有保持退耕还林成果的意愿，12.05%的农户表示不确定；陈琛等（2022）对河北省 473 户参与首轮退耕的农户调查发现，具有保持意愿的农户仅占 41.40%。

在农户退耕还林成果保持行为方面，Deng 等（2016）基于陕西省 1004 名退耕农户的调查数据分析表明，样本农户整体退耕还林成果实际保持率为 86.65%；任林静和黎洁（2018）基于陕西省 296 名退耕农户的调查数据发现，对退耕成果存在保持或管护行为的农户占样本的比例为 68.92%；周银花等（2021）基于全国 19 个省（自治区、直辖市）1 638 名退耕农户的调研数据发现，首轮退耕农户中已经复耕的占 7.54%，新一轮退耕农户中已经复耕的占 6.53%。

尽管保持退耕还林成果是一个长期动态的过程，农户行为决策会随时间变化而发生相应调整（Martins et al.，2011），但通过文献分析和实地调查结果发现，农户对退耕还林成果保持普遍表现出低意愿高行为，这表明，尽管大部分农户都对退耕还林成果具有保持行为，但主观上却并不太具有保持的意愿。对此，可以参照 Echegaray 等（2017）的研究进行解释，即理性行为人在意愿向行为的转化过程中考虑重点会从计划行为理论中的"知觉控制"转移到"主观规范"上来，主体所感受到的社会压力大小对于是否采取某项特定行为更具关键作用。具体到退耕还林成果保持而言，其在一定程度上会减少农户的农业土地经营收入、提高退耕地的机会成本并缩短闲暇时间，使农户在退耕成果保持上面临诸多预期阻碍，导致保持意愿不高（Wu et al.，2021）；但迫于乡邻、村委会以及法律政策制度等多方面的社会影响和约束，农户在最终的行为上仍然会选择对退耕还林成果进行保持。

11.2 农户退耕还林成果保持影响因素

农户退耕还林成果保持情况直接决定了退耕还林工程的可持续性，进一

步研究并分析农户退耕还林成果保持的影响因素至关重要。具体而言，影响
农户退耕还林成果保持的因素可以归为宏观和微观 2 个层面。

11.2.1 宏观因素

基于文献梳理的结果，影响退耕还林成果保持的宏观因素主要包括政策、
经济、文化以及社会发展状况等。根据已有成果，本文仅保留与农户退耕还
林成果保持密切相关的政策制度、经济发展水平和地理环境进行探究。

11.2.1.1 政策制度

退耕还林政策是退耕还林工程的"指挥棒"，对农户退耕还林成果保持具
有重要的引导作用。为了巩固退耕还林成果，在退耕还林工程实施的不同阶
段，相关政策文件多次提及保持退耕还林成果，要求对于擅自破坏退耕还林
成果的行为进行追责。这在政策制度层面上对农户保持退耕还林成果起到了
一定程度的约束作用。谢晨等（2014）研究发现，在退耕政策执行不好、监管
不到位的地区更容易发生复耕，而在退耕还林政策落实严格、宣传到位，以
及让农户了解退耕政策及农户担负的退耕还林责任、将退耕补助足额发放给
农户的地区，经过检查验收、经营较好的退耕林木存活状况更好。

11.2.1.2 经济发展水平

经济发展水平特别是农村地区经济发展水平往往影响农户退耕还林成果
保持的决策。在无外力强制的情况下，参与退耕后农户做出不复耕决策的底
线是能够继续维持生计（Wang et al., 2019）；而随着经济发展和劳动力转移，
农户人均收入水平不断提高，农户的生计问题有了根本保障，有助于退耕还
林成果的保持。例如，云南省屏边县和西畴县属于退耕还林工程瞄准的生态
脆弱区和原国家级贫困县，由于经济发展水平落后、交通条件较差以及可用
于发展的要素资源短缺，严重制约了当地农户进行非农就业和生计策略调整，
导致农户对土地收入的依赖程度更高，退耕后更有可能作出不利于保持退耕
成果的决策（吴乐等，2020）；任林静和黎洁（2013）对陕西安康山区 5 个调查
区县根据复耕可能性高低进行比较发现，相比于复耕可能性高的区县，复耕
可能性低的区县经济发展水平更高、农户收入来源更加多元。

11.2.1.3 地理环境

地理环境因素也是影响农户保持退耕还林成果的重要宏观因素之一。从
农户收益权衡的角度而言，一方面，由于首轮退耕还林对"长江流域及南方地
区"和"黄河流域及北方地区"在补贴标准上有所不同，农户退耕地的机会成本
也存在差异。例如，南方地区退耕地机会成本较高但造林成本低，而北方地

区耕地收益较低但造林成本较高。另一方面，新一轮退耕还林统一了补贴标准，但也造成部分地区退耕地的机会成本低于或高于国家补偿标准的情况。李国平和石涵予(2015)的研究发现，在相同立地条件和相同补偿标准下南方地区退耕农户受损的概率更大，进而会对其行为选择产生影响。除此之外，地理环境还决定着农户所在区位的便利程度、土壤质量、耕地坡度以及农作物生长所需的光、热、水等自然条件，在一定程度上会影响农户的生产活动及退耕地的生产力(Yang and Xu, 2014；Zhang et al., 2019)。周银花等(2021)的研究显示，受到地形的限制，居住在丘陵和山区的退耕农户转移劳动力或将退耕地收益变现的成本都更高，因而复耕意愿更强。任林静和黎洁(2018)研究表明，耕地坡度较高、土壤质量较差的农户更倾向于保持退耕还林成果。Wu 等(2021)研究发现，区域粮食产量和水资源量也会导致不同类型农户的复耕意愿产生差异。

11.2.2 微观因素

作为解释人的行为动机和意愿以及行为预测的经典理论，理性行为理论、农户行为理论和计划行为理论通常被认为是探究农户退耕还林成果保持微观影响因素的理论基础(Chen et al., 2009；Deng et al., 2016；Wu et al., 2021)。具体而言，一方面，农户对退耕还林成果的保持通常是结合客观实际情况所做出的理性选择，户主特征、资源禀赋和退耕情况均会显著影响农户的退耕还林成果保持决策(Chen et al., 2009；Wu et al., 2021)。另一方面，根据计划行为理论以及现有研究，主观规范、行为态度和感知行为控制等主观认知因素可以通过外部压力和内部驱动 2 种途径作用于退耕还林成果保持[1](Deng et al., 2016)。

11.2.2.1 户主特征

纵观已有文献，诸多学者从户主性别、年龄、民族、受教育程度、健康状况、非农就业以及是否为村干部等方面较为全面地分析了这些因素对退耕还林成果保持的影响。例如，陈儒等(2016a)研究发现，女性在思想上往往较为谨慎，在行动上尽可能避免冒险，更倾向于保持退耕还林成果；任林静和黎洁(2017)的研究证实，老年农户的土地生产经营受年龄和体力的限制，复耕的可能性和计划复耕程度相应较低；吴乐等(2020)的研究表明，少数民族农户受生产方式、语言、交通等客观因素的制约，退耕后实现非农就业较为困难，从而影响了农户对退耕成果的保持；陈琛等(2022)研究发现，户主受教育程度越高，其管护退耕还林成果的意愿也越强烈；陈儒等(2016b)的研究显示，健康状况决定了农户在生理上是否受限，对退耕成果保持意愿将会产生直接影响；张朝辉(2020)的研究表明，参与非农就业的农户更容易摆脱对传统农业经营和土地的路径依赖，具有更强的退耕成果保持意愿；靳乐山等(2020)的研究证实，村干部作为退耕还林政策顺利推行的重要监督者，更能响应政府号召和发挥带头示范作用，从而保持退耕成果。

11.2.2.2 资源禀赋

劳动力数量、耕地规模和收入水平等农户资源禀赋特征也会直接影响其退耕还林成果保持的决策。劳动力数量越多、收入来源越广泛，越有可能保持退耕还林成果(Zhang et al.，2018)。耕地规模越大的农户，退耕还林成果保持意愿越强(Guo et al.，2014)。收入水平较高的农户一般具备足够的资金应对保持退耕成果的相应成本，从而更倾向于保持退耕还林成果(史恒通等，2022)。

11.2.2.3 退耕情况

农户退耕情况如退耕树种、退耕规模和补贴情况等均会在很大程度上影响农户退耕还林成果的保持。退耕树种属于生态林的退耕地所产生的经济效益通常较低，农户保持退耕成果也相对消极(喻永红，2015)。退耕规模越大的农户退出政策或违约的沉没成本就越高，其退耕还林成果保持意愿也越强(任林静和黎洁，2017)。退耕补贴到期会使农户无法继续获得来源于退耕地的收入激励，从而降低农户退耕成果保持意愿(陈琛等，2022)。

11.2.2.4 认知特征

农户退耕成果保持与其主观规范、行为态度和感知行为控制息息相关。主观规范是指农户在执行决策时所感知到的社会压力，亲戚、乡邻对农户实施森林保护行为的示范作用越大、政府的组织和号召程度越强，农户主观规范就越积极，实施森林保护行为的意愿也越强(Mastrangelo et al.，2014)。行为态度是指农户对实施某特定行为进行评价后的主观判断，如果农户对退耕还林这一行动所做出的评价是有利的(无论是从经济、生态或是社会维度)，其行为态度就会受到正向驱动，从而促使其产生积极意愿或行为(崔民和夏显力，2022)。感知行为控制是指农户对于执行某特定行为难易程度的自我感知，如果农户认为自己具备足够的能力并身处积极的政策环境中，感知行为控制就越强，其保持退耕成果的意愿也越强烈(陈儒等，2016)。

11.3   促进农户退耕还林成果保持的理论逻辑与路径

本部分将通过总结归纳以上影响因素，围绕成果保持利益格局这一核心，构建农户退耕还林成果保持的理论逻辑与路径。基于农户退耕还林成果保持的既有研究，农户能否保持退耕还林成果主要取决于收益和成本的权衡。此外，考虑到目前农户保持意愿与行为的背离，退耕成果的有效巩固还取决于农户保持成果的持续性和自发性。因此，保持退耕还林成果产生的净收益成为农户响应退耕还林工程的基础条件。在此基础上，农户可能作出以下 3 种决策：①不保持退耕还林成果，将退耕地转向其他用途，成为显性复耕风险；②非自愿保持退耕还林成果，导致持续性弱、自发性低，形成隐性复耕风险；③自愿保持退耕还林成果，维持退耕还林工程所期望的退耕地用途。综上，并借鉴王雨蓉和龙开胜（2015）的研究，构建关于退耕还林成果保持的内在逻辑可重点关注净收益、持续性和自发性 3 个方面。

11.3.1   净收益

以 Schultz 为代表的经济学家认为农户符合经济学中的理性人假设，其行为决策是为了实现自身收益最大化。保持退耕还林成果给农户带来的总收益与总成本之差（净收益水平），将决定农户下一步的行为决策。从总收益的角度来看，农户保持退耕还林成果至少会涉及 2 个方面（张朝辉，2019）：①经济收益，包括国家直接发放的退耕补贴、退耕地营林收入以及非农就业收入等。②生态收益，即遏制农业自然灾害、治理农业生态环境、优化农田生态条件，从而增强农田生产安全与农户生活安全水平。从总成本的角度来看，退耕农户面临的成本也包括 2 个方面（Demurger and Wan，2012）：一是放弃退耕地原本用途的机会成本，二是退耕后调整生计和生产方式所需要的转换成本。因此，净收益可根据农户每年保持退耕还林成果的总收益和总成本计算出现值。如果净收益现值为正，同时农户保持退耕还林的持续性强、自发性高，退耕还林成果在此期间则能够得到很好的巩固，并且符合退耕还林工程的发展方向；如果净收益现值为负，同时农户保持退耕还林的持续性弱、自发性低，退耕还林成果的保持将主要依靠政策制度约束和政府监督，不利于退耕还林成果的巩固，容易出现毁林复耕现象。

11.3.2   持续性

退耕还林成果保持应是一个长期动态的过程，还需要考虑其持续性的强弱。根据行为阶段改变理论，本文将农户保持退耕还林成果视为从保持到持续保持的多阶段转变过程。退耕农户保持退耕还林成果可以获得退耕补贴，在一定程度上弥补了退耕地的机会成本，维护了自身收入，但终究难成长久之计。随着退耕补贴到期，继续增强农户保持退耕还林成果的持续性可以通过 2 种路径来实现：①培养农户创收能力、实现生计策略多样化；②为农户提供良好的制度环境。

　　培养农户创收能力、实现生计策略多样化的关键是加速退耕补贴到期与非农就业配套体系的有机衔接。降低农户非农就业的风险和成本，提高农户非农就业的社会保障，增强非农劳动力市场的引导作用，可以使农户在退耕补贴到期后根据成本收益分析做出非农就业的选择并达到增收的目标。此外，补贴到期后通过合理配置农村地区有限的教育或培训等社会化服务资源，可以进一步提升农户非农就业的能力和质量，为农户持续保持退耕还林成果创造有利条件。

　　营造良好的制度环境应包括 2 个方面：①构建长期有效的政策制度。长期有效的政策制度能够向农户提供比较完善的退耕地产权安排、合理清晰的合同设计，以及政策制度本身带来的信心保证，从而保障持续稳定的收益现金流(Zhang and Paudel，2019)。②依托基层组织。基层组织可以成为保持退耕还林成果的技术和政策制度的传达者，增强农户在退耕还林成果保持方面的信息量，示范、引导和在一定程度上保证农户对退耕还林成果的持续保持。

11.3.3　自发性

　　自发性可以根据农户退耕还林成果保持意愿与行为是否一致以及是否存在敷衍或不合理的保持情况进行判断。在保持退耕还林成果带来的净收益为负的情况下，提高农户的积极性和自发性还需要通过提升农户保持意愿这一途径来实现。一方面要完善后续退耕还林政策。合理制定后续退耕还林补助标准动态调整机制，执行多元化和差异化的补偿策略，能够有效增强农户的自发性。另一方面要提高农户对政策过程的参与程度。通过文献梳理和实地调研发现，农户在政策实施方案上的参与程度是有限且相对的，仅仅依靠政府的强制和监督执行，保持退耕还林成果的自发性会比较低，导致高行为低意愿的现象；一旦项目结束，农户很有可能采取复耕等破坏退耕还林成果的行动，加剧退耕还林成果保持的不稳定性。因此，尊重农户对于保持退耕还林成果的意见和建议，提高其政策参与程度也是增强农户自发性的有效方法。

　　综合上述分析，构建促进农户退耕还林成果保持的理论逻辑与路径如图

11-1 所示，其整体框架由宏观因素纵向支撑，在微观因素横向作用下，农户退耕还林成果保持的总收益和总成本按照不同路径进行调整，这一过程在最终净收益水平中得到体现；进而，农户基于净收益水平做出行为决策（是否保持），并通过持续性和自发性 2 个方面决定退耕还林成果的质量（如何保持）。

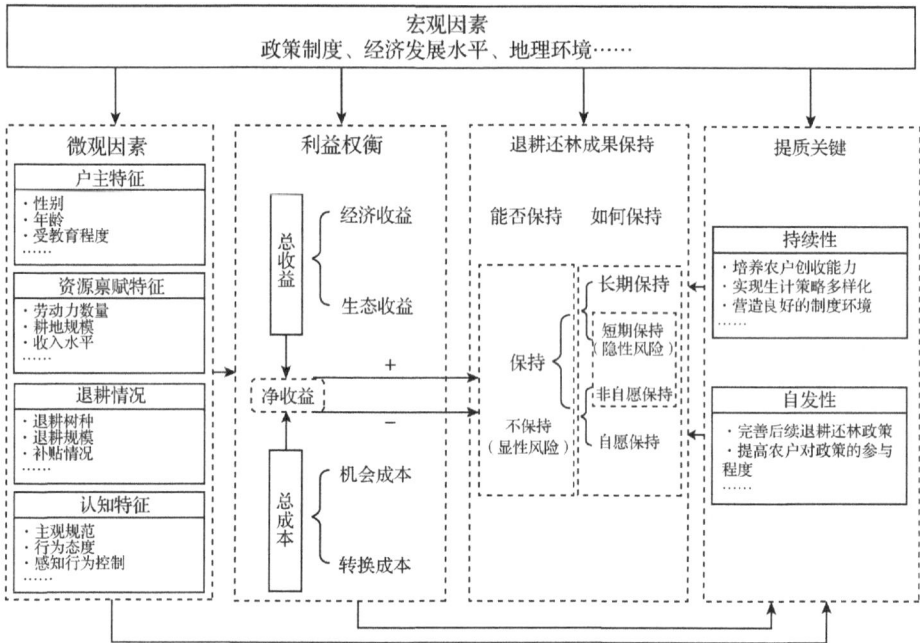

图 11-1 农户退耕还林成果保持的理论逻辑与路径

11.4 政策建议

    农户是退耕还林成果巩固和高质量发展的重要因素，农户非自愿的退耕还林成果保持应当引起政府部门的关注，侧面反映出政府对退耕还林政策的设计不够完善、普及宣传力度不足、信息传递与反馈不畅等问题。应完善退耕还林后续政策，建立退耕还林成果巩固长效机制，执行多元化和差异化的补偿策略，避免"一刀切"；将符合条件的退耕地纳入森林生态效益补偿项目，对其余退耕地赋予农户一定的处置权，支持退耕林地后续产业发展；拓宽退耕农户收入渠道，建立健全退耕地区劳务服务体系，根据退耕农户具体情况进行有针对性的非农技能培训，提升非农就业能力；重视培育新型林业经营主体，逐步建立规范有序的退耕地流转市场，满足退耕农户退耕地流转诉求，在增加土地流转收入的同时为其从事非农就业创造有利条件，从而推动退耕地的有效经营利用和退耕还林成果的巩固；继续加强退耕还林政策的普及宣传力度，积极引导农户认识到巩固退耕还林成果的长远意义，使农户了解退耕还林对于自身生存与发展的重要价值，最终形成保持退耕成果的内在自觉；切实提高农户对政策决策的参与感，广泛汲取农户的意见和建议，真正实现改善民生与保护生态双赢。

第 12 章

研究结论与政策建议

12.1　研究结论

本章基于退耕补贴(偿)到期的视角,以"农户生计""影响评估"和"成果巩固"为靶点,将退耕还林成果巩固、改善民生与保护生态双赢作为落脚点,在理论和文献梳理分析的基础上,通过对原贫困地区首轮退耕农户的实地访谈调研和问卷调查,较为全面系统地分析补贴到期后农户收入变化和生计调整行为特点,进而利用双重差分模型、断点回归设计、Logistic 模型、再中心化影响函数、分位数回归等主流实证方法,实证检验补贴到期对农户收入和生计调整行为的影响;在此基础上,依据农户收入和生计变化特点,进一步评估补贴到期对农户主观贫困和多维相对贫困、消费、福利及农户内部收入不平等的影响;同时,考察补贴到期后农户退耕地和农地利用行为及驱动因素,重点考察补贴到期的影响;并从更广泛的视角,聚焦于农户保持退耕还林成果的相关研究,从宏观和微观两个方面着重探讨影响农户退耕还林成果保持的诸多因素,提出促进农户退耕还林成果保持的理论逻辑与路径;最后,在对前文研究结论进行整合和总结的基础上,提出完善和建立退耕还林成果巩固的长效机制和改善退耕农户生产生活水平的相关政策建议。主要研究结论为:

(1)农户收入方面,退耕补贴到期尽管不利于农户生产经营性收入的增长,却有利于农户工资性收入和转移性收入的增长,导致补贴到期后农户总收入未降反升;异质性分析发现,退耕补贴到期会造成低收入组农户总收入减少;非农就业和劳动时间在退耕补贴到期与农户总收入的关系中具有中介效应。

(2)农户消费方面,退耕补贴到期一定程度上降低了样本农户的消费,不利于农户消费水平的提升。进一步研究发现，退耕补贴到期对生存性消费和发展性消费有显著负向影响，而对非贫困农户消费结构影响并不显著，相较于非贫困农户来说，贫困农户收入水平低、抗风险能力较弱，因此退耕补贴到期对贫困农户的消费产生的影响更大；补贴到期对低消费水平组农户的消费产生的负向影响程度高于高消费水平组农户；除了享受性消费不显著外，低消费水平组农户的各项消费受到的负向影响程度均高于高消费水平组农户。农户收入在补贴到期和农户消费之间具有中介作用；劳动时间和农户收入在补贴到期和农户消费之间具有链式中介作用；非农就业和农户收入在退耕补贴到期和农户消费之间具有链式中介作用。劳动时间和农户收入、非农就业比例和农户收入产生的链式中介作用可以部分抵消补贴到期对农户消费的负向影响。

（3）农户内部收入不平等方面，退耕补贴到期在一定程度上会扩大农户内部收入不平等。因为受到补贴到期冲击后农户内部收入不平等是扩大还是缩小与能否顺利实现生计转型紧密相关，但低收入农户囿于内在禀赋以及所拥有的各种外部资源，导致其在补贴到期的情况下更难以有效调整其生计策略并实现增收，从而使得补贴到期对农户内部收入不平等具有加剧作用；退耕补贴到期对退耕农户内部工资性和生产经营性收入不平等具有加剧作用，而对内部转移性收入不平等具有缩小作用。这一结论表明从农户内部工资性和生产经营性收入不平等的角度着手，将是未来解决因退耕补贴到期所引致农户内部收入不平等问题的关键；不同类型农户内部收入不平等受退耕补贴到期影响的差异较大。具体表现为会加剧中低学历和中等退耕规模及以上农户内部收入不平等，却会缓解高学历农户内部收入不平等，且对小退耕规模农户无显著影响。

（4）农户生计策略调整方面，退耕补贴到期对农户非农就业决策和非农就业收入的局部平均处理效应均显著为正，说明退耕补贴到期有利于提升农户非农就业决策和非农就业收入；退耕补贴到期对不同类型农户非农就业决策和非农就业收入的影响存在异质性。具体而言，退耕补贴到期对中高学历农户和中青年农户的非农就业决策和非农就业收入具有显著的正向影响，而对低学历农户和老年农户的影响却并不显著。

（5）农户主观贫困方面，退耕补贴到期显著提高了农户主观贫困的发生概率，对农户主观贫困影响的净效应显著为正；异质性分析发现，退耕补贴到期对经济困难和小规模退耕农户主观贫困影响的净效应更大。

(6)农户多维相对贫困方面，退耕补贴到期农户各维度及其多维相对贫困发生率均高于未到期农户；补贴到期对相对收入、充分就业、生活水平、主观感知维度及多维相对贫困的局部平均处理效应均显著为正，意味着补贴到期加剧了农户以上各维度以及多维相对贫困的程度；异质性分析发现，补贴到期对老年和低收入农户多维相对贫困的正向影响效应相对更强。

(7)农户福利方面，退耕农户各项功能性活动中"行为与选择的自由""收入与物质需求"对于改善退耕农户总福利至关重要，总体上退耕农户在补贴到期当年的总福利水平较低。退耕补贴到期对农户总福利和客观福利存在显著正向影响，但却对主观福利具有显著负向影响。在异质性分析中，退耕补贴到期对贫困农户总福利与客观福利的提升作用更小，同时对其主观福利的降低作用更大，对小退耕规模组农户总福利的提升作用更大，但对其客观福利的提升作用更小，同时对中等及以上退耕规模组农户主观福利的下降作用更大。

(8)农户土地利用方面，退耕补贴到期使得退耕农户退耕地的复耕意愿显著增加，同时使退耕农户退耕地的管护意愿及行为显著减弱；退耕补贴到期在一定程度上促进了退耕农户进行农地流入或流出的行为选择，也会显著加大农地流入或流出的规模，并在一定程度上抑制了退耕农户的农地劳动力及资本投入；退耕补贴到期对非农组农户的退耕地复耕意愿、管护意愿及管护行为均有显著的负向影响，而对农业组农户的复耕意愿却有着显著的正向作用；相比于农业组退耕农户，补贴到期对非农组农户的农地流出行为选择概率及流出规模的影响程度更大，同时对其农地投入抑制作用更为强烈；退耕补贴到期对退耕规模较大的农户退耕地复耕意愿的促进作用较大，对其管护意愿及行为具有抑制作用，对其农地流入行为及规模的促进作用更大，对其农地劳动力及资本投入程度的负向影响更大。

(9)农户保持退耕成果驱动因素方面，宣传普及、经济激励以及约束措施等政策制度、地区经济发展水平、地区地理环境和自然条件等是影响农户退耕还林成果保持的重要宏观因素；性别、年龄、民族、受教育程度、健康状况、非农就业以及是否为村干部等户主特征，劳动力数量、耕地规模和收入水平等农户资源禀赋特征，退耕树种、退耕规模和退耕补贴等退耕情况，主观规范、行为态度和感知行为控制等认知特征是影响农户退耕还林成果保持的重要微观因素。通过总结归纳以上影响因素，围绕成果保持利益格局这一核心，构建出农户退耕还林成果保持的理论逻辑与路径，其整体框架由宏观因素纵向支撑，在微观因素横向作用下，农户退耕还林成果保持的总收益和总成本按照不同路径进行调整，这一过程在最终净收益水平中得到体现；进而，农户基于净收益水平做出行为决策(是否保持)，并通过持续性和自发性2 个方面决定退耕还林成果的质量(如何保持)。

12.2 政策建议

退耕还林是一项投资额巨大、覆盖范围较广、持续时间较长、农户参与度较高的生态恢复项目。其中退耕还林补贴既是工程顺利实施的重要保证，也是退耕成果巩固的必要条件。随着首轮退耕还林工程补贴政策到期，跟踪研究补贴到期后退耕农户的实际应对行为、驱动因素，关注补贴到期后农户收入、消费、内部收入不平等、生计调整、贫困状态和福利的变化，并围绕以上几个方面进一步考察补贴到期的影响效应、机制及其异质性，这不仅有利于探索补贴到期后的农户实际应对行为的规律和特点、总结我国退耕还林实践经验、构建退耕还林成果巩固的长效机制以及提出具有针对性和可操作性的后续退耕还林政策建议，也对我国生态文明建设、乡村振兴战略和促进共同富裕目标的实现具有重要参考价值，能够丰富相关领域的研究成果，为各类生态补偿项目成功实践提供理论依据。

通过本文的研究发现，首轮退耕还林补贴到期对农户收入、收入调整等方面产生了一定影响，存在着补贴到期后农户复耕意愿提高、管护意愿降低及农地投入一定程度上受到影响等问题，这些问题有待在未来的制度设计与后续政策完善中逐步解决。为此，基于研究结论，为巩固退耕还林成果并实现改善民生与保护生态双赢，提出如下具体建议。

12.2.1 建立与完善退耕还林成果巩固长效机制

(1)基于国土主体功能区划分和生态保护规划的持续补偿重点区域评估机制。补贴到期后，为巩固退耕还林成果，使其持续发挥改善生态环境的作用，建议及时出台和完善退耕还林后续政策，并根据国土主体功能区划分和生态保护规划，构建重点区域持续补偿评估机制，将位于生态功能区的退耕还林地按重要程度分别纳入持续补偿、其他森林生态效益补偿项目，对其余退耕地赋予农户一定的处置权。其次，根据重点区域的生态环境状况和生态服务的特点，评估其生态服务价值。依据评估结果，制定具体的实施方案，包括确定适合的持续补偿标准、资金来源、监管机制等，确保持续补偿机制的有效实施，有效巩固退耕还林成果。

(2)根据重点区域和农户异质性建立差异化补偿机制。根据重点区域的生态环境状况、农户异质性和退耕还林政策目标，建立动态的、差异化的生态补偿机制。一方面，根据重点区域的生态环境状况、退耕树种类别及退耕还林质量的不同来划分不同的等级，同时，充分考虑各级政府可支配财力、退耕还林规模和类型、机会成本等因素，逐步建立差别化的退耕补偿机制。另一方面，在了解重点区域内退耕农户的生产经营状况、土地利用方式、资源禀赋等情况的基础上，针对不同农户和不同林种，也应建立差异化的补偿方式。

(3)基于农户土地利用行为的林地保护性利用机制。为有效巩固退耕还林成果，增加农民收入，政府可以制定相关的政策法规，鼓励农民对退耕林地进行保护性利用，加强管护和经营，并且为退耕农户提供林木抚育、病虫害防治等方面的专业培训和指导，提升退耕林地的质量。同时，支持退耕林地后续产业和特色产业发展，培育兼具生态效益和经济效益的特色林产业，大力发展林下经济产业，促进林产品生产，提高林业附加值，为农户依托退耕林地资源，挖掘退耕林地经济潜力提供技术指导和政策支持，以此更好地实现退耕林地保护性利用和管理，形成生态保护和农民增收双赢。

(4)退耕林地质量动态监测和提升机制。退耕林地质量是退耕还林成果有效巩固的重要方面，应根据各地实际情况和需求制定针对不同重要程度和不同类型林地的监测方案，通过采用卫星遥感、航空遥感、地面监测等方式，对退耕林地进行动态监测评估，构建退耕林地资源监测和评估系统，不断完善退耕林地管理体系，也为促进退耕林地高质量发展提供依据。在此基础上，做好基层林业站与上级部门的对接，提高林地和林业资源的管护力度。另外，基于监测数据和分析结果，制定相应的保护和激励措施，通过利益共享的方式使农户参与到退耕林地资源的保护利用和管理过程中，引导农户持续经营退耕林地，采取林间套种、生态旅游等方式，提高林地质量，兼顾退耕林地的生态效益、经济效益和社会效益，推进退耕林地有效利用和高质量可持续发展。

(5)迎合新时代发展需求探索退耕还林生态产品价值实现机制。退耕还林工程实施过程中是通过中央财政转移支付以补贴的形式对退耕农户土地利用转换进行偿付。补贴到期后，为了有效巩固退耕还林成果，推动退耕林地资源有效利用，结合退耕还林所处区位的生态保护重要性和特点，在继续探索纵向生态补偿、横向生态补偿等多样化补偿形式的基础上，进一步探索和建立多元化、市场化的补偿机制，探索退耕还林生态产品市场化的新途径和新模式，培育和发展生态产品市场，建立和完善退耕还林补偿市场化运作的相应法律法规体系及配套政策，探索多元化、市场化的价值实现方式，促进退耕还林生态产品价值实现，进而有效保障农户利益、巩固退耕还林成果，实现保护生态和改善民生的双赢。

12.2.2　其他相关政策建议

为保障退耕农户利益，改善退耕农户生产生活水平，以有效巩固退耕还林成果，实现改善民生与保护生态双赢，同时提出其他相关政策建议如下：

(1)及时出台和完善退耕还林后续政策。尽管随着农户收入水平的不断提高，农户对退耕补贴的依赖程度降低，但退耕补贴是农户参与退耕和保持退耕成果的一种经济补偿，在原贫困地区仍为低收入农户的重要生活保障。为了更好地巩固退耕成果和保障农户利益，建议政府应深入了解退耕农户的现状和政策诉求，关注补贴到期对原贫困地区退耕农户可持续生计的影响，及时出台和完善退耕还林后续政策，结合生态恢复与保护需要，将位于各级各类生态功能区或生态脆弱区的退耕还林地，纳入其他相应补偿项目继续予以补偿，对其余退耕林地赋予农户一定的处置权，以有效保障农户利益和巩固还林成果，并防止农户返贫。另一方面，逐步建立规范有序的退耕林地流转市场，重视培育新型林业经营主体，满足退耕农户退耕林地流转诉求，在增加土地流转收入的同时，为其在补贴到期后从事非农就业创造有利条件，从而推动退耕补贴到期背景下退耕林地的有效经营利用和退耕还林成果的巩固。

同时，结合当地情况发展退耕还林后续产业项目，鼓励退耕农户发展森林生态旅游及森林康养等相关产业，通过生态价值实现增加收入；或者因地制宜依托退耕还林成果发展当地特色产业，推动农业产业结构调整，优化收入结构，提高退耕农户福利水平。

(2)加速退耕补贴到期和非农就业配套措施的有机衔接。通过建立和完善农村劳动力招聘信息平台，提供非农就业岗位信息，规范发展非农就业服务体系，拓宽退耕农户就业渠道，增加非农就业机会和兼业机会；通过开展就业指导服务，鼓励并对农户进行职业技术培训，提升补贴到期农户非农就业能力，从而降低退耕区农户非农就业的风险和成本，助力退耕区劳动力转移，让农户在退耕补贴到期后能够积极做出非农就业的选择并达到增收的目标。同时，应在切实保障退耕农户利益基础上促进农地流转，实现农业适度规模化生产，进而提高农业生产效率，最终提高农户农业收入、保障农业生产。

（3）进行有针对性的政策帮扶。退耕补贴到期对不同类型农户所产生的影响存在一定差异，应结合原贫困地区经济现状，通过建立收入贫困和消费贫困的识别指标体系，实现对脱贫农户返贫风险的监测和预警，在遵循兼顾效率和公平原则下，充分考虑退耕农户的差异性，推动包括提供生态公益岗位在内的各类帮扶政策有针对性地优先向低收入低消费、受教育程度较低、高龄和退耕规模较大的农户群体倾斜，以切实保障补贴到期后此类农户的生活水平；引导不同退耕农户建立多元化生计转型策略，帮助农户创收增收，多措并举缩小农户间收入差距，降低其主观贫困感知和多维相对贫困程度，推动巩固脱贫攻坚成果和乡村振兴有效衔接，实现共同富裕。

参考文献

包婷婷，张勇，2021. 皖北地区农户农地转出行为影响因素研究——基于393个农户调查数据[J]. 安徽农业大学学报(社会科学版)，30(6)：24-29.

蔡荣，蔡书凯，2014. 农业生产环节外包实证研究——基于安徽省水稻主产区的调查[J]. 农业技术经济(4)：34-42.

蔡志坚，蒋瞻，杜丽永，等，2015. 退耕还林政策的有效性与有效政策搭配的存在性[J]. 中国人口·资源与环境，25(9)：60-69.

曾佳睿，董军多，吴小森，等，2021. 农户土地流转意愿及其影响因素研究——以湘西州永顺县万坪镇烟区为例[J]. 湖南农业科学(8)：83-86+90.

陈琛，杜温鑫，王立群，2022. 首轮退耕补贴到期对农户退耕地利用意愿影响研究——基于农户主观福利的中介检验[J/OL]. 中国农业资源与区划，1-10.

陈琛，石颜露，邱珊珊，等，2022. 首轮退耕补贴到期对农户非农就业的影响[J]. 干旱区资源与环境，36(12)：15-21.

陈飞，翟伟娟，2015. 农户行为视角下农地流转诱因及其福利效应研究[J]. 经济研究，50(10)：163-177.

陈光，王娟，王征兵，2022. 收入渴望、非农就业与脱贫户收入——以陕西省周至县为例[J]. 西北农林科技大学学报(社会科学版)，22(2)：74-85.

陈俭军，2017. 鹿寨县农户化肥投入强度的影响因素分析[D]. 南京：南京农业大学.

陈儒，邓悦，姜志德，等，2016. 中国退耕还林还草地区复耕可能性及其影响因素的比较分析[J]. 资源科学，38(11)：2013-2023.

陈儒，姜志德，谢晨，2016. 后退耕时代退耕区农户的复耕意愿及影响因素分析——基于17省1757个农户的调查[J]. 农村经济(6)：38-44.

陈展图，杨庆媛，2017. 中国耕地休耕制度基本框架构建[J]. 中国人口·资源与环境，27(12)：126-136.

程名望，Jin Y，盖庆恩，等．2014. 农村减贫：应该更关注教育还是健康？——基于收入增长和差距缩小双重视角的实证[J]. 经济研究，49(11)：130-144.

程中培，2021. 我国居民贫困归因及其影响因素研究——基于2017年中国社会状况综合调查数据[J]. 湖南农业大学学报(社会科学版)，22(4)：59-68.

崔民，夏显力，2022. 感知价值、政策激励对农户退耕成果维护意愿与行为的影响[J]. 干旱区资源与环境，36(8)：28-37.

单德朋，张永奇，2022. 农村家庭老人照料与农户内部收入财富不平等——基于 CFPS2018 数据的实证分析[J]. 农业技术经济(12)：88-99.

党夏宁，2010. 我国的农业劳动力配置与农村经济发展[J]. 西安交通大学学报(社会科学版)，30(3)：29-34+48.

丁屹红，姚顺波，2017. 退耕还林工程对农户福祉影响比较分析——基于 6 个省 951 户农户调查为例[J]. 干旱区资源与环境，31(5)：45-50.

董晓林，吴以蛮，熊健 2021. 金融服务参与方式对农户多维相对贫困的影响[J]. 中国农村观察(6)：47-64.

杜温鑫，2020. 退耕补贴到期对农户后续影响的研究[D]. 北京：北京林业大学.

段伟，申津羽，温亚利，2018. 西部地区退耕还林工程对农户收入的影响——基于异质性的处理效应估计[J]. 农业技术经济(2)：41-53.

多化豫，袁云梅，2016. 鄂尔多斯市退耕还林工程效益分析[J]. 内蒙古农业大学学报(自然科学版)，37(4)：42-45.

凡军义，梁丽嫒，2011. 退耕还林政策对农户消费意愿的影响研究[J]. 全国流通经济(2)：83-84.

范乔希，应寿英，2017. 丘陵区农户土地流转意愿调查——以重庆市为例[J]. 调研世界(8)：32-37.

樊文婷，2021. 农户家庭劳动力特征对土地流转的影响研究[D]. 昆明：云南财经大学.

傅联英，吕重阳，2022. 大变局下的消费升级：经济政策不确定性对消费结构的影响研究[J]. 消费经济，38(1)：1-18.

伽红凯，王树进，2014. 集中居住前后农户的福利变化及其影响因素分析——基于对江苏省农户的调查[J]. 中国农村观察(1)：26-39+80.

高清，靳乐山，2021. 新一轮退耕还林对农户收入影响的机理研究：基于赣南、鄂北农户调查的实证分析[J]. 中国土地科学，35(5)：57-66.

高远东，李华龙，马辰威，2022. 农户防范返贫：应该更关注人力资本还是社会资本?[J]. 西北农林科技大学学报(社会科学版)，22(4)：135-143.

葛传路，岳虹，2018. 征地冲击对农户消费的影响[J]. 经济与管理研究，39(1)：46-56.

郭君平，曲颂，夏英，等，2018. 农村土地流转的收入分配效应[J]. 中国人口·资源与环境，28(5)：160-169.

郭轲，王立群，张璇，等，2015. 京津风沙源区退耕还林农户复耕决策影响因素分析——基于补贴结束假设下的实证检验[J]. 世界林业研究，28(4)：90-96.

郭晓鸣，甘庭宇，李晟之，等，2005. 退耕还林工程：问题，原因与政策建议[J]. 中国农村观察(3)：72-79.

郭秀峰，2020. 政府消费、物价波动与居民消费棘轮效应分析[J]. 商业经济研究(18)：54-56.

郭正模，2002. 退耕还林工程对山区土地利用影响的分析[J]. 国土经济(10)：7-9.

国家统计局. 第三次全国农业普查主要数据公报[EB/OL]. (2017-12-16)[2021-12-01].
　　http://www.stats.gov.cn/tjsj/tjgb/nypcgb/.

韩国明, 王琳燕, 2012. 西北地区"季节性转移"农户兼业行为选择困境的分析[J]. 宁夏社
　　会科学(5): 60-68.

韩洪云, 史中美, 2010. 中国退耕还林工程经济可持续性分析——基于陕西省眉县的实证
　　研究[J]. 农业技术经济(4): 85-91.

韩秀华, 2015. 退耕还林工程对农户收入影响实证分析——以陕西安康为例[J]. 林业经
　　济, 37(6): 40-43

郝海广, 李秀彬, 辛良杰, 等, 2010. 农户兼业行为及其原因探析[J]. 农业技术经济(3):
　　14-21.

和月月, 周常春, 张峰, 2021. 生态扶贫政策对农户生计策略和收入的影响[J]. 统计与决
　　策, 37(4): 82-86.

胡钊源, 靳小怡, 崔烨, 2021. 高龄农业转移人口非农就业影响因素研究[J]. 系统工程
　　理论与实践, 41(3): 613-624.

黄枫, 孙世龙, 2015. 让市场配置农地资源: 劳动力转移与农地使用权市场发育[J]. 管理
　　世界(7): 71-81.

黄杰龙, 邓桢柱, 王立群, 2021. 新一轮退耕还林对贫困山区农地生产力的影响研究[J].
　　林业经济问题, 41(4): 378-386.

黄杰龙, 王旭, 王立群, 等, 2019. 城市造林工程农户行为意向影响因素研究——以北京市
　　平原造林工程为例[J]. 林业经济问题, 39(2): 189-196.

黄杰龙, 王旭, 王立群, 2019. 政策落实、农户参与和脱贫增收的山区治贫有效性研究[J].
　　公共管理学报, 16(3): 50-61, 170-171.

黄志刚, 黎洁, 2021. 乡村旅游征地对失地农户福祉的影响——基于PSM模型的检验[J].
　　资源科学, 43(1): 171-184.

江克忠, 刘生龙, 2017. 收入结构、收入不平等与农村家庭贫困[J]. 中国农村经济(8):
　　75-90.

蒋欣, 田治威, 2020. 退耕还林对农户劳动力就业的影响[J]. 中南林业科技大学学报,
　　40(7): 162-172.

靳乐山, 徐珂, 庞洁, 2020. 生态认知对农户退耕还林参与意愿和行为的影响——基于云
　　南省两贫困县的调研数据[J]. 农林经济管理学报, 19(6): 716-725.

康志强, 李全基, 浩仁塔本, 等, 2011. 准格尔旗退耕还林工程后效益分析[J]. 内蒙古农
　　业大学学报(自然科学版), 32(3): 84-88.

康子昊, 刘浩, 杨鑫, 等, 2021. 退耕还林工程对农户收入增长和收入分配影响的测度与
　　分析——基于长期跟踪大农户样本数据[J]. 林业经济, 43(1): 5-20.

孔祥智, 穆娜娜, 2018. 实现小农户与现代农业发展的有机衔接[J]. 农村经济(2): 1-7.

蓝菁, 盛君, 余奕宁, 等, 2017. 退耕还林背景下农户收入的社会网络效应分析——以四

川南江县白滩村为例[J]. 中国土地科学，31(3)：36-43.

郎亮明，张彤，陆迁，2021. 农业科技扶贫的多维效应：增收、扶智与扶志——基于陕西省 821 份农户调研数据[J]. 农业技术经济(9)：129-144.

黎洁，妥宏武，2012. 基于可行能力的陕西周至退耕地区农户的福利状况分析[J]. 管理评论，24(5)：66-72+101.

黎毅，王燕，罗剑朝，2020. 农地流转、生计策略与农户收入——基于西部 6 省市调研分析[J]. 农村经济(9)：51-58.

李傲，杨志勇，赵元凤，2020. 精准扶贫视角下医疗保险对农牧户家庭消费的影响研究——基于内蒙古自治区 730 份农牧户的问卷调查数据[J]. 中国农村经济，422(2)：121-136.

李贝尔，2019. 河南省种粮农户投入行为及影响因素分析——以太康县为例[J]. 粮食科技与经济，44(7)：125-128+131.

李国平，石涵予，2015. 退耕还林生态补偿标准、农户行为选择及损益.[J]. 中国人口·资源与环境，25(5)：152-161.

李国平，石涵予，2017. 比较视角下退耕还林补偿的农村经济福利效应：基于陕西省 79 个退耕还林县的实证研究[J]. 经济地理，37(7)：146-155.

李桦，姚顺波，郭亚军，2006. 退耕还林对农户经济行为影响分析——以全国退耕还林示范县(吴起县)为例[J]. 中国农村经济(10)：37-42.

李桦，郭亚军，刘广全，2013. 农户退耕规模的收入效应分析：基于陕西省吴起县农户面板调查数据[J]. 中国农村经济(5)：24-31+77.

李桦，姚顺波，郭亚军，2011. 新一轮补助下黄土高原农户巩固退耕还林成果意愿实证分析[J]. 华中农业大学学报(社会科学版)(6)：76-82.

李敏，姚顺波，2016. 退耕还林工程综合效益评价[J]. 西北农林科技大学学报(社会科学版)，16(3)：118-124.

李实，詹鹏，杨灿，2016. 中国农村公共转移收入的减贫效果[J]. 中国农业大学学报(社会科学版)，33(5)：71-80.

李树良，2017. 非农工作经历、社会资本与农民享受型耐用品消费[J]. 贵州财经大学学报(5)：100-110.

李树苗，梁义成，MARCUS W，等，2010. 退耕还林政策对农户生计的影响研究[J]. 公共管理学报(2)：1-10.

李卫忠，吴付英，吴宗凯，等，2007. 退耕还林对农户经济影响的分析——以陕西省吴起县为例[J]. 中国农村经济(S1)：108-111+116.

李武福，杨品红，2006. 泸水县 50 农户退耕还林社会经济效益调查检测[J]. 国土与自然资源研究(4)：32-38.

李晓涛，张佳佳，2021. 促进水利工程农村移民非农就业与增收的因素研究——以南水北调中线工程农村移民为例[J]. 人民长江，52(12)：214-219.

李欣，曹建华，李风琦，2015. 生态补偿参与对农户收入水平的影响——以武陵山区为例[J]. 华中农业大学学报（社会科学版）(6)：51-57.

李秀彬，谈明洪，辛良杰，2014. 有必要重启退耕还林工程吗[N]. 中国科学报(7).

李玉山，卢敏，朱冰洁，2021. 多元精准扶贫政策实施与脱贫农户生计脆弱性——基于湘鄂渝黔毗邻民族地区的经验分析[J]. 中国农村经济(5)：60-82.

李忠旭，庄健，2021. 土地托管对农户家庭经济福利的影响——基于非农就业与农业产出的中介效应[J]. 农业技术经济(1)：20-31.

梁虎，罗剑朝，2019. 农地抵押贷款参与、农户增收与家庭劳动力转移[J]. 改革(3)：106-117.

梁丽媛，郑笑如，林文学，等，2011. 加大森林资源保护 促进林业快速发展[J]. 吉林农业(11)：173.

梁土坤，2020. 扶贫政策对农村主观贫困的影响机制研究[J]. 中国行政管理(11)：106-116.

廖洪乐，2012. 农户兼业及其对农地承包经营权流转的影响[J]. 管理世界(5)：62-70.

廖沛玲，李晓静，毕梦琳，等，2019. 家庭禀赋、认知偏好与农户退耕成果管护——基于陕甘宁554户调研数据[J]. 干旱区资源与环境，33(5)：47-53.

林乐芬，金媛，2012. 征地补偿政策效应影响因素分析——基于江苏省镇江市40个村1703户农户调查数据[J]. 中国农村经济(6)：20-30.

林善浪，叶炜，梁琳，2018. 家庭生命周期对农户农地流转意愿的影响研究——基于福建省1570份调查问卷的实证分析[J]. 中国土地科学，32(3)：68-73.

刘波，王修华，彭建刚，2017. 主观贫困影响因素研究——基于CGSS(2012—2013)的实证研究[J]. 中国软科学(7)：139-151.

刘璨，张巍，2007. 退耕还林政策选择对农户收入的影响[J]. 经济学（季刊）(1)：273-290.

刘成铭，王坤鹏，欧名豪，2020. 农户分化视角下农民退出宅基地集中居住后的福利水平研究[J]. 长江流域资源与环境，29(3)：748-757.

刘传江，袁坤林，李雪，2021. 土地流转能够影响农业转移劳动力创业吗？——基于社会保障和信贷约束的调节效应分析[J]. 杭州师范大学学报（社会科学版），43(3)：109-120.

刘东生，谢晨，刘建杰，等，2011. 退耕还林的研究进展、理论框架与经济影响——基于全国100个退耕还林县10年的连续监测结果[J]. 北京林业大学学报（社会科学版），10(3)：74-81.

刘浩，刘璨，2012. 退耕还林工程对农民持久收入与消费影响研究[J]. 制度经济学研究(1)：16-47.

刘浩，杨鑫，康子昊，2020. 中国退耕还林工程对农户消费及其结构的影响研究——基于持久收入假说与长期跟踪大农户样本[J]. 林业经济，42(6)：18-32.

刘浩，陈思焜，张敏新，等，2017. 退耕还林工程对农户收入不平等影响的测度与分析：基于总收入决定方程的 Shapley 值分解[J]. 林业科学，53(5)：125-133.

刘浩，刘璨，刘俊昌，2021. 中国退耕还林工程对农户收入和消费不平等的影响测度[J]. 南京林业大学学报(自然科学版)，45(1)：227-234.

刘璐璐，李锋瑞，2019. 甘肃省会宁县和定西市安定区退耕农户恩格尔系数差异[J]. 中国沙漠，39(6)：192-199.

刘璞，姚顺波，2015. 退耕还林前后农户能力贫困的比较研究[J]. 统计与决策(16)：53-56.

刘瑞梅，2021. 山西省临县农户扩大土地规模经营意愿及影响因素分析[D]. 呼和浩特：内蒙古农业大学.

刘思远，2015. 退耕还林综合效益评价及农户福祉研究[D]. 北京：北京林业大学.

刘天婕，黄杰龙，赵娅娅，等，2022. 首轮退耕补贴到期对农户收入影响调查与分析[J]. 林业经济问题，42(2)：188-195.

刘秀丽，张勃，郑庆荣，等，2014. 黄土高原土石山区退耕还林对农户福祉的影响研究——以宁武县为例[J]. 资源科学，36(2)：397-405.

刘越，姚顺波，2016. 不同类型国家林业重点工程实施对劳动力利用与转移的影响[J]. 资源科学，38(1)：126-135

刘越，姚顺波，2016. 农村已婚女性就业现状及其影响因素[J]. 西北农林科技大学学报(社会科学版)，16(5)：129-135.

刘宗飞，2021. 农户非农就业比例对其家庭消费的实证研究[J]. 河南农业大学学报，55(2)：387-396.

卢洪友，杜亦譞，2019. 中国财政再分配与减贫效应的数量测度[J]. 经济研究，54(2)：4-20.

卢泽羽，陈晓萍，2015. 中国农村土地流转现状、问题及对策[J]. 新疆师范大学学报(哲学社会科学版)，36(4)：114-119.

卢志强，李贵才，曹广忠，2021. 农户生计非农化对耕地流转的影响——基于中国13省25县抽样调查数据的分析[J]. 城市发展研究，28(6)：33-40.

栾江，马瑞，2021. 农村居民相对贫困影响因素分析[J]. 统计与决策，37(10)：75-79.

罗楚亮，梁晓慧，2022. 农村低收入群体的收入增长与共同富裕[J]. 金融经济学研究，37(1)：61-72.

罗仁福，刘琰，刘承芳，等，2019. 新型农村养老保险对农户家庭土地流转行为的影响——基于中国农村发展调查的5省农户微观数据[J]. 经济经纬，36(3)：33-40.

吕晓，臧涛，张全景，2020. 农户规模经营意愿与行为的影响机制及差异——基于山东省3县379份农户调查问卷的实证[J]. 自然资源学报，35(5)：1147-1159.

马超，李植乐，孙转兰，等，2021. 养老金对缓解农村居民医疗负担的作用——为何补贴收入的效果好于补贴医保[J]. 中国工业经济(4)：43-61.

蒙柳，许承光，张盈，2017. 农户土地流转行为影响因素的实证分析[J]. 统计与决策 (11)：108-111.

孟庆香，武斌，贺鹏飞，等，2009. 陕北地区退耕还林草工程社会经济效益分析——以志丹 县和子洲县为例[J]. 水土保持通报，29(4)：159-163+173.

乃吉木丁·艾孜孜，阿依吐尔逊·沙木西，孜比布拉·司马义，2016. 农户农地投入意愿 的影响因素分析[J]. 调研世界(11)：42-45.

南永清，臧旭恒，蔡海亚，2019. 社会网络影响了农村居民消费吗[J]. 山西财经大学学报， 41(3)：1-15.

聂博，马宁，朱厚强，等，2014. 我国西部地区农户保持退耕还林成果意愿影响因素分析 [J]. 林业经济，36(4)：72-76.

潘丹，陆雨，孔凡斌，2020. 不同贫困程度农户退耕还林的收入效应[J]. 林业科学，56 (8)：148-161.

庞淼，2012. 后退耕还林时期生态补偿的难点与问题探析[J]. 社会科学研究(5)： 138-141.

彭珂珊，王力，2004. 中国西部退耕还林(草)工程的深层次问题探讨[J]. 科技导报(4)： 57-60

马思瀛，2018. 北京市郊区农户土地利用行为及驱动力研究——以大兴区魏善庄镇为例 [D]. 北京：首都经济贸易大学.

钱文荣，郑黎义，2011. 劳动力外出务工对农户农业生产的影响——研究现状与展望[J]. 中国农村观察(1)：31-38+95+97.

乔慧，刘爽，郑风田，2019. 精准脱贫背景下建档立卡政策的增收效应测度：自我"造血" 还是外部"输血"？[J]. 经济与管理研究，40(9)：3-19.

乔康平，2021. 信贷约束对农户消费结构影响的研究[D]. 杨凌：西北农林科技大学.

秦海林，高軟玮，2019. 社会资本、消费行为选择与消费升级——基于CFPS(2016)的实证 检验[J]. 消费经济，35(6)：70-82.

秦雪征，庄晨，杨汝岱，2018. 计划生育对子女教育水平的影响——来自中国的微观证据 [J]. 经济学(季刊)，17(3)：897-922.

任林静，黎洁，2013. 陕西安康山区退耕户的复耕意愿及影响因素分析[J]. 资源科学，35 (12)：2426-2433.

任林静，黎洁，2018. 退耕还林政策交替期退耕农户土地利用意愿研究——基于制度约束的 影响分析[J]. 干旱区资源与环境，32(8)：52-58.

任林静，黎洁，2017. 退耕还林政策交替期补偿到期农户复耕意愿研究[J]. 中国人口·资 源与环境，27(11)：132-140.

荣文祺，吕晓，2020. 地权稳定性与农户土地投入：法律与现实双重视角的山东省实证 [J]. 土地经济研究(1)：63-86.

沈栩航，李浩南，李后建，2020. 创业会加剧农村内部收入不平等吗[J]. 农业技术经济，

（10）：33-47.

石颜露，陈琛，王立群，2022. 退耕补贴到期对贫困地区农户主观贫困的影响——基于四川和河北 802 份调研数据的分析[J]. 湖南农业大学学报（社会科学版），23（2）：27-35.

史常亮，2020. 土地流转与农户内部收入差距：加剧还是缓解[J]. 经济与管理研究，41（12）：79-92.

史恒通，赵伊凡，吴海霞，2019. 社会资本对多维贫困的影响研究——来自陕西省延安市513 个退耕农户的微观调查数据[J]. 农业技术经济（1）：86-99.

苏芳，蒲欣冬，徐中民，等，2009. 生计资本与生计策略关系研究——以张掖市甘州区为例[J]. 中国人口·资源与环境，19（6）：119-125.

孙鹏飞，2021. 农户分化视角下宅基地退出对农户福利影响研究[D]. 杨凌：西北农林科技大学.

谭永海，梅昀，2018. 分布式认知视角下农户土地转出行为影响因素分析——基于武汉城市圈典型地区的调查[J]. 资源开发与市场，34（4）：547-553.

唐琼，王文瑞，田璐，等，2017. 沙漠-绿洲过渡带农户福祉认知和综合评价——以沙坡头为例[J]. 干旱区资源与环境，31（5）：51-56.

陶然，徐志刚，徐晋涛，2004. 退耕还林，粮食政策和可持续发展[J]. 中国社会科学（6）：25-38.

田雅娟，刘强，冯亮，2019. 中国居民家庭的主观贫困感受研究[J]. 统计研究，36（1）：92-103.

万广华，周章跃，陆迁，2005. 中国农村收入不平等：运用农户数据的回归分解[J]. 中国农村经济（5）：4-11.

万晶晶，钟涨宝，2020. 非农就业、农业生产服务外包与农户农地流转行为[J]. 长江流域资源与环境，29（10）：2307-2322.

汪三贵，孙俊娜，2021. 互助资金政策对贫困村劳动力流动的影响——基于 5 省 10 县准实验研究的 DID 分析[J]. 中国人口·资源与环境，31（2）：140-152.

汪三贵，孙俊娜，2021. 全面建成小康社会后中国的相对贫困标准、测量与瞄准——基于2018 年中国住户调查数据的分析[J]. 中国农村经济（3）：2-23.

汪阳洁，姜志德，王晓兵，2012. 退耕还林（草）补贴对农户种植业生产行为的影响[J]. 中国农村经济（11）：56-6

王兵，侯军岐，韩锁昌，2007. 退耕还林地区农户退耕意愿研究[J]. 林业经济问题（2）：185-188.

王春光，赵玉峰，王玉琪，2018. 当代中国农民社会分层的新动向[J]. 社会学研究，33（1）：63-88，243-244.

王汉杰，温涛，韩佳丽，2018. 深度贫困地区农村金融能够有效缓解农户内部收入差距吗[J]. 金融经济学研究，33（5）：117-128.

王恒，王征兵，朱玉春，2020. 乡村振兴战略下连片特困地区劳动力流动减贫效应研究——基于收入贫困与多维贫困的双重视角[J]. 农村经济(4)：43-50.

王宏伟，2000. 中国农村居民消费的基本趋势及制约农民消费行为的基本因素分析[J]. 管理世界(4)：163-174.

王剑波，2013. 退耕还林工程对农村居民消费结构的影响——基于1921个样本农户数据和ELES模型[J]. 林业科学，49(2)：113-121.

王立安，钟方雷，王静，等，2013. 退耕还林工程对农户缓解贫困的影响分析——以甘肃南部武都区为例[J]. 干旱区资源与环境，27(7)：78-84.

王平达，王泽宇，2021. 农村劳动力转移对地区产业结构优化的影响及治理对策[J]. 学术交流 (12)：94-105.

王欠，方一平，2013. 川西地区退耕还林政策对农民收入的影响[J]. 山地学报，31(5)：565-572.

王曙光，王丹莉，2015. 减贫与生态保护：双重目标兼容及其长效机制——基于藏北草原生态补偿的实地考察[J]. 农村经济(5)：3-8.

王庶，岳希明，2017. 退耕还林、非农就业与农民增收：基于21省面板数据的双重差分分析[J]. 经济研究，52(4)：106-119.

王庶，邓泽林，2016. 退耕还林的经济效益研究[J]. 中央财经大学学报(5)：9-16.

王小林，冯贺霞，2020. 2020年后中国多维相对贫困标准：国际经验与政策取向[J]. 中国农村经济(3)：2-21.

王小林，尚晓援，徐丽萍，2012. 中国老年人主观福利及贫困状态研究[J]. 山东社会科学(4)：22-28.

王亚辉，李秀彬，辛良杰，等，2017. 中国农地经营规模对农业劳动生产率的影响及其区域差异[J]. 自然资源学报，32(4)：539-552.

王余丁，黄燕燕，2017. 贫困地区农户土地流转意愿与流转行为的差异[J]. 河北大学学报(哲学社会科学版)，42(5)：86-95.

王雨蓉，龙开胜，2015. 生态补偿对土地利用变化的影响：表现、因素与机制——文献综述及理论框架[J]. 资源科学，37(9)：1807-1815.

王征兵，郭斌，姚顺波，等，2012. 退耕还林对经济社会影响评价的研究[J]. 农业经济与管理(5)：60-69.

韦惠兰，白雪，2019. 退耕还林影响农户生计策略的表现与机制[J]. 生态经济，35(9)：121-127.

魏学肖，2018. 陕北退耕农户生计行为及土地利用响应[D]. 西安：西安科技大学.

温忠麟，叶宝娟，2014. 有调节的中介模型检验方法：竞争还是替补？[J]. 心理学报，46(5)：714-726.

温忠麟，张雷，侯杰泰，等，2004. 中介效应检验程序及其应用[J]. 心理学报(5)：614-620.

吴方卫，康姣姣，2020. 农业补贴、要素相对价格与农地流转[J]. 财经研究，46(5)：81-93.

吴菲，王俊秀，2017. 相对收入与主观幸福感：检验农民工的多重参照群体[J]. 社会，37(2)：74-105.

吴格格，张奇，李荣，2020. 土地承包期再延长三十年农户土地利用变化——基于江苏省的调研[J]. 农村实用技术(5)：13-14.

吴乐，庞洁，靳乐山，2020. 少数民族贫困地区退耕还林农户复耕意愿研究——基于云南省两县的调查数据[J]. 干旱区资源与环境，34(3)：7-13.

吴乐，孔德帅，靳乐山，2018. 生态补偿对不同收入农户扶贫效果研究[J]. 农业技术经济(5)：134-144.

吴学花，刘亚丽，田洪刚，等，2021. 环境规制驱动经济增长的路径——一个链式多重中介模型的检验[J]. 济南大学学报(社会科学版)，31(1)：118-135，159-160.

郗静，曹明明，陈海，2009. 退耕还林政策对农户土地利用行为的影响[J]. 水土保持通报，29(3)：5-9.

夏晨，张超群，王立群，等，2017. 土地转出行为对农户收入差距的影响——基于山东省潍坊市调研数据[J]. 江苏农业科学，45(11)：264-268.

谢晨，黄东，于慧，等，2014. 政府监督和农户决策：巩固退耕还林成果因素分析——基于24省2120户退耕农户的调查结果[J]. 林业经济，37(3)：7-15.

谢晨，张坤，王佳男，等，2021. 退耕还林动态减贫：收入贫困和多维贫困的共同分析[J]. 中国农村经济(5)：18-37.

谢晨，张坤，彭伟，等，2015. 退耕还林工程交替期的政策趋势及需求——2014退耕还林社会经济效益监测主要结果分析[J]. 林业经济，37(6)：16-22.

谢谦，薛仙玲，付明卫，2019. 断点回归设计方法应用的研究综述[J]. 经济与管理评论，35(2)：69-79

谢先雄，邓悦，刘霁瑶，等，2021. 休耕对农户非农就业的影响[J]. 资源科学，43(2)：280-292

谢先雄，赵敏娟，蔡瑜，等，2020. 农地休耕如何影响农户收入？基于西北休耕试点区1240个农户面板数据的实证[J]. 中国农村经济(11)：62-78.

谢旭轩，马训舟，张世秋，2011. 应用匹配倍差法评估退耕还林政策对农户收入的影响[J]. 北京大学学报(自然科学版)，47(4)：759-767.

幸绣程，黄杰龙，王旭，等，2019. 退耕区农村老龄劳动力多维生计压力实证研究[J]. 统计与决策，35(16)：99-102.

熊旭阳，2018. 新型城镇化视角下中部平原地区农地经营权流转影响因素研究[D]. 南昌：江西师范大学.

徐彩瑶，王苓，潘丹，等，2022. 退耕还林高质量发展生态补偿机制创新实现路径[J]. 林业经济问题，42(1)：9-20.

徐晋涛，陶然，徐志刚，2004. 退耕还林：成本有效性，结构调整效应与经济可持续性 [J]. 经济学（4）：139-161.

徐丽媛，郑克强，2012. 生态补偿式扶贫的机理分析与长效机制研究 [J]. 求实（10）：43-46.

徐勇，马定国，郭腾云，2006. 黄土高原生态退耕政策实施效果及对农民生计的影响 [J]. 水土保持研究（5）：255-258.

许彩华，党红敏，余劲，2022. 农户非农就业的代际分工对农地流转行为的影响——基于农业生产服务外包的中介效应分析 [J]. 西北农林科技大学学报（社会科学版），22 （1）：141-150.

闫姝雅，2016. 宁夏移民安置区农户主观贫困及其影响因素 [D]. 银川：宁夏大学.

杨丹，曾巧，2021. 农户创业加剧了农户收入不平等吗——基于 RIF 回归分解的视角 [J]. 农业技术经济（5）：18-34.

杨丹，王晓丽，唐羽，2020. 农业补贴、农户增收与收入不平等 [J]. 华中农业大学学报 （社会科学版）（5）：60-70+171.

杨进，陈志钢，2016. 劳动力价格上涨和老龄化对农村土地租赁的影响 [J]. 中国农村经济 （5）：71-83.

杨晶，邓悦，2020. 中国农村养老保险制度对农户收入不平等影响研究 [J]. 数量经济技术经济研究，37（10）：83-100.

杨均华，刘璨，李桦，2019. 退耕还林工程精准扶贫效果的测度与分析 [J]. 数量经济技术经济研究（12）：64-86.

杨均华，2020. 退耕还林工程的农户福利效应研究 [D]. 杨棱：西北农林科技大学.

杨莉，甄霖，李芬，等，2010. 黄土高原生态系统服务变化对人类福祉的影响初探 [J]. 资源科学，32（5）：849-855.

杨伦，刘某承，闵庆文，等，2019. 农户生计策略转型及对环境的影响研究综述 [J]. 生态学报，39（21）：8172-8182.

杨娜，李桦，孙熠，2018. 农户退耕成果维护意愿与行为一致性研究 [J]. 湖南农业大学学报（社会科学版），19（5）：27-33.

杨萍，2015. 重点生态功能区农户生态补偿机制研究——基于农户生态财产权视角 [J]. 农村经济（2）：20-23.

杨小军，徐晋涛，2009. 退耕还林工程经济影响结构性分析 [J]. 北京林业大学学报（4）：12-19.

杨欣，尚光引，李研，等，2020. 农户农田生态补偿方式选择偏好及其影响因素研究——基于农户分化视角的实证. 中国农业资源与区划，41（10）：131-137.

杨永艳，谢涛，宋林，等，2018. 新一轮退耕还林工程在农村精准扶贫中的作用初步研究 [J]. 贵州林业科技，46（3）：41-44.

杨钰蓉，何玉成，李兆亮，2019. 中国粮食生产中不同类型技术要素投入的时空分异与影响因素[J]. 长江流域资源与环境, 28(7)：1563-1574.

易福金, 徐晋涛, 徐志刚, 2021. 退耕还林经济影响再分析[J]. 中国农村经济(10)：28-36.

尹振宇, 2021. 乡村振兴背景下农村劳动者过度劳动问题研究[J]. 兰州学刊(4)：176-187.

于福波, 张应良, 2019. 外出务工、社会资本与农户内部收入差距[J]. 经济与管理研究, 40(8)：90-103.

于伟咏, 漆雁斌, 2018. 退耕还林工程对农业产业结构和人口流动的影响研究[J]. 林业经济, 40(3)：80-87.

于元赫, 吴健, 2022. 云南拉市海流域退耕还湿对农户的增收效应[J]. 中国环境科学, 42(2)：982-992.

喻永红, 2015. 基于CVM法的农户保持退耕还林的接受意愿研究——以重庆万州为例[J]. 干旱区资源与环境, 29(4)：65-70.

袁青, 2017. 采伐限额管理制度下林农生产调适行为研究[D]. 武汉：华中农业大学.

张兵, 李娜, 2022. 数字普惠金融、非农就业与农户增收——基于中介效应模型的实证分析[J]. 农业现代化研究, 43(2)：249-260.

张朝辉, 2020. 非农就业对农户退耕还林成果保持意愿的影响——基于1132个退耕农户的调查[J]. 中国土地科学, 34(11)：67-75.

张朝辉, 2019. 农户退耕参与意愿的生成逻辑：经济理性或生态理性[J]. 林业经济问题, 39(5)：449-456.

张川川, Giles J, 赵耀辉, 2015. 新型农村社会养老保险政策效果评估——收入、贫困、消费、主观福利和劳动供给[J]. 经济学(季刊), 14(1)：203-230.

张川川, 陈斌开, 2014. "社会养老"能否替代"家庭养老"？——来自中国新型农村社会养老保险的证据[J]. 经济研究, 49(11)：102-115.

张红霞, 余劲, 2017. 巩固退耕还林成果生态移民消费结构变动研究——基于商洛市三县506个农户的调查[J]. 湖北农业科学, 56(19)：3792-3795.

张鸿文, 2007. 我国退耕还林工程建设成效问题及对策[J]. 林业资源管理(3)：13-17+33.

张军, 郑循刚, 2020. 劳动力老龄化对农村土地流转的影响——土地情结与劳动能力限制准占主导？[J]. 长江流域资源与环境, 29(4)：997-1004.

张连刚, 支玲, 王光玉, 等, 2019. 农户对退耕还林工程满意度的影响因素及提升路径——基于云南省鹤庆县和贵州省织金县的调查数据[J]. 林业科学, 55(12)：123-132.

张全红, 2021. 中国农村收入贫困与多维贫困的动态转换及影响因素[J]. 财贸研究, 32(11)：27-36.

张瑞娟, 2017. 农村人口老龄化影响土地流转的区域差异及比较[J]. 农业技术经济(9)：

14-23.

张炜，2019. 退耕还林对农户劳动供给及收入的影响研究[D]. 杨凌：西北农林科技大学.

张文娥，蒋成芳，王龙刚，等，2020. 基于倾向得分匹配法分析冬小麦粮草兼用对农户农业收入的影响[J]. 中国农业资源与区划，41(1)：158-165.

张溪，2021. 农村土地流转交易机制和制度存在的问题与改进建议研究[J]. 农业技术经济(2)：146.

张旭锐，高建中，2021. 农户新一轮退耕还林的福利效应研究——基于陕南退耕还林区的实证分析[J]. 干旱区资源与环境，35(2)：14-20.

张璇，郭轲，王立群，2016. 基于农户意愿的退耕还林后续补偿问题研究：以河北省张北县和易县为例[J]. 林业经济，38(3)：59-65.

张雅楠，杜屏，2017. 教育扩张对大学毕业生收入的影响——基于断点回归设计分析[J]. 南方人口，32(4)：68-80.

张义华，郭永红，高嵩，等，2007. 退耕还林经济社会效益分析. 甘肃林业科技，32(3)：36-38.

张宇，孙萌，靳晓雯，2021. 基于禀赋效应与棘轮效应的农户宅基地退出行为影响因素研究——以浙江省为例[J]. 干旱区资源与环境，35(9)：53-59.

张蕴，2021. 后小康时代我国相对贫困治理的内在动因及现实路向[J]. 理论探讨(3)：163-170.

赵丽娟，王立群，2011. 退耕还林后续产业对农户收入和就业的影响分析——以河北省平泉县为例[J]. 北京林业大学学报(社会科学版)，10(2)：76-81.

赵娅娅，黄杰龙，李瑞民，等，2021. 退耕补贴到期对贫困地区农户消费的影响研究[J]. 中国农业资源与区划，43(7)：183-192.

折小龙，2012. 退耕还林政策下农户土地利用行为转变实证研究[D]. 杨棱：西北农林科技大学.

甄静，郭斌，朱文清，等，2011. 退耕还林项目增收效果评估——基于六省区3329个农户的调查[J]. 财贸研究，22(4)：22-29.

郑国柱，薛冰冰，张锁成，等，2010. 京津风沙源治理和退耕还林工程对农户生活消费影响分析[J]. 河北林果研究，25(2)：134-136.

支玲，李怒云，王娟，等，2004. 西部退耕还林经济补偿机制研究[J]. 林业科学(2)：2-8.

中国国际经济交流中心课题组，魏礼群，田青，2014. 稳定和扩大退耕还林的几点建议[J]. 全球化(11)：37-44+124+134.

周常国，2019. 对退耕还林问题的几点思考[J]. 现代农村科技(12)：104.

周红，缪杰，安和平，2003. 贵州省退耕还林工程试点阶段社会经济效益初步评价[J]. 林业经济(4)：23-24.

周强，2021. 精准扶贫政策的减贫绩效与收入分配效应研究[J]. 中国农村经济(5)：

38-59.

周晓时，2017. 劳动力转移与农业机械化进程[J]. 华南农业大学学报(社会科学版)16 (3)：49-57.

周银花，赵有贤，胡延杰，等，2021. 全国19省区退耕还林工程农户复耕意愿影响因素分 析[J]. 林业资源管理(2)：1-10.

周银花，胡延杰，张坤，2020. 农户视角下的退耕还林工程成效评价——基于中西部16个 省区农户问卷调查的实证分析[J]. 北京林业大学学报(社会科学版)，19(4)： 16-23.

朱珈锜，谢晓红，许佳贤，等，2021. 土地流转前后对农户家庭福利水平变化的影响研究 [J]. 安徽农学通报，27(22)：14-18+85.

朱建军，张蕾，安康，2020. 金融素养对农地流转的影响及作用路径研究——基于CHFS 数据[J]. 南京农业大学学报(社会科学版)，20(2)：103-115.

朱烈夫，殷浩栋，张志涛，等，2018. 生态补偿有利于精准扶贫吗？——以三峡生态屏障 建设区为例[J]. 西北农林科技大学学报(社会科学版)，18(2)：42-48.

朱明珍，刘晓平，2011. 退耕还林工程对农户劳动力供给的影响分析[J]. 林业经济(7)： 47-53.

朱长宁，王树进，2015. 退耕还林、耕地约束与农户经济行为[J]. 经济问题(8)：86-90.

朱长宁，王树进，2014. 退耕还林对西部地区农户收入的影响分析. 农业技术经济(10)： 58-66.

朱长宁，王树进，2015. 退耕还林背景下西部地区农户收入的影响因素分析：基于分位数 回归模型[J]. 湖北民族学院学报(哲学社会科学版)，33(4)：45-49+74.

庄晋财，卢文秀，李丹，2018. 前景理论视角下兼业农户的土地流转行为决策研究[J]. 华 中农业大学学报(社会科学版)(2)：136-144，161-162.

庄晋财，齐佈云，2022. 前景理论视角下不同类型农户的宅基地退出行为决策研究[J]. 农 林经济管理学报，21(1)：87-94.

左停，杨雨鑫，2013. 重塑贫困认知：主观贫困研究框架及其对当前中国反贫困的启示 [J]. 贵州社会科学(9)：43-49.

左喆瑜，付志虎，2021. 绿色农业补贴政策的环境效应和经济效应——基于世行贷款农业 面源污染治理项目的断点回归设计[J]. 中国农村经济(2)：106-121.

Viaggi D, Raggi M, Paloma S, 2011. Farm-Household Investment Behaviour and the Cap Decou-pling：Methodological Issues in Assessing Policy Impacts[J]. Journal of Policy Modeling, 33 (1)：127-145.

Alkire S, Foster J, 2011. Counting and Multidimensional Poverty Measurement[J]. Journal of Public Economics, 95(7)：476-487.

Andrew J, Plantinga, JunJie Wu, 2003. Co-Benefits from Carbon Sequestration in Forests：Eval-uating Reductions in Agricultural Externalities from an Afforestation Policy in Wisconsin[J].

Land Economics, 79(1): 74-85.

Boyd B, Konyar K, Uri N D, 1992. Measuring aggregate impacts: The Case of the Conservation Reserve Program[J]. Agricultural Systems, 38(1): 35-60.

Caliendo M, Kopeinig S, 2005. Some Practical Guidance for the Implementation of Propensity Score Matching[J]. Discussion Papers of DIW Berlin, 22(1): 31-72.

Cantril H, 1965. The Pattern Of Human Concerns [M]. New Brunswick: Rutgers University Press.

Cao S X, Xu C G, Chen L, et al., 2009. Attitudes of Farmers in China's Northern Shaanxi Province Towards the Land-Use Changes Required Under the Grain for Green Project, and Implications for the Project's Success [J]. Land Use Policy, 26(4): 1182-1194.

Chen C, Xiao H, Wang Q J, et al., 2009. Study on Farmers' Willingness to Maintain The Sloping Land Conversion Program In Ethnic Minority Areas Under the Background of Subsidy Expiration [J]. Forests, 13: 1734.

Chen X D, Lupi F, He G M, et al., 2009. Factors Affecting Land Reconversion Plans Following A Payment For Ecosystem Service Program [J]. Biological Conservation, 142 (8): 1740-1747.

Christopher L Lant, 1991. Potential of the Conservation Reserve Program to Control Agricultural Surface Water Pollution[J]. Environmental Management, 15(4).

Dang X H, Gao S W, Tao R, et al., 2020. Do Environmental Conservation Programs Contribute to Sustainable Livelihoods? Evidence from China's Grain – for – green Program in Northern Shaanxi Province[J]. Science Of The Total Environment, 719: 137436.

Dayer A A, Lutter S H, Sesser K A, et al., 2018. Private Landowner Conservation Behavior Following Participation in Voluntary Incentive Programs: Recommendations to Facilitate Behavioral Persistence[J]. Conservation Letters, 11(2).

Delang C O, 2019. The Effects of China's Grain for Green Program on Migration and Remittance [J]. Economia Agraria Y Recursos Naturales, 18(2): 117.

Demurger S, Wan H, 2012. Payments for Ecological Restoration and Rural Labor Migration in China: the Sloping Land Conversion Program in Ningxia [J]. IZA Journal of Migration (1): 10.

Deng J, Sun P, Zhao F, et al., 2016. Analysis of the Ecological Conservation Behavior of Farmers in Payment for Ecosystem Service Programs in Eco-Environmentally Fragile Areas Using Social Psychology Models[J]. Sci. Total. Environ, 550: 382-390.

Diener E, 2007. Subjective Well – Being and Peace [J]. Journal of Social Issues, 63 (2): 421-440.

Duan W, Lang Z X, Wen Y L, 2015. The Effects of the Sloping Land Conversion Program on Poverty Alleviation in the Wuling Mountainous Area of China[J]. Small-Scale Forestry, 14(3):

331-350.

Echegaray F, Hansstein F V, 2017. Assessing the Intention-Behavior Gap in Electronic Waste Recycling: The Case of Brazil [J]. Journal of Cleaner Production, 142: 180-190.

Egbert Stephen L, et al., 2002. Using Conservation Reserve Program Maps Derived from Satellite Imagery to Characterize Landscape Structure[J]. Computers and Electronics in Agriculture, 37(1): 141-156.

Evan J, 1995. Evaluating the Environmental Effects of Agricultural Policy: The Soil Bank, The Crp, and Airborne Particulate Concentrations [J]. Policy Studies Journal, 23 (3) : 519-533.

Feng L, Xu J, 2015. Farmers' Willingness to Participate in the Next-Stage Grain-For-Green Project in the Three Gorges Reservoir Area, China [J]. Environmental Management, 56 (2): 505.

Firpo S, Fortin N M, Lemieux T, 2009. Unconditional Quantile Regressions[J]. Econometrica, 77(3): 953-973.

Gao Y, Liu B, Yu L, et al., 2019. Social Capital, Land Tenure and the Adoption of Green Control Techniques by Family Farms: Evidence from Shandong and Henan Provinces of China [J]. Land Use Policy.

Gao Y, Liu Z, Li R, et al., 2020. Long-Term Impact of China's Returning Farmland to Forest Program on Rural Economic Development[J]. Sustainability, 12(4): 1492.

Gelman A, Imbens G, 2019. Why High-Order Polynomials Should Not Be Used in Regression Discontinuity Designs[J]. Journal Of Business & Economic Statistics, 37(3): 447-456.

Gertler P, Gruber J, 2002. "Insuring Consumption Against Illness" [J]. Social Ence Electronic Publishing, 92(1): 51-70.

Guo H, Li B, Hou Y, et al., 2014. Rural Households' Willingness to Participate in the Grain for Green Program Again: A Case Study of Zhungeer, China [J]. Forest Policy and Econ(44): 42-49.

Guo Y, Zhou Y, Cao Z, 2018. Geographical Patterns and Anti-Poverty Targeting Post-2020 in China[J]. Journal of Geographical Sciences, 28(12): 1810-1824.

Hendricks N P, Er E, 2018. Changes in Cropland Area in the United States and the Role of Crp [J]. Food Policy(75): 15-23.

Hung C K, Hager M A, 2019. The Impact of Revenue Diversification on Nonprofit Financial Health: A Meta-Analysis[J]. Nonprofit and Voluntary Sector Quarterly, 48(1): 5-27.

Ilya G, Terenzio Z, Ponam J, et al., 2011. Carbon Debt of Conservation Reserve Program (Crp) Grasslands Converted to Bioenergy Production(33): 13864-13869.

Imbens G, Kalyanaraman K, 2012. Optimal Bandwidth Choice for the Regression Discontinuity Estimator[J]. The Review of Economic Studies[J]. PNAS, 79(3) : 933-959.

Imbens G, Lemieux T, 2008. Regression Discontinuity Designs: A Guide to Practice[J]. Journal of Econometrics, 142(2): 615-635.

Jerry Johnson, Bruce Maxwell, 2001. The Role of the Conservation Reserve Program in Controlling rural Residential Development[J]. Journal of Rural Studies (17): 323-332.

Jin H, Liang J, 2015. How Should the Chinese Government Provide Information Services for Mongol Ethnic Minority[J]. Gov Inform Q, 32: 82-94.

Kahneman D, 1997. New Challenges to the Rationality Assumption[J]. Legal Theory, 3(2): 105-124.

Kelly P, Huo X, 2013. Do Farmers or Governments Make Better Land Conservation Choices? Evidence From China's Slopping Land Conversion Program[J]. Journal of Forest Economics, Vol(19): 32-60.

Kelly P, 2013. Land Retirement and Nonfarm Labor Market Participation: An Analysis of China's Sloping Land Conversion Program[J]. World Development(48): 156-169.

Keynes J M, 1936. The General Theory of Employment, Interest and Money[J]. Limnology & Oceanography, 12(1-2): 28-36.

Khuc V, 2022. Mindspongeconomics[R]OSF Preprints. https: //doi. org/10. 31219/osf, io/hnucr.

Koczan Z, 2016. Being Poor, Feeling Poorer: Inequality, Poverty and Poverty Perceptions in the Western Balkans[R]. Imf Working Papers No. 16/31.

Komarek A M, Shi X, Heerink N, 2014. Household-Level Effects of China's Sloping Land Conversion Program Under Price and Policy Shifts[J]. Land Use Policy(40): 36-44.

Larry J, Moses L, Md C, 2015. Farmland Use Decisions in the Dakota's: Key Results from the 2015 Producer Survey[J]. Economics Commemtator(557), Google Scholar.

Le W, Leshan J, 2020. How Eco-Compensation Contribute to Poverty Reduction: A Perspective from Different Income Group of Rural Households in Guizhou, China[J]. Journal of Cleaner Production, 275: 122962.

Lee D, Lemieux T, 2010. Regression Discontinuity Designs in Economics[J]. Journal of Economic Literature, 48(2): 281-355.

Leggesse D, Michael B, Adam O, 2004. Duration Analysis of Technological Adoption in Ethiopian Agriculture [J]. Journal of Agricultural Economics, 55(3): 613-631.

Leroy H, 2007. Conservation Reserve Program: Environmental Benefits Update[J]. Agricultural and Resource Economics Review, 36(2): 267-280.

Li H, Yao S, Yin R, 2015. Assessing the Decadal Impact of China's Sloping Land Conversion Program on Household Income Under Enrollment and Earning Differentiation[J]. Forest Policy and Economics, 61.

Li J, Feldman M W, 2011. Rural Household Income and Inequality under the Sloping Land Conversion Program in Western China [J]. Proceedings of the National Academy of Sciences (19): 7721-7726.

Li L C, Liu C, Liu J L, et al., 2021. Has the Sloping Land Conversion Program in China Impacted the Income and Employment of Rural Households? [J]. Land Use Policy (109): 105648.

Li L, Tsunekawa A, Maclachlan I, et al., 2019. Conservation Payments, Off-farm Employment and Household Welfare for Farmers Participating in the "Grain for Green" Program in China: Empirical Evidence from the Loess Plateau [J]. China Agricultural Economic Review, 12 (1): 71-89.

Liang Y C, Li S Z, Marcus W F, et al., 2012. Does Household Composition Matter? The Impact of the Grain for Green Program on Rural Livelihoods in China [J]. Ecological Economics (75): 152-160.

Liu C, Lu J, Yin R, 2010. An Estimation of the Effects of China's Priority Forestry Programs on Farmers' Income [J]. Environmental Management, 45(3): 526-540.

Liu C, Mullan K, Liu H, et al., 2014. The Estimation of Long Term Impacts of China's Key Priority Forestry Programs on Rural Household Incomes [J]. Journal of Forest Economics, 20 (3): 267-285.

Liu Y, Yao S, Lin Y, 2018. Effect of Key Priority Forestry Programs on Off-Farm Employment: Evidence from Chinese Rural Households [J]. Forest Policy & Economics (88): 24-37.

Liu Z, Lan J, 2018. The Effect of The Sloping Land Conversion Programme on Farm Household Productivity in Rural China [J]. Journal of Development Studies, 54(6), 1041-1059.

Liu Z, Lan J, 2015. The Sloping Land Conversion Program in China: Effect on the Livelihood Diversification of Rural Households [J]. World Development (70): 147-161.

Lu G, Yin R S, 2020. Evaluating the Evaluated Socioeconomic Impacts of China's Sloping Land Conversion Program [J]. Ecological Economics (177): 1-11.

Lu S, Sun H, Zhou Y, et al., 2020. Examining the Impact of Forestry Policy on Poor and Non-Poor Farmers' Income and Production Input in Collective Forest Areas in China [J]. Journal of Cleaner Production, 276: 123784.

Lyu C, Xu Z, 2020. Crop Production Changes and the Impact of Grain for Green Program in the Loess Plateau of China [J]. Journal of Arid Land, 12(7).

Caldas M, Bergtold J, Peterson J, 2016. Land-Use Choices: The Case of Conservation Reserve Program (Crp) Re-Enrollment in Kansas, USA [J]. Journal of Land Use Science, 11(5): 1-10.

Mahmood T, Yu X, Klasen S, 2019. Do the Poor Really Feel Poor? Comparing Objective Poverty with Subjective Poverty in Pakistan [J]. Social Indicators Research, 142(2): 543-580.

Marc O, Ribaudo, Dana L, et al., 2001. Environmental Indices and The Politics of the Conservation Reserve Program[J]. Ecological Indicators, 1 (1): 11-20.

Martin Michael, et al. , 1988. The Impacts of the Conservation Reserve Program on Rural Commu-nities: The Case of Three Oregon Counties[J]. Western Journal of Agricultural Economics, 13(2): 225-232.

Martins O, Gideon O, Beatrice S, 2011. What Factors Influence the Speed of Adoption of Soil Fer-tility Management Technologies? Evidence from Western Kenya [J]. Journal of Development and Agricultural Economics, 3(13): 627-637.

Caldas M M, Bergtold J S, Peterson J M, 2016. Land-use Choices: The Case of Conservation Re-serve Program(CRP) Re-enrollment in Kansas, USA[J]. Journal of Land Use, Google Scholar.

Mastrangelo M E, Gavin M C, Laterra P, et al. , 2014. Psycho Social Factors Influencing Forest Conservation Intentions on the Agricultural Frontier [J]. Conservation Letters, 7 (2): 103-110.

Mccrary J, 2008. Manipulation of the Running Variable in the Regression Discontinuity Design: A Density Test[J]. Journal of Econometrics, 142(2): 698-714.

Nicolai T, Borgen, 2016. Fixed Effects in Unconditional Quantile Regression. The Stata Journal, 16(2): 403-415.

Peter F, Daniel H, LeRoy H, 1999. Economic Valuation of Environmental Benefits and the Tar-geting of Conservation Programs: The Case of the CRP, Agricultural Economics Report [J]. Economic Research Servic, 77(8): 103-115.

Peter J P, James P S, 1997. Sustaining Open Space Benefits in the Northeast: An Evaluation of the Conservation Reserve Program[J]. Journal of Environmental Economics and Management (32): 85-94.

Peter J P, Ian W H, 1995. Least-Cost Forest Carbon Reserves: Cost-Effective Subsidies to Con-vert Marginal Agricultural Land to Forests[J]. Land Economics, 1(1): 122-136.

Philip E M, Stephen D L, Christopher M C, 2016. Grasslands, Wetlands, and Agriculture: The Fate of Land Expiring from the Conservation Reserve Program in the Midwestern United States [J]. Environmental Research Letter(11): 1-9.

Phillip N, Johnson, Sukant K M, et al. , 1997. A Qualitative Choice Analysis of Factors Influen-cing Post-Crp Land Use Decisions[J]. Journal of Agricultural and Applied Economics, 29 (1): 163-173.

Skaggs R K, Kirksey R E, Harper W M, 1994. Determinants and Implications of Post-CRP Land Use Decisions[J]. Journal of Agricultural and Resource Economics, 19(2): 299-312.

Ren L J, Li J, Li S Z, et al. , 2020. Does China'S Major Payment for Ecosystem Services Program Meet the "Gold Criteria"? Targeting Strategies of Different Decision-Makers[J]. J. Clean. Prod, 275: 122667.

Ren L J, Li J, Li C et al. , 2018. Does Poverty Matter in Payment for Ecosystem Services Program? Participation in the New Stage Sloping Land Conversion Program[J]. Sustainability, 10(6): 1-27.

Alarcon G G, Fantani A C, Salvador C H, et al. , 2017. Additionality is in Detail: Farmers' Choices Regarding Payment for Ecosystem Services Programs in the Atlantic Forest, Brazil [J]. Journal of Rural Studies (54): 177-186.

Roger Claassen, Andrea Cattaneo, Robert Johansson, 2008. Cost-Effective Design of Agri-Environmental Payment Programs: U. S. Experience in Theory and Practice [J]. Ecological Economics, 6(5): 737-752.

Ronald A F, 2004. An Econometric Analysis of the Environmental Benefits Provided by the Conservation Reserve Program[J]. Journal of Agricultural and Applied Economics, 36(2): 399-413.

Skaggs R K, Kirksey R E, Harper W M, 1994. Determinants and Implications of Post-CRP Land Use Decisions[J]. Journal of Agricultural and Resource Economics, 19(2): 299-312.

Rosenbaum P R, Rubin D B, 1983. The Central Role of the Propensity Score in Observational Studies for Causal Effects, Biometrika, 70(1): 41-55.

Sen A K, 1999. Development As Freedom[J]. International Journal (Toronto, Ont.), 55(1).

Shams K, 2014. Determinants of Subjective Well-Being and Poverty in Rural Pakistan: A Micro-Level Study[J]. Social Indicators Research, 119(3): 1755-1773.

Shi X, Heerink N, Futian Q U, 2011. Does Off-Farm Employment Contribute to Agriculture-Based Environmental Pollution? New Insights from A Village-Level Analysis in Jiangxi Province, China[J]. China Economic Review, 22(4): 524-533.

Shixiong C, et al. , 2009. Attitudes of Farmers in China's Northern Shaanxi Province Towards the Land-Use Changes Required under the Grain for Green Project, And Implications for the Project's Success[J]. Land Use Policy, 26(4): 1182-1194.

Stark O, 1984. Rural-To-Urban Migration in Ldcs: A Relative Deprivation Approach. Economic Development &Cultural Change(32): 475-486.

Tadlock C, 2010. Conservation Reserve Program: Status and Issues[R]. Congressional Research Service, September 15, Google Scholar.

Takeshi O, Kazunori K, Hiromune M, 2016. Multiple Factors Drive Regional Agricultural Abandonment[J]. Science of The Total Environment (542): 478-483.

Uchida E, Rozelle S, Xu J T, 2009. Conservation Payments, Liquidity Constraints and Off-Farm Labor: Impact of the Grain for Green Program on Rural Households in China[J]. American Journal of Agricultural Economics, 91(1): 70-86.

Uchida J T, Xu J T, Rozelle S, 2005. Grain for Green: Cost-Effectiveness and Sustainability of China's Conservation Set-Aside Program[J]. Land Economics, 81(2).

Vuong, Quan H, Le, et al. . Covid-19 Vaccines Production and Societal Immunization under the Serendipity-Mindsponge-3d Knowledge Management Theory and Conceptual Framework. 10. 31222/Osf. Io/3g9df.

Vuong, Quan H, Napier, et al. , 2015. Acculturation and Global Mindsponge: An Emerging Market Perspective [J]. International Journal of Intercultural Relations(49): 354-367.

Wang D, Higgitt D, Tang Y T, et al. , 2018. Landscape Change and the Sustainable Development Strategy of Different Types of Ethnic Villages Driven by the Grain for Green Program[J]. Sustainability, 10(10).

Wang H, Zhao Q, Bai Y, et al. , 2020. Poverty and Subjective Poverty in Rural China[J]. Social Indicators Research, 150(3): 219-242.

Wang W D, Dong Y Q, Luo R F, et al. , 2019. Changes in Returns to Education for Off-Farm Wage Employment: Evidence from Rural China[J]. China Agricultural Economic Review, 11 (1): 2-19.

Wang Y, Zhang Q, Richard B, et al. , 2020. Effects of Payments for Ecosystem Services Programs in China on Rural Household Labor Allocation and Land Use: Identifying Complex Pathways[J]. Land Use Policy(99): 105024.

Wang G, Ma O Z, Wang L, et al. , 2019. Local Perceptions of the Conversion of Cropland to Forestland Program in Jiangxi, Shaanxi, and Sichuan, China[J]. J. For. Res , 30(5): 1833-1847.

Wu J, 2000. Slippage Effects of the Conservation Reserve Program[J]. American Journal of Agricultural Economics, 82 (4): 979-992.

Wu L, Jin L, 2020. How Eco-compensation contribute to poverty reduction: A perspective from Different Income Group of Rural Households in Guizhou, China. Journal of Cleaner Production, (275): 122962.

Wu X, Wang S, Fu B, 2021. Multilevel Analysis of Factors Affecting Participants' Land Reconversion Willingness after the Grain for Green Program[J]. Ambio, 50(7): 1394-1403.

Xie L, Zeng B, Jiang L, et al. , 2018. Conservation Payments, Off-Farm Labor, and Ethnic Minorities: Participation and Impact of the Grain for Green Program in China [J]. Sustainability, 10(4): 1-18.

Yang X J, Xu J T, 2014. Program Sustainability and the Determinants of Farmers' Self-Predicted Post-Program Land Use Decisions: Evidence from the Sloping Land Conversion Program (Slcp) in China[J]. Environment And Development Economics, 19(1): 30-47.

Yang Z H, Wang Y P, 2015. Farm Households' Input Behavior of Land Conservation and Its Driving Factors: From a Perspective of Farm Household Differentiation[J]. China Population, Resources and Environment.

Yao S B, Guo Y J, Huo X X, 2010. An Empirical Analysis of the Effects of China's Land Conversion Program on Farmers' Income Growth and Labor Transfer[J]. Environ Manage, 45 (3): 502-512.

Yao S B, Li, et al., 2010. Agricultural Productivity Changes Induced by the Sloping Land Conversion Program: An Analysis of Wuqi County in the Loess Plateau Region[J]. Environmental Management(45): 541-550.

Yin R, Liu H, Liu C, et al., 2018. Households' Decisions to Participate in China'S Sloping Land Conversion Program and Reallocate Their Labour Times: Is There Endogeneity Bias? [J]. Ecological Economics (145): 380-390.

Zhang B, Li P, Xu Y, et al., 2019. What Affects Farmers' Ecocompensation Expectations? An Empirical Study of Returning Farmland to Forest in China [J]. Tropical Conservation Ence, 12(5).

Zhang Q, Song C, Chen X, 2018. Effects of China's Payment for Ecosystem Services Programs on Cropland Abandonment: A Case Study in Tiantangzhai Township, Anhui, China[J]. Land Use Policy (73): 239-248.

Zhang Q, Bilsborrow R E, Song C, et al., 2019. Rural Household Income Distribution and Inequality in China: Effects of Payments for Ecosystem Services Policies and Other Factors[J]. Ecological Economics (160): 114-127.

Zhang Z H, Paudel K P, 2019. Policy Improvements and Farmers' Willingness to Participate: Insights from the New Round of China's Sloping Land Conversion Program[J]. Ecological Economics, 162: 121-132.

Zhou S, Yu X, 2017. Regional Heterogeneity of Life Satisfaction in Urban China: Evidence from Hierarchical Ordered Logit Analysis[J]. Social Indicators Research, 132(1): 25-45.